구하라,
바다에 빠지지 말라

GHOSTS OF THE TSUNAMI

구하라,
바다에 빠지지 말라

리처드 로이드 패리
조영 옮김

내가 고통으로 산 이 육신은 무엇인가?
내 젖으로 키운, 이 떨어진 별인가?
내 마음의 피를 멈추게 하거나
내 뼈에 갑작스러운 냉기를 불어넣어주고
내 머리카락을 곤두서게 하는, 바로 이 사랑인가?

W. B. 예이츠

2011년 3월 11일, 두 번의 대재앙이 일본 동북부를 강타했다. 두 번째 재앙은 후쿠시마 다이이치 원자력발전소의 냉각장치가 고장 나 원자로가 녹은 저녁에 시작됐다. 세 개의 원자로에서 발생한 폭발로 방사능 낙진이 전국으로 흩어졌다. 20만 명이 넘는 사람들이 집을 버리고 떠났다. 하지만 신속한 대피와 행운 덕분에, 방사능의 영향으로 죽은 사람은 없었다. 후쿠시마 재앙의 장기적 영향에 대해 확신하기는 너무 이르지만, 아무도 죽지는 않을 것으로 보인다.

핵 재앙을 일으켰던 지진과 쓰나미가 인간의 생명에 보다 즉각적인 영향을 미쳤다. 바닷물이 다시 빠져나갔을 무렵 1만8500명의 사람들이 압사하거나 불에 타 죽거나 익사했다. 이는 1945년의 나가사키 원폭 투하 이후 일본에서 발생한 인명 손실 중 단일 사고로 가장 큰 규모다.

이 책은 첫 번째 재난인 쓰나미에 관한 것이다.

차례

프롤로그
단단한 수증기

2011년 3월 11일은 춥고 화창한 금요일이었고 처음으로 아들의 얼굴을 본 날이기도 했다. 나는 도쿄 중심부에 있는 한 병원에서 작은 스크린 속 영상을 보고 있었다. 내 옆에는 F가 진찰대 위에 누워 있었다. 의사는 그녀의 둥근 배에 투명 젤을 바른 뒤, 붉은 빛이 나오는 플라스틱 장비로 배를 눌렀다. 장비가 움직이자 스크린 속 영상도 옮겨가며 바뀌었다.

우리는 무엇을 찾아야 하는지 이미 알고 있었지만 이 작은 생명의 전체적인 모습, 그러니까 낯익은 가분수 체형에서부터 두근두근 뛰는 심실이 보이는 심장, 뇌, 척추, 손가락 하나하나, 그리고 꼼지락거리는 팔, 발길질하는 다리, 끄덕거리는 고개 같은 움직임을 보는 것은 여전히 경이로웠다. 영상의 각도가 바뀌자 이 세상의 것 같지 않은 잘생긴 얼굴이 나타났다. 아기는 귀엽게 제법 사람처럼 하품을 했다. 우리의 둘째 아이는, 그때는 몰랐지만 우리 아들은, 그곳에서 꿋꿋이 살아 있었다.

병원 밖은 쌀쌀하고 바람이 부는 맑은 날씨였다. 넓은 거리는 한낮의 쇼핑객들과 점심을 먹으러 나온 직장인들로 가득했다. 우리는 걸음마를 배우는 딸아이를 카페로 데려가 스캐너 스크린에서 뽑은, 태어날 동생의 컴컴한 사진을 보여줬다.

두 시간 후, 나는 10층에 있는 사무실 책상에 앉아 있었다. '그것'이 시작된 순간에 나는 정확히 무엇을 하고 있었던가? 이메일을 보내고 있었나? 신문을 읽고 있었나? 아니면 창밖을 내다보고 있었나? 그 이전의 시간에 대해 기억나는 것이라고는 병원의 스크린 앞에 있었던 순간들—이것만으로도 이날은 이미 잊지 못할 날이 되었다—과 임신과 출산의 중간쯤에 있었던 아들을 자세히 보았을 때의 느낌뿐이다.

나는 일본에서 16년간 살았고 지진에 대해 아주 많이 알고 있었다. 아니, 알고 있다고 믿었다. 사실 나는 지진을 충분히 경험했는데, 도쿄에 정착했던 1995년 이래 수도권 지역에서만 1만7257번의 지진이 감지됐다. 이번에도 이틀 전부터 계속 지진이 잦았다. 나는 앉아서 흔들림이 멈추기를 기다리면서 지진 규모와 진도 측정치를 모니터링하고, 지금 생각하면 창피하게도 의기양양해하며 온라인에 올렸다.

@dicklp
2011년 3월 9일(수) 오전 11시 51분 51초
지진 발생!

2011년 3월 9일(수) 오전 11시 53분 14초

진앙지: 미야기현. 북태평양 해역에 쓰나미 경보 발령. 도쿄에서는 흔들리긴 하지만 심하지는 않음.

2011년 3월 9일(수) 오후 12시 1분 4초

또다시 지진…

2011년 3월 9일(수) 오후 12시 16분 56초

@LivepolitanNYC 이곳은 모두 무사함. 감사드림. 지진 자체보다 흔들림이 더 심각했음.

2011년 3월 9일(수) 오후 4시 9분 39초

금일 일본 지진에 대한 최신 소식: 이와테현에 10센티미터의 쓰나미가 보고되었음. 내가 세수하는 물 높이 정도임.

이튿날 일본 동북쪽 태평양 해상의 동일 지역에서 또 다른 강력한 지진이 발생했다. 이번 지진 역시 멀리 도쿄에서도 감지됐지만 진앙지에서 가까웠는데도 사상자나 큰 피해는 없었다. 교도통신은 목요일 아침의 지진으로 수요일 이후 감지된 지진 횟수가 30회를 넘었다고 보도했다. 또 이들 지진 중 다수는 강력한 지진이었으며 과학 장비로만 감지할 수 있는 땅속 미진은 아니었다고 보도했다. 지진학자들은 '지각활동'이 줄어들 것으로 예상되긴 하지만 다음 주쯤에 '강력한 여진'의 가능성이 있다고 경고했다.

유사 지진이 계속되는 것을 '군발지진'*이라고 하는데 이는 대형 지진과 더 나아가 화산 폭발의 전조가 될 수도 있다. 그러나 많은 지진 재해에 이러한 징조가 먼저 일어나긴 해도 그 반대의 경우가 꼭 맞는 것은 아니어서, 대부분의 군발지진은 파괴력이 점차 더 강해지는 대신 그냥 스러지곤 한다. 나는 몇 년 전에 이러한 현상에 대해 보도했었는데, 다수의 군발지진으로 후지산이 분화할지도 모른다고 예고되던 때였다. 그러한 일은 당시 일어나지 않았고, 여러 차례의 약한 지진이 발생했다가 스러지기를 계속했다. 그러므로 이번 주에 특별히 주의나 경고를 해야 할 이유는 없었다.

그날 일본에서는 별다른 사건이 많지 않았고, 특히 국제적 관심사가 될 사건은 없었다. 총리는 정치자금 스캔들로 인한 사퇴 요구를 거부하고 있었다. 도쿄 도지사는 다음번 선거의 출마 여부를 발표하기로 되어 있었다. '이바라키 공항이 개항 1주년을 맞았다'는 내용이 한 뉴스 통신사의 헤드라인을 장식했다. 다른 통신사는 '제과 회사가 도쿄증권거래소에 상장했다'고 보도했다. 그때, 오후 2시 48분, 한 줄의 긴급 소식이 들어왔다. '속보: 강력한 지진이 일본을 강타하다.'

나는 약 1분 전에 이미 이 지진을 감지했다. 지진은 심하지는 않지만 분명한 진동과 함께 처음에는 부드럽고 익숙하게 시작됐다. 사무실 바닥을 통해 위쪽으로 전해졌고, 이어 좌우로 흔들어댔다.

---

*   같은 지역에 발생하는 비슷한 규모의 지진들로, 이들 중 본진이라고 부를 수 있는 특별히 강한 규모의 지진이 없는 경우를 말한다.(옮긴이)

흔들림 속에서 독특한 소리가 들렸다. 비닐로 된 창문 블라인드 양쪽 끝이 서로 부딪치며 유리창을 탁탁 치는 소리였다. 사실 이틀 전에도 똑같은 일이 일어났다가 잠시 후에 그쳤었다. 그래서 창문 유리가 덜커덕거리기 시작했는데도 나는 계속 의자에 앉아 있었다.

@dicklp

2011년 3월 11일(금) 오후 2시 47분 52초

도쿄에 다시 지진 발생…

2011년 3월 11일(금) 오후 2시 47분 59초

강력한 지진 발생…

2011년 3월 11일(금) 오후 2시 48분 51초

내가 아는 한 16년 내 가장 강력한 지진임…

파일 캐비닛의 슬라이딩 서랍이 활짝 열릴 정도가 되자 나는 침착함을 잃었고 컴퓨터 타이핑도 할 수 없었다. 10층 창문에서 보니 90미터 밖에 있는 빌딩의 지붕 위에 빨갛고 하얀 줄무늬의 통신 타워가 있었다. 나는 마음속으로 저 통신타워가 흔들리면 대피해야겠다고 생각했다. 이러한 생각이 들자마자 나는 훨씬 가까이에 있는 건물, 그러니까 바로 내가 앉아 있던 이 빌딩의 일부가 심하게 흔들리고 있음을 깨달았다. 정말로 잽싸게, 나는 책상 아래 좁은 공간으로 들어가 몸을 구부렸다.

이후에, 흔들림이 6분 동안 지속됐다는 기사를 읽었다. 하지만 그것이 계속되는 동안에는 시간이 전혀 낯설게 흘러갔다. 쩽그랑거리는 블라인드, 윙윙대는 창문, 그리고 깊은 곳에서부터 흔들리는 움직임은 마치 꿈속 같은 비현실적 분위기를 자아냈고, 책상 아래의 '대피소'에서 나오니 얼마나 오랫동안 그곳에 있었는지 알 수 없을 정도였다. 두려웠던 것은 진동 자체가 아니라, 그것이 점점 강하게 지속되면서 언제 끝날지 알 수 없다는 사실이었다. 나와 보니 책들이 책꽂이 위에 쓰러져 있었다. 화이트보드 게시판도 파티션에서 떨어졌다. 딱히 오래되지도 새것 같지도 않고, 튼튼하지도 약해 보이지도 않았던, 별 특징이 없던 12층짜리 그 건물은 내부의 깊은 곳에서 낮은 신음소리를 내고 있었다. 흔히 들을 수 없는 소리였고, 죽어가는 괴물의 마지막 절규처럼 깊은 고통이 느껴지는 가슴 아픈 소리였다. 그 소리는 상당히 오래 지속되어, 나는 지진이 더 심해지면 일어날지도 모르는 일들, 예를 들어 선반과 캐비닛이 뒤집히고 유리가 산산조각 나고 천장이 바닥으로 떨어지고 바닥도 내려앉는 일, 그리고 모든 것이 다 무너지고 부서지는 느낌을 마음속에서 이미지로 그려봤다.

언제인지 알 수 없지만 흔들림이 진정되기 시작했다. 빌딩의 신음소리도 작은 웅얼거림으로 약해졌다. 내 심장박동도 느려졌다. 나는 몸의 균형감각을 약간 잃었고 배에서 내리는 승객처럼 흔들림이 완전히 멈췄는지 분간하기 어려웠다. 5분 후에는 블라인드에 달린 줄이 아직 살짝 흔들리고 있었을 뿐이었다.

실내 확성기에서 재난방지실—도쿄의 모든 대형 빌딩에는 하나씩 설치되어 있다—의 방송이 나와 건물은 안전하다며 안에 머물러 있을 것을 당부했다.

@dicklp
3월 11일(금) 오후 2시 59분 44초
나는 무사함. 아주 강력한 지진 및 여진 발생. 도쿄만灣 부근에 화재 발생.

일본에서 지진에 대비하지 않는 것은 변명의 여지가 없는 일이다. 내 작은 사무실에서도 권장된 예방책을 취해왔다. 무거운 액자는 하나도 없고 선반이나 캐비닛은 벽에 고정했다. 책이 몇 권 떨어지고, 방 안의 물건들이 조금씩 밀린 것 빼고는 별 이상이 없었다. 사무실 안에서 윗부분이 가장 무거운 물체인 텔레비전조차 제자리에 있었다. 일본인 동료가 텔레비전을 켰다. 이미 모든 채널이 똑같은 영상, 즉 태평양 연안을 여러 색깔로 나눈 뒤 쓰나미 위험이 임박한 곳을 빨간색으로 표시한 일본 지도를 보여주고 있었다. 십자가로 표시된 진앙지는 혼슈 본도의 동북부에서 오른쪽 위에 있는 해역이었다. 지난 며칠간 여러 차례 지진이 발생했던 바로 그 지역, 도호쿠라고 알려진 지방이었다.

나는 F에게 전화를 걸고 또 걸었으나 통화에 성공하지 못했다. 통신 인프라가 피해를 입어서가 아니라 동일본의 모든 사람이 동시에 휴대폰을 사용하고 있었기 때문이었다. 나는 일반 전화를 사용해 19개월 된 딸을 돌봐주는 아주머니와 통화했다. 두 사람 모두 떨고 있었지만 다친 데는 없었으며 아직도 식탁 아래에 대피해 있다고 했다. 마침내 F와 전화 연결이 되었다. 그녀는 사무실에 있었고, 떨어진 액자의 유리 조각을 쓸던 참이었다. 대화가 중간중간 잠시 끊기곤 했다. 우리가 도시 내 다른 지역에 있는 까닭에 본진 발생 후 몇 분 뒤에 시작된 여진을 각기 따로 겪고 있었던 것이다.

엘리베이터가 멈춘 탓에 나는 아홉 개 층을 걸어 내려와 빌딩 바로 근처에 있는 상가와 사무실 지구를 둘러봤다. 눈에 띄는 피해는 별로 없었다. 옛날 스타일의 이발소 앞에 있는 줄무늬 간판이 기울어져 있었다. 두꺼운 판유리창에 금이 가고, 회반죽벽에 구멍이 뚫린 것이 보였다. 거리는 대피한 직장인들로 가득했고, 그들 가운데 다수는 이러한 상황을 대비해 회사에서 지급했던 흰색 플라스틱 헬멧을 쓴 채였다. 빽빽한 도시의 빌딩들 위로, 멀리 동쪽에서 한 줄기 검은 연기가 솟아오르는 것이 보였다. 정유소에 불이 난 것이었다. 나중에 들은 이야기로는, 도쿄에서 이번 지진이 히스테리의 순간이었다는 인상을 받았다. 많은 사람이 죽음에 가까운 느낌을 경험했다고 했다. 그러나 모두 과장이었다. 현대 공학 기술과 엄격한 건물법은 수세기 동안의 지진 피해를 거치며 발전해왔으며 지진에 의한 테스트를 통과한 것이었기 때문이다. 요란한 알람음이 빠르게 울렸고, 이어 혼란과 불편과 지루함의 시간이 이어졌다. 하지만 전반적인 감정은 공포가 아니라 무감각한 체념이었다.

고풍스러운 도자기 가게—이곳에서는 화병을 6042달러에 판다—의 주인 남자는 단 한 점의 접시도 잃지 않았다. 우리는 기모노 차림의 나이 든 여인들과도 이야기를 나눴는데, 그들은 지진이 났을 때 인근 가부키 극장에서 연극을 관람하고 있었다. 한 여인이 당시를 이렇게 묘사했다. "마지막 막이 시작되는데, 사람들이 소리를 질렀어요. 하지만 배우들은 계속 연기했어요. 전혀 망설임이 없었죠. 그래서 지진이 곧 멈출 거라고 생각했어요. 하지만 지진은 계속됐고, 사람들이 일어나 문 밖으로 달려가기 시작했어요." 주연을 맡았던 유명한 가부키 배우 오노에 기쿠고로와 나카무라 기치에몬은 대피하는 관객들을 향해 극이 중단된 것에 대해 고개 숙여 사과했다.

3월 11일(금) 오후 4시 26분 4초

도쿄 중심부는 평온하고 피해 없음. 긴자 거리를 30분간 다녔는데 깨진 창문 하나와 벽 몇 개를 보았음.

3월 11일(금) 오후 4시 28분 56초

지바현에서 단 한 건의 정유시설 화재가 발생한 것으로 보임.

3월 11일(금) 오후 4시 40분 31초

일본의 원자력발전소 11개가 폐쇄됨. 지진 이후 문제점은 보고되지 않았음.

3월 11일(금) 오후 5시 47분 25초

여진 숫자를 세다 잊어버림. 15회 이상 계속됨. 일본TV에 따르면 가장 최근의 여진은 최초 대형 지진과는 다른 진앙지에서 발생했음.

3월 11일(금) 오후 6시 20분 10초

도쿄로 연락하려는 사람은 스카이프를 이용할 것. 도쿄의 인터넷은 양호해 보임.

사무실로 돌아와 우리는 다시 텔레비전을 봤다. 물자가 풍부한 일본 방송사들은 이미 비행기와 헬리콥터, 관련 인력을 총동원하고 있었다. 외국 방송사들도 시시각각의 현황 보도에 방송 편성을 할애했고, 끔찍한 뉴스가 케이블 뉴스 제작자에게 불러일으킨 욕망을 별로 숨기려 하지 않는 것 같았다. 나도 신문사 웹사이트에 기사를 송부하기 시작했다. 엄청난 양의 정보가 사진, 음성, 텍스트의 형태로 케이블, 위성, 인터넷, 팩스, 전화를 통해 들어왔고 나는 이를 이해하려고 고심했다. 그렇지만 답답하게도 진실은 여전히 모호했다. 지진은 발생했다가 멈췄고 사람들의 반응은 매우 분명했다. 총리실에 재난복구팀이 구성됐고 공항, 철도, 고속도로가 폐쇄됐다. 그러나 현재까지 실제 피해 정도는 얼마란 말인가? 정유소에서 일어난 화재 같은 이런저런 화재 관련 보도가 있을 뿐이었다. 처음 몇 시간 동안 지진 전문가들은 지진 규모에 대해 의견의 일치를 보지 못했다. 그리고 도호쿠 해역으로부터 아무런 소식이 없었다.

특히나 사상자 숫자는 불분명했다. 오후 6시 30분에 텔레비전 뉴스에서 23명이 사망했다는 보도가 있었다. 오후 9시에는 이 숫자가 61명으로 늘었다. 그러나 자정이 지나서도 통신사들은 여전히 64명이 사망했다고 보도했다. 통신이 복구될 때쯤에는 숫자가 분명 더 늘어나 있을 것이다. 그러나 이러한 상황에서는 비관주의적 경향, 다시 말하자면 상상할 수 있는 최악의 가능성을 미리 받아들이려는 경향도 있었던 것 같다. 그러니 아마도 결국에는 그렇게까지 나빠질 것 같지는 않았다.

@dicklp
3월 11일(금) 오후 5시 58분 43초
현재까지 도쿄에서 사망자 보고는 없지만, 수십 명은 있을 것으로 예측됨. 일본 동북부에서도 100~200명 정도 있을 것이지만 더 많지는 않을 것임. 대량 사망 사태는 없을 것임.

밀려오는 쓰나미를 공중에서 촬영한 영상이 몇 개 있었지만, 이중 내 머릿속에서 계속 상영되고 있는 것은 센다이시市 남쪽에 위치한 나토리 마을 위에서 찍은 것이었다. 영상은 갈색의 겨울 논 풍경을 보여주면서 바다가 아니라 육지 위에서 시작된다. 화면에서 무엇인가 움직이고 있었는데, 마치 살아 있는 갈색 코의 동물이 배가 고파서 땅을 집어삼키려는 것처럼 보였다. 머리 부분은 거품이 이는 쓰레기 찌꺼기였고, 그 위로는 뒤집힌 차들이 떠다니고 있었다. 이것이 움직일 때마다 증기와 연기가 뿜어져 나오는 듯 보였다. 그것의 몸체는 물이나 진흙처럼 보인다기보다 고체 형태의 수증기 같이 보였다. 그때 바다에서 수백 킬로미터 떨어진 내륙에 커다란 보트가 떠다니는 것이 보였다. 또 믿을 수 없지만 파란색 타일의 집들이 아직 온전한 모양인 채로 침수된 논 위에서 회전하고 있었다. 지붕 위에선 오렌지색 불꽃이 타오르고 있었다. 도로는 강이 되었고, 이 괴물에게 통째로 먹혀버렸다. 괴물은 논과 도로를 더 집어삼키면서 마을로, 그리고 차들이 가득한 고속도로로 돌진하고 있었다. 한 운전자가 괴물 앞에서 속도를 높이며 빠져나오려 하고 있었다. 그러나 결국 차와 운전자 모두 파도 속에 집어먹혔다.

이번 지진은 일본에서 발생한 지진 중 가장 큰 규모였으며, 지진 역사상 네 번째로 강력한 것이었다. 그 여파로 지구의 자전축이 25센티미터 이동했고,[1] 일본은 미국에 1.2미터 정도 더 가까워졌다. 이후 발생한 쓰나미로 인해 1만8500명이 익사하거나 불에 타거나 깔려 죽었다. 쓰나미의 최고 수위는 36미터나 되었다. 50만 명의 사람들이 집을 떠나 대피해야 했다. 후쿠시마의 다이이치 발전소에서 세 개의 플루토늄 원자로가 녹았고 방사능이 전국으로 누출됐다. 이는 체르노빌 이후 세계 최악의 원자력 재앙이었다. 지진과 쓰나미는 2100억 달러 이상의 손실을 입힘으로써[2] 손실 규모가 가장 큰 자연재해가 됐다.

또한 2차 세계대전 이후 일본 최대의 위기였다. 총리 한 명의 정치 경력이 끝났고 다른 총리의 사퇴에도 영향을 미쳤다. 세계에서 가장 큰 몇몇 기업들은 쓰나미 피해 때문에 제조공정을 중단해야 했다. 원자력 재해로 몇 주 동안 정전이 됐고 250만 명이 불편을 겪었다. 결과적으로 일본의 나머지 원자로 50개 모두가 폐기됐고[3] 수십만 명이 거리로 나와 반反원전 시위를 벌였다. 한편 후쿠시마 사고의 여파로 독일, 이탈리아, 스위스 정부는 원자력발전소를 모두 폐쇄했다.

원자력발전소 주변 토양은 앞으로 수십 년 동안 오염될 것이다. 쓰나미로 파괴된 마을과 소도시들은 재건되지 못할 것이다. 고통과 불안은 아직까지도 다 측량하기 어려운 방식으로, 이 파괴적인 재앙에서 멀리 떨어져 있었던 사람들에게까지 확산됐다. 갑작스레 농작물을 팔 수 없게 된 농부들은 자살을 선택했다.[4] 애꿎은 전력회사 직원들은 비난과 차별의 대상이 되었다. 전반적인 두려움이 맹위를 떨쳤고, 보이지 않는 독극물에 대한 공포가 공기를 통해, 물을 통해, 들은 바에 따르면 심지어 엄마의 젖을 통해서도 퍼져 나갔다. 외국인들 사이에서도 명백한 공포가 드러났다. 가족들, 회사들, 대사관들은 지진 발생지에서 225킬로미터나 떨어져 있는데도 도쿄를 떠나기까지 했다.

내가 10층의 사무실에 앉아 있었던 그날 저녁에는 이러한 사실들이 확실하지 않았다. 하지만 다음 날 아침이 되자 점점 분명해지고 있었다. 그때 나는 도쿄를 떠나 폐허가 된 해안으로 차를 몰고 있었다. 몇 주 동안 도호쿠에 머물면서 파도가 휩쓸어간 지역을 구석구석 다녔는데, 어떤 곳은 4.8킬로미터나 됐다. 병원 한 곳은 밤에 촛불로 병실을 밝히고 있었고, 약 90미터 떨어진 곳에서는 종말의 분위기를 풍기며 산업용 기름 탱크에서 불꽃 기둥이 하늘 위로 타오르고 있었다. 나는 침수됐다가 완전히 불타버린 마을들, 공중으로 날아올랐다가 고층 빌딩 지붕 위로 떨어진 차들, 도로 위에 정박해 있는 철조 대양항해선들을 보았다.

조심스럽게 나는 원자력발전소 인근의, 유령이 나올 듯한 출입금지 지역에 들어갔다. 그곳에서는 소들이 목이 말라 밭에서 죽어가고 있었고, 버려진 마을에는 한때 반려견이었으나 점점 야생화되고 있는 개들이 살고 있었다. 나는 마스크, 장갑, 후드로 중무장한 보호복을 입고 파괴된 발전소에 직접 들어갔다. 또 생존자, 대피자, 정치인, 원자력 전문가들을 인터뷰했고, 매일매일 일본 정부의 무능한 조치에 대해 보도했다. 나는 수십 개의 신문 기사와 수백 개의 트윗을 작성했고 라디오와 TV에 출연하기도 했다. 하지만 이러한 경험이 혼란스러운 꿈같이 느껴졌다.

전쟁이나 재난 지역에서 일하는 사람들은 시간이 지나면 거리 두기의 기술을 터득한다. 이것은 직업적으로 필요한 일인데, 의사나 구조대원, 기자는 죽음과 고통의 광경에 압도돼버리면 일을 할 수 없기 때문이다. 비결은 개개의 비극을 자신의 것으로 받아들이지 않는 동시에 동정심을 유지하는 것이다. 나는 이 기술을 마스터했다. 그래서 나는 일어난 사건의 실상을 잘 알고 있었고 그것이 매우 끔찍했다는 것도 알았지만 마음 깊은 곳에서 놀라지는 않았다.

"갑자기 한꺼번에, 우리가 단지 상상만 할 수 있었던 일이 우리에게 닥쳤다. 그리고 우리는 여전히 그것을 상상만 할 수 있을 뿐이다. 실제 현실인 사건을 상상해야 하는 기이한 현상, 그것이 나를 꼼짝 못하게 사로잡고 있다"[5]고 필립 고레비치*는 썼다. 이번 재난으로 벌어진 일들은 너무나 다양하고 함축하는 바가 너무도 커서 내가 '그 이야기'를 제대로 전하고 있다고 생각한 적은 없다. 그것은 모서리나 손잡이도 없이 이상하게 생긴 아주 큰 상자 같아서 아무리 많은 방법을 써봐도 땅에서 집어 올릴 수 없었다. 그 후로 몇 주

---

* Philip Gourevitch. 미국의 작가이자 언론인. 〈뉴요커〉의 기자이다.(옮긴이)

가 지나서야 나는 놀라움, 연민, 그리고 슬픔을 느꼈다. 그러나 대부분의 시간 동안 멍한 무감각, 핵심을 완전히 놓치고 있다는 막연한 느낌만 가졌다.

아주 특이한 비극을 겪은 해안가 작은 마을에 대해 들은 것은 그로부터 한참 지난 뒤인, 쓰나미 후의 여름이 되어서였다. 그 마을의 이름은 오카와였다. 일본에서 잘 알려지지 않은 곳인데 산 아래와 논 사이에 있었고 큰 강의 어귀와 가까웠다. 나는 이 지역을 방문해 여러 날을 보냈다. 이후 수년 동안 수많은 생존자와 쓰나미 이야기를 접했지만, 내가 몇 번이고 계속해서 되돌아갔던 곳은 오카와였다. 그리고 내가 마침내 상상할 수 있게 된 것은 그곳, 그 학교에서였다.

1

파도 아래의 학교

갔다 올게요

언덕 기슭에 위치한 커다란 목조 주택에서 시토 사요미를 처음 만났을 때, 그녀는 막내딸인 지사토가 자다가 갑자기 일어나 "학교가 사라졌어요"라고 비명을 지르던 밤을 회상했다.

"아이는 자고 있었어요." 그녀는 내게 말했다. "그런데 그때 울면서 깼어요. 나는 아이에게 '왜 그래? 사라졌다니 무슨 말이야?'라고 물었죠. 아이는 '큰 지진이 났어'라고 말했어요. 진짜로 울부짖고 있었어요. 그 애는 가끔 몽유병 증세를 보인 적이 있었고, 때때로 이상한 이야기를 중얼거리기도 했었죠. 가끔씩 일어나 자기가 뭘 하는지 알지 못한 채 걸어 다니기도 해서, 다시 침대로 데려다줘야 했지요. 그렇지만 전에는 이렇게 무서워한 적은 없었어요."

열한 살짜리 지사토가 특별히 지진을 무서워했던 것은 아니었다. 지사토의 악몽 후 몇 주가 지난 2011년 3월 9일 강력한 지진이 지사토가 다니던 오카와 초등학교의 콘크리트 벽을 강타했다. 나 또한 322킬로미터 떨어진 도쿄에서 지진이 발생한 것을 느낄 수 있었다. 지사토와 다른 학생들은 진동이 계속되는 동안에는 책상 아래 엎드려 있었고, 이어 플라스틱 헬멧을 쓴 뒤 선생님들의 지시를 따라 운동장으로 대피했다. 일렬로 길게 늘어선 아이들의 이름이 불렸고 선생님들이 체크를 했다. 그렇지만 크고 작은 진동은 일본 전역에 걸쳐 흔한 것이어서 지사토는 그날 저녁 집에서 이 사실을 이야기하지도 않았다.

시토 사요미는 곱슬머리에 둥근 얼굴에 안경을 쓴, 활발하고 속 이야기를 잘 하는 40대 중반의 여성이었다. 일본 특유의 절제심과 예의 바름은 종종 인터뷰에 힘든 요소가 되곤 하는데, 사요미는 활발하게 이야기를 잘 했고, 기발하고 수다스러운 유머감각을 지녔다. 나는 그녀의 집에서 긴 아침 시간을 보내며 농담을 나누고 케이크와 비스킷, 차를 즐겼다. 그녀는 누가 시키지 않아도 한 시간을 계속 이야기할 수 있었다. 눈살을 찌푸리고, 웃고, 또 과거의 기억에 놀란 듯 고개를 가로저었다. 어떤 사람들은 상실로 인해 갈피를 못 잡기도 한다. 사요미 역시 슬픔을 이야기할 때의 고통은 누구 못지 않게 강렬했다. 그렇지만 분노가 그녀를 사로잡아 그녀 안에서 통렬한 자기 확신을 낳았다.

시토 씨 가족은 매우 친밀했다. 사요미의 장남 겐야와 장녀 도모카는 각각 열다섯 살과 열세 살이었지만, 모두 위층 큰방의 엄마 아빠 바로 옆에 있는 매트리스 위에서 아직 자고 있었다. 바로 그 금요일, 3월 11일에 사요미는 평소처럼 5시 45분에 일어났다. 그날은 아들의 중학교 졸업식이었고,[6] 그녀의 마음은 일상적이고 실제적인 문제로 가득했다. "다른 애들이 다 일어난 다음에 지사토를 깨우곤 했어요. 애를 무릎 위에 앉히고 등을 쓰다듬어준 다음에 코알라처럼 꼭 껴안아주곤 했어요. 그러면 그 애는 내게 기대곤 했지요. 매일 아침마다 즐겁게 했던 일이었어요. 나는 그 애를 꼭 안고 '일어나, 일어나'라고 말하며 하루를 시작했어요. 우리 둘만의 비밀스러운 순간이었지요. 그런데 그날은 아이가 혼자 일어났어요." 그녀는 말했다.

지사토는 그날 아침 기분이 안 좋았다. 나중에 알고 보니 언니 오빠랑 사소하고 유치하게 다퉜던 것이었다. 주방에서 사요미는 혼자 아침을 준비했다. 그녀는 토스트가 다 만들어졌을 때 그릴에서 팅 하는 소리가 났던 것을 아직도 기억했다. 학교 버스는 6시 56분에 모퉁이 정류소에 도착했고, 지사토는 늘 그랬듯 정확히 3분 전에 집을 나섰다. "아이가 학교 가방을 메고 나를 지나쳐 갔는데, 오늘 아직 한 번도 아이와 말하지 않았다는 걸 깨달았어요"라고 사요미는 기억했다. "그래서 '애야, 잠깐만, 왜 그래? 오늘은 기분이 좋지 않니?'라고 물어보니 아이가 '아무것도 아니에요'라고 조금 우울하게 말했어요. 보통은 아이가 밖으로 나가기 전에 안아줬어요. 그런데 그날은 기분을 북돋우려고 하이 파이브를 했지요. 그렇지만 아이는 나갈 때 땅을 보고 있었어요."

일본어에서 헤어질 때의 인사는 일정한 공식을 따른다. 떠나는 사람은 *이테 기마쓰*라고 말하는데, 문자 그대로 '갔다가 돌아올게요'라는 뜻이다. 남겨진 사람은 *이테 라샤이*라고 대답하는데 '갔다가 돌아오세요'라는 뜻이다. 외국인이 안녕goodbye이라는 뜻의 일본어 단어라고 배우는 *사요나라*는 아주 오랜, 혹은 무기한의 이별을 의미하는 마지막 인사말이어서 대부분의 경우에는 잘 쓰이지 않는다. *이테 기마쓰*는 또 다른 정서적 느낌을 지니는데 바로 돌아오겠다는 약속을 담고 있는 것이다.

기타카미강 하류의 직선 영역을 따라 동쪽의 작은 늪에서부터 서쪽의 언덕들에 이르기까지 오카와 초등학교의 학생과 부모들을 제각각 쾌활하게든 마지못해서든 똑같은 인사말을 나누고 있었다.

—*이테 기마쓰.*

—*이테 라샤이!*

사요미는 내게 말하길, 지사토의 인생은 시작되기 전부터 뭔가 운명적이고 신비로운 점이 있었다고 했다. 지사토는 사요미의 서른세 번째 생일에 임신이 되었고, 기독교 신자가 거의 없는 일본에서도 의미 깊은 날인 1999년 크리스마스이브에 태어났다. 사요미는 오후에 산기가 있었고, 한 시간 뒤에 병실로 돌아와 크리스마스 케이크를 먹었다. 다음 날인 크리스마스 아침에 대지는 새하얀 눈으로 뒤덮였고 일주일 뒤 세계는 세 번째 밀레니엄의 시작을 축하했다. 지사토는 이 세상에 태어날 때만큼이나 유순한 아기였다. "그 애는 언제나 내 곁에 있었어요. 내 가슴 위 아기 포대에 있었죠. 요리를 할 때면 등 뒤에 있었고, 차 안에서는 아기용 의자에 앉아 내 옆에 있었어요. 내가 앉아 있을 때면 무릎 위에 앉았죠. 마치 내 살에 붙어 있는 것 같았어요. 그리고 언제나 같은 방에서 내 오른쪽 곁에서 잤어요. 바로 그날까지요." 사요미는 말했다.

후쿠지는 삼각형 모양의 너른 논 주위에 있는 작은 마을이었다. 양쪽 면에는 소나무가 빼곡히 심긴 낮은 산이 있었는데, 시토 가족의 집은 가장 낮은 경사지에 자리 잡고 있었다. 세 번째 면인 북측에는 북일본에서 가장 길고 넓은 강인 기타카미강이 10킬로미터 떨어진 태평양을 향해 동쪽으로 흐르고 있었다. 시토의 집에서 몇 분 안 걸리는 곳에서, 계절에 따라 자전거나 터보건*, 스케이트를 타거나 사냥이나 낚시를 하거나 호수나 바다에서 수영을 할 수 있었다. 지사토는 인형과 놀거나 언니와 그림을 그리기도 했지만, 친구인 미즈호와 아이카, 그리고 옆집의 나이 든 부인이 기르는 개와 고양이와 함께 활개 치며 달리는 것을 가장 좋아했다.

지사토에게는 육감이라 할 만한 것이 있었다. "그 애는 우리가 무엇을 원한다고 말하기 전에 우리를 위해 미리 그 일을 하곤 했어요"라고 사요미는 말했다. "예감하는 재능이 있었죠. 예를 들어 남편은 물건을 만드는 소목장이인데, 그가 집에서 목수 일을 하는 걸 처음 봤을 때 지사토는 그를 바라보며 서 있었어요. 그리고 그 애는 아빠가 다음에 어떤 도구나 물건을 필요로 할지 알았어요. '아빠, 여기 있어요'라고 말하고는 전달해줬어요. 남편은 '얼마나 영리한지! 이 애는 놀라운 아이야'라고 말했지요."

친구들은 지사토를 'CCTV 카메라'라고 부르며 놀리곤 했다. 다른 열한 살짜리 아이들은 전혀 의식하지 못하는 일들을 알고 있었기 때문이었다. 지사토는 같은 반 남자애들이 언제 낄낄거리며 장난질을 모의하는지 다른 소녀들보다 먼저 알았다. 누가 누구를

---

* 흔히 앞쪽이 위로 구부러진, 좁고 긴 모양의 썰매.(옮긴이)

좋아하는지, 그리고 그 감정을 둘 다 느끼는지를 알았다. 오카와 초등학교는 학생이 100명이 채 안 되는 작은 곳이었고, 지사토의 5학년 학급에는 학생이 15명뿐이었다. 따스하고 가깝고 매우 친밀한 분위기였지만 홀로 떨어져 있는 사람에게 관대하지 못했다. 지사토는 이를 아주 싫어했다.

"여기엔 의심의 여지가 없었죠"라고 사요미는 말했다. "지사토는 선생님들을 싫어했어요. 학교란 선생들이 우리에게 거짓말을 하는 곳이라고 말하곤 했지요. 그렇지만 학교 가는 걸 거부한 적은 없었어요. '내가 학교에 안 가면 엄마가 곤란해지잖아요'라고 말했죠. 하기 싫은 일도 해야 한다는 것을 알고 있었어요."

사요미는 다시 말했다. "아이를 그런 기분으로 학교에 가게 한 데 대해 지금 매우 마음이 좋지 않답니다. 그렇지만 나는 자녀의 교육을 중단시킨 엄마가 되고 싶지 않았어요. 그 애가 괴롭힘을 당했다거나 그 비슷한 것은 아니었어요. 그렇지만 집에서 더 잘 지내고, 친구들과 함께 있는 것보다 엄마를 더 사랑하는 아이들도 있는 법이죠. 당신에게 이야기하는 사람들은 모두 '그 일이 일어났을 때 최소한 내 아이는 좋아하던 학교에서 사랑하는 친구들, 선생님들과 함께 있었어'라고 말하겠지요. 물론 부모들은 그렇게 믿고 싶어 하죠. 그렇지만 자녀들에게 '너는 그 학교를 진짜로 좋아하니? 선생님들을 진짜로 사랑하니?'라고 물어본다면 모든 아이들이 '예'라고 말하진 않을 겁니다."

많은 사람들은 그날이 그저 또 다른 날일 뿐이었다고 말했지만 시토 사요미는 그 금요일의 이상한 점을 기억해냈다.

아침 식사 후 그녀는 아들 겐야의 졸업식에 가기 위해 지역 중학교로 차를 몰았다. 그녀는 들판 건너편의 좁은 길로 들어섰고, 우회전해 강을 따라 난 고속도로에 진입해서 요코가와라는 큰 마을을 거쳐 갔다. 마을의 신사를 막 지나니 자그마한 산이 나타나, 도로가 강과 딱 붙게 되어 강의 하구 직선영역의 시야를 가렸다. 그곳을 지나면 양쪽으로 무성한 갈대밭과 누런 볏짚단이 있는 드넓은 강, 그리고 푸른 산 위의 드높은 푸른 하늘이 어우러진 넓고 장엄한 장관이 펼쳐졌다. 저 멀리에는 남쪽의 오카와와 북쪽 제방의 기타카미 지역을 연결해주는[7], 가로 548미터 넓이의 기타카미 신新대교의 하단이 보였다.

졸업식 행사 후에 사요미와 겐야는 강을 따라 내려가 졸업생들을 위한 조촐한 축하식이 열리고 있던 옆 마을로 갔다. 오카와 초등학교도 위치해 있는 가마야라는 곳이었다. 20명에서 30명 정도의 10대들과 엄마들이 홀에 모여 있었는데, 사실상 지사토 교실이 바로 길 건너편이었다. 서로 다시 보지 못할 친구들은 작별 인사를 했고 선물을 교환했다, 기분을 북돋아주는 홈메이드 음식이 놓인 테이블이 있었다. 사요미는 이 행사가 오후 중반까지 계속될 거라고 예상했지만 2시가 지나자 사람들은 빠져나가기 시작했다. 겐야도 집에 가고 싶어 했다. 하지만 우선 지사토를 어떻게 할 것이냐는 문제가 있었다.

오카와 초등학교의 수업은 2시 30분에 끝나지만 학생들이 하교하기까지 언제나 10분이나 15분쯤 더 걸렸다. 학생들이 물건을 챙기고 교사들이 공지사항을 나눠 주거나 전달내용을 발표했기 때문이다. 아마 30분 정도 더 걸릴 텐데 남아서 지사토를 기다려야 할까? 아니면 바로 집에 가고 지사토는 평소처럼 학교 버스를 타고 오게 할까? 사요미는 이 작은 딜레마를 고민하며 학교 앞에 주차된 차 옆에 서 있었다. 그리고 후일 그녀가 기억했듯이, 옛 세상의 이 마지막 시간에 아주 묘한 느낌이 그녀를 사로잡았다. "정오까지는 맑고 화창한 날이었어요"라고 그녀는 말했다. "파티가 끝나갈 무렵에는 이미 구름이 잔뜩 끼어 있었죠. 하지만 바람은 없었어요. 잎사귀 하나도 나무에서 움직이지 않을 정도였죠. 나는 어떠한 생명도 감지할 수 없었어요. 마치 필름이 멈춘 것, 시간이 멈춘 것 같았어요. 편치 못한 분위기였고 보통의 날과는 다른 분위기였어요. 나는 학교에서 아이들의 소리를 들을 수 없다는 사실이 싫었어요. 아이들이 수업 중이라 해도 우리는 항상 어린아이들의 목소리를 들을 수 있죠. 보통 때라면 나는 교실로 들어가 '내 딸을 데리러 왔어요'라고 말했을 거예요. 그렇지만 학교가 뭐랄까 완전히 고립된 것처럼 느껴졌어요."

나는 사요미에게 그 이상한 분위기를 설명해달라고 요청했다. 그녀는 말했다. "이러한 시골 지역에 살면 사람들은 자연과 공존하지요. 동물들, 식물들, 이러한 모든 환경과 함께요. 바람이 불면 나무들의 소리를 들어요. 그리고 그 소리로 나무의 상태를 알지요. 눈이 오려 하면 나는 공기 중에서 눈을 느껴요. 본능적으로 나를 둘러싼 분위기의 특징을 느끼지요. 그러한 공기와 분위기는 중요해요. 사람들보다 더 중요하다고 할 수 있죠. 나는 지사토도 그러한 본능을 지닌 아이였다고 생각합니다. 그러나 그때 겐야가 '우리 갈까요?'라고 말했어요. 그래서 나는 집에 갈 시간이라고 생각했어요. 아마도 이제 가야 한다는 일종의 직감이었죠. 바로 그것이었죠. 그렇지만 나는 속으로 '이제 우리가 집에 가면, 겐야는 친구들을 만날 시간이 더 많아질 거야'라고 생각했어요. 그래서 우리는 집으로 갔어요."

사요미는 지진이 덮쳤을 때 위층에서 옷을 갈아입고 있었다. 그들이 돌아왔을 때 장녀인 도모카는 집에 있었고 아직 점심을 먹지 못했다. 사요미는 불 위에 국수 냄비를 올려놓고 자신의 방으로 갔다. 오후 2시 46분에 진동이 시작되자마자 그녀는 아래로 소리 질러 아이들에게 불을 끄고 밖으로 나가라고 했다. 그녀의 가장 큰 걱정은 아이들이 아니라, 1층에서 함께 사는 나이 드신 부모님이었다. 사요미의 어머니는 몸이 약하고 느렸다. 아버지는 약간 오락가락하셨고 매우 완고했다. 아래층으로 달려가니 아버지는 가정용 불교 제단에서 떨어진, 잘 닦인 조상님들의 검은 위패들을 줍고 있었다. 사요미는 아버지에게 따지는 것을 포기하고 비틀거리며 밖으로 나가 나머지 가족이 모여 있는 큰 나무 쪽으로 갔다.

"진동이 아주 강력했어요. 서 있을 수 없었죠." 그녀는 말했다. "밖에서도 웅크리고 앉아 있었지만 자꾸 넘어졌어요. 주차장 위의 금속 셔터를 보니까 그 위에 잔물결이 일고 있었어요. 전선과 전봇대는 흔들리고 있었어요. 전 세계가 무너지고 있는 것 같았죠. 세계 종말을 다룬 영화의 특수효과 같았어요. 집이 무너지지 않은 것이 신기할 따름이었죠. 아이들을 차에 태우려 했지만 차 문을 열 수도 없었어요. 차를 붙잡고 있으면서도 차가 뒤집힐까 봐 두려웠어요. 그래서 애들에게 차에서 떨어지라고 말했어요. 그때 우리가 할 수 있는 일이란 땅 위에 웅크리고 있는 것뿐이었어요."

그녀는 소리들과, 또 그 소리들이 들리지 않음을 알아챘던 것을 기억했다. 숲에서 가까웠는데도 새소리나 새들이 날고 있는 흔적이 없었다. 그러나 지사토가 좋아했다는 이웃집의 얌전한 개는 시끄럽게 짖고 있었다. 반면 고양이는 산으로 달려가서 사라졌다. "지진이 오랫동안, 아마도 5분 정도 계속됐던 것 같았어요"라고 사요미는 말했다. "그리고 지진이 멈춘 뒤에도 흔들리는 느낌이 이어졌어요. 전봇대와 전선들이 계속 흔들리고 있었어요. 땅이 계속 움직이고 있는지, 아니면 그것이 내 안의 떨림인지 분간하기 어려웠지요. 아이들은 놀랐어요. 겐야는 주위를 둘러보며 '할아버지! 할아버지는 괜찮으세요?'라고 소리쳤지요."

할아버지는 조상들을 챙기지 못하고 결국 집에서 비틀거리며 나왔다.

그렇지만 전봇대와 전선, 셔터들이 다시 흔들리고 있었다. 오래 지속된 여진의 시작이었다. 사요미는 부모님과 아이들을 차에 태우고 운전해서 후쿠지 사람들이 이미 많이 모여들고 있었던 논의 한 지점으로 갔다. 아이들과 노인들을 위해 의자와 매트리스가 놓여 있었고, 이웃들은 무슨 일이 있었는지 서로 소리치고 있었다. 현시점에서 보면 물리적 피해는 아주 미미한 것이 분명했다. 지붕 타일 몇 개가 떨어진 것을 빼면, 그 지역의 집들은 사요미가 아는 한 무너지거나 심각한 피해를 입지 않았다. 놀라움과 불안 비슷한 것이 있었지만 아무도 겁에 질리거나 히스테릭하지 않았다. 물 위에 잔물결이 치는 모습처럼, 정상 상태가 천천히 자리 잡아가고 있는 것 같았다.

사요미는 남편에게 가족의 상황을 알리는 문자를 보냈고 답문을 하나 받았다. 남편 다카히로가 일하고 있는 건축 부지는 지진으로 완전히 혼란 상태가 됐지만 그는 다치지 않았다. 사요미가 주변을 돌아보니 친구와 이웃들이 봉사활동을 하고 있었고, 즉시 조직이 결성되어 늙거나 어리거나 약한 사람들을 돕고 있었다. 그리고 그때 학교에서 집으로 지사토를 태우고 오는 버스가 돌아올 시간이라는 생각이 들었다. 부모님과 아이들을 이웃 사이에 남겨두고 그녀는 버스를 맞으러 강 쪽으로 수백 미터를 운전해 갔다.

강가의 주도로 위에 여섯 대의 차들이 멈춰 서 있었고, 운전자들은 차 옆에 서서 상황에 대해 이야기하고 있었다. 야적장에서 나무가 앞쪽의 도로 위로 굴러떨어져 길을 위험하게 만들었다고 했다. 운전자 중 어느 누구도 그 차단물을 직접 보지는 못했다. 그렇지만 아무도 확인하러 나가지 않았다. 사람들은 조용했다. 아무도 조급해하거나 두려워하는 기색이 없었다. 그렇지만 그 무기력한 광경에서 사요미는 불안과 긴장감을 직감했다. 그녀는 다시 남편에게 문자를 보냈다. 지진 직후에는 전화 통화는 불가능했지만 메시지는 아무 문제 없이 전달됐었다. 그러나 이제는 네트워크가 정지됐다.

이어진 한 시간 동안 사요미는 통학버스가 나타나길 기다리기 위한 도로와, 가족의 안전을 확인하기 위한 논 사이를 오가며 운전했다. 앞뒤로 오가는 사이에, 재앙을 이기고 정상으로 진정되고 있던 느낌이 빠르게 사라졌다.

사요미의 주의는 커다란 강을 연결했던 수로 중 하나로 논에 물을 댔던 느린 개울들에 집중됐다. 그 높이는 벼농사 작황에 따라 올라갔다 내려가곤 했지만, 한 번도 메마른 적은 없었다. 그런데 지금은 그 안에 물이 거의 없었다. 진흙 바닥이 보였고 어슴푸레 반짝이고 있었다. 다시 보니 상황이 정반대가 되었다. 강에서 불어난 물이 개울에 찼고, 시커멓고 이상한 찌꺼기들이 거세게 휘도는 수면 위에서 몰려오고 있었다. 이어 옆의 논이 물에 잠겼다. 그 광경이 놀라워 사요미는 핸드폰으로 촬영을 했다. 짧은 영상에는 오후 3시 58분이라는 시간과 함께 '오나가와를 강타한 쓰나미로 집들이 지붕까지 잠겼고 자동차들이 유실됐습니다. 철저히 조심해주기를'이라는, 자동차 라디오에서 나오는 뉴스 소리가 기록됐다.

물론 사요미는 '쓰나미'라는 단어를 잘 알고 있었다. 강력한 지진이 해저에서 발생하면 보통 쓰나미 경보가 이어졌다. 쓰나미가 몰려오면 텔레비전에서 파도의 크기를 보도했다. 0.7미터, 0.4미터, 0.1미터는 일반인의 눈에는 잘 보이지 않고 항구의 측정기로나 측정될 수 있는 것이었다. 그런데 라디오에서는 *오쓰나미*, 즉 6미터 높이의 '슈퍼 쓰나미'라고 말하고 있었고, 이 모든 것이 차를 남쪽으로 운전해 겨우 한 시간 거리의 어항인 오나가와에서 일어나고 있었다. "6미터는 아주 크다는 것을 알고 있었죠. 물론 아는 것과 실제로 느끼는 것은 별개지만요"라고 사요미는 말했다. "그러나 쓰나미가 차들을 떠내려가게 할 수 있다는 것을 들으니 절실히 느껴졌죠. 나는 침착해지려고 노력했어요. 내가 할 수 있는 일이란 하나도 없었어요."

사요미는 주도로로 다시 돌아가 딸을 기다렸지만 어두움이 내리고 있었다.

그녀는 한 시간 반 전에는 오카와 초등학교 앞에서 지사토를 기다리고 있었다. 그러니 이제 지사토를 찾기 위해 강가의 도로를 따라 내려가며 운전하는 것이 가장 당연한 일임에 틀림없었다. 아래쪽으로 겨우 6.4킬로미터뿐이었다. 그렇지만 그 방향으로부터 오는 차가 한 대도 없었다. 수문 근처에 있던 운전자들은 그 길이 위험하다고 말했지만 어느 누구도 정확히 왜 그런지를 설명하려 하지 않았다. 진눈깨비가 내리기 시작했다. 강은 마치 홀린 것 같았다. 물의 수면이 운동선수의 피부 아래 근육처럼 불거져 몸을 풀고 있었다. 크고 불규칙적인 형태의 물체들이 수면 위에서 어슴푸레 보였다. 사요미는 어두워질 때까지 도로를 바라보며 강가에 있었다.

집에 오니 가옥은 하나도 손상되지 않고 온전했지만 떨어져 깨진 물건들로 어질러져 있었다. 전기와 가스, 수도도 단절됐다. 그녀는 남은 음식으로 식사를 만들었고, 지사토에 대해 걱정하지 않으려고 애썼다. 후쿠지의 수많은 가족들이 초등학교에서 돌아오지 않은 아이들을 기다리고 있었지만 크게 걱정하지는 않았다. 지사토의 선생님들은 비상사태를 다루도록 훈련받았다. 콘크리트 학교 건물은 후쿠지의 목조 주택보다 훨씬 튼튼하게 지어졌다. 이 목조 건물들도 이번 지진을 잘 버텨냈다. 그녀 역시 그 학교를 다녔던지라 사요미를 가장 안심시킨 것은 학교의 위치였다. 210미터 높이의 산 바로 앞에 있었다. 운동장 뒤로 올라가는 길은 '슈퍼 쓰나미'의 영향에서 벗어날 수 있는 곳으로 금방 갈 수 있었다. 전기가 두절되어 후쿠지의 주민들은 텔레비전이나 인터넷을 사용할 수 없었다. 그리하여 어느 누구도 전 세계로 계속 중계되고 있던 몰아치는 파도의 영상을 아직 보지 못했다. 대신에 그들은 조심스럽게 공식 사망자 숫자를 들려주고 있던 지역 라디오 방송을 듣고 있었다. 수십 명이 사망한 것으로 확인됐으며 수백 명이 더 사망했을 것이라고 했다. 그러다 분명한 보도가 있었는데, 그 밤에 자지 않고 기다리던 모든 사람이 기억했다. 200명의 주민들과 아이들이 오카와 초등학교에 대피해 고립된 채로 구조를 기다리고 있다는 것이었다.

사요미가 이 보도를 듣고 안심했다는 것은 동시에 자신에게조차 인정하기 꺼렸을 만큼 걱정이 많았다는 뜻이기도 했다. "다른 엄마 중 한 명이 말하길, 애들은 아마 체육관의 2층 관중석에서 파자마 파티를 즐기고 있을 것이라고 했어요"라고 사요미는 기억했다. "우리는 서로에게 '가엾은 지사토. 얼마나 배고프고 추울까'라고 말했죠. 우리는 그 이상으로 걱정하지 않았어요."

그렇지만 그날 밤 남편 다카히로가, 파괴되어 완전히 혼잡한 도로를 지나는 기진맥진한 여정을 거쳐 귀가했을 때 사요미가 그에게 한 첫 말은 "지사토가 돌아오지 않았어요"였다.

가족은 여진에 대비해 차 안에서 밤을 지새웠다. 등받이를 수직으로 세운 의자에 나란히 끼여서 아무도 잘 자지 못했다. 사요미는 머릿속에서 '지사토가 여기 없다, 지사토가 여기 없다, 지사토가 여기 없다'라는 문장이 계속 들려왔고, 자지 못하고 깨어 있었다.

몹시 추운 날이었고 완전히 캄캄했다. 그 밤을 지새운 모든 사람은 머리 위 하늘이 극도로 맑고 별이 밝은 데 놀랐다. 그들은 전기도 텔레비전도 전화도 없는 땅, 그러니까 갑자기 뽑혀서 시간의 주머니 속에 밀어 넣어져 21세기로부터 단절된 장소에 있게 됐다. 사요미는 몸이 뻣뻣하게 굳고 차가운 채로 새벽에 일어났다. 가스와 수도가 복구되어 그녀는 차를 만들고 요리를 할 수 있었다. 이어 오카와 초등학교의 학부모들 사이에 빠르게 퍼진 소식이 전해졌다. 갇혀 있는 어린이들을 구조해 데려오기 위해 헬리콥터가 그곳으로 날아가고 있었다. 다카히로와 마을의 다른 남자들은 헬리콥터가 착륙할 장소를 준비하고 있었다. 지사토가 드디어 집으로 돌아오고 있었다.

아이들은 어디에 있는가

고노 다이스케는 착실한 유도팀원이었고 6학년 반장이었지만 부드럽고 상냥한 소년이었다. 그날 그도 학교에 가기 싫었다. 졸업까지 일주일도 남지 않았었다. 엄마인 히토미는 문 밖으로 그를 밀어냈다. 겨울과 봄 사이 환절기의 추운 아침이었다. 그렇지만 불길한 점은 하나도 없었고 엄마나 아들이나 재앙을 예고하는 초자연적 암시에 영향받는 부류는 아니었다. 다이스케의 사진들은 쾌활한 둥근 얼굴에 겸손한 미소를 드러내고 있다. "그 애는 유도를 좋아했어요"라고 히토미는 말했다. "그리고 친구들에게 터프한 표정을 지었죠. 그렇지만 집에 돌아와서 제게는 집어던져질 때의 아픔에 대해 이야기하곤 했어요. 학교에서 남자애들은 선생님에게 혼났던 것 같아요. 그게 그 애가 가기 싫어했던 이유였지요."

－*이테 기마쓰*. 마지못해 다이스케가 말했다.

－*이테 라샤이*. 히토미가 답했다.

고노 가족은 후쿠지에 있는 사요미의 집에서 하류로 4.8킬로미터 떨어진 마가키 마을에 살았다. 버스가 여기를 지나갔으나 오카와 초등학교는 매우 가까워서 마가키의 아이들을 걸어서 학교에 갔다. 다이스케는 구부정한 반 친구들과 강가를 따라 걸었다. 이곳은 강둑이 전혀 높지 않았다. 넓은 길이 찰랑거리는 강물과 집들을 갈라주었다.

히토미의 남편은 이미 출근했다. 그녀는 시부모님과 10대의 두 딸을 남기고 아들을 뒤따랐다. 그녀는 남쪽으로 운전해 강에서 떨어진 도로를 타고 급커브의 언덕길을 올라 긴 터널로 들어갔고, 오가츠 어항 위로 나왔다. 8시에 그녀는 접수담당자로 일하고 있는 작은 병원의 키보드 앞에 앉았고, 그날의 첫 손님이 오기를 기다렸다.

평범한 아침이었다. 히토미는 자리에서 점심 도시락을 먹었다. 그녀는 마흔 살의 따스하고 침착한 여성으로 친절하고 겸손한 외양 아래에 굳건한 상식이 자리 잡고 있었다. 주로 나이 들고 가끔은 오락가락하는 병원 환자들을 다루는 일이 그녀에게 잘 맞았다. 환자 예약을 관리하고 진료비 납부를 처리하고 장부를 기록하는 것 외에, 그녀는 근육 마사지를 위해 전류를 사용하는 정교한 장비의 작동을 감독했다. 엄청난 지진 진동이 시작됐을 때, 그녀는 두 명의 할머니에게 막 전류를 흐르게 하던 참이었다.

그녀는 일어나려 했지만 일어날 수 없었다. 대기실의 환자들은 놀라서 소리 지르고 있었다. 히토미 뒤에는 금속 기구들을 소독하는 커다란 플라스크가 있었다. 그 안의 끓는 물이 소리를 내며 옆으로 넘쳐흐르고 있었고 바닥 위를 끓는 수영장으로 만들었다.

진동이 잦아들었을 때 히토미는 할머니들에게서 전극을 제거했고 환자들이 급히 나갈 때 보험카드를 돌려줬다.

　그녀는 마가키의 집에 있는 큰딸 마리에게 문자를 보냈다. 답장이 왔다. *우리는 모두 괜찮아요. 걱정하지 마세요.*

　히토미는 소독 플라스크에서 흘러나온 물을 닦고 의사와 무엇을 할지 상의했다. 오가츠는 바닷가 쪽의 좁은 만 위쪽에 자리 잡았다. 이틀 전에 발생한 강력하지만 규모가 더 작은 지진 후에 많은 사람이 마을을 떠났다. 그렇지만 쓰나미는 발생하지 않았었다. 사람들이 이것을 떠올리고 있을 때 한 남자가 병원으로 들어왔다. 제약회사의 영업사원이었는데, 대피경보가 발령됐고 모든 사람이 고지대로 피난해야 한다는 소식을 가져왔다. 히토미는 재킷과 백을 챙겨서 차로 갔다. "마을 전체가 믿을 수 없이 조용했던 게 기억이 나요"라고 그녀는 말했다. "병원 뒤쪽에서 수돗물이 똑똑 떨어지는 걸 들을 수 있었어요. 보통은 절대로 알아차리지 못하는 종류의 소리죠." 훗날 그녀는 이것이 바닷물이 빠져 해저와 항구 바닥이 드러났다가 엄청난 위력으로 다시 몰려드는 쓰나미가 발생하는 무시무시한 순간이었다는 걸 알게 됐다. 집 안의 작은 소리까지 비정상적으로 들을 수 있었던 것은 바다의 익숙한 소리와 철썩거림이 없었기 때문이었다.

　그녀는 다시 산 위쪽으로 운전했다. 움직이는 차 안에서도 그녀는 여진을 느낄 수 있었다. 별생각 없이 그녀는 터널 안으로 들어갔지만 곧이어 터널 천장이 튼튼한지에 대해, 천장 위에 있을 상상할 수 없는 양의 돌과 흙에 대해 걱정하기 시작했다. 그녀는 저 건너편 쪽에 다른 피난자들이 기다리고 있는 대피 장소에 도착해 잠시 앉아, 다음에 무엇을 해야 할지 생각했다. 그녀는 다시 도로 아래로 내려가다, 알고 있는 마을 남자를 지나쳤다. 그는 손을 흔들어 그녀를 정류소로 인도했다.

그 남자는 마가키에 있는 히토미 집 방향을 가리키며 "나라면 그곳으로 내려가지 않을 겁니다"라고 말했다.

히토미는 "왜 안되나요?"라고 물었다. 그렇지만 그 남자는 알아들을 수 없는 말을 중얼거릴 뿐이었다.

눈이 내리기 시작했다. "늦지는 않았고 아직 4시가 되지 않았었어요"라고 히토미는 기억했다. "나는 문자를 보내고 집에 전화를 걸려고 했어요. 그렇지만 이젠 아무것도 연결되지 않았어요. 날은 매우 어두웠어요. 하늘 위로 평소와 달리 아주 어두웠어요. 나는 다시 운전해 내려가기 시작했어요. 그런데 아는 또 다른 사람이 나를 세우고는 '계속 가지 마세요'라고 말했어요."

도로 아래쪽으로 수백 미터를 가면 마가키와 인근 마을을 다 볼 수 있는 장소가 있었다. 그 남자는 경고의 이유를 설명하지 않았고, 히토미도 그에게 이야기해달라고 하지 않았다. 대신 그녀는 대피 장소로 돌아가 차 안에서 춥고 불편한 밤을 보냈다.

날이 밝아지기 시작하자 그녀는 다시 운전해서 도로를 따라 내려갔고 곧이어 왼쪽으로 산들이 점차 줄어드는 곳에 도착했다. 매일 오후 퇴근길에 운전하며 보았던 넓은 기타카미강이 보였다. 강둑 양옆으로 평평한 논의 넓은 가장자리가 울창한 산까지 올라와 있었다. 히토미의 집이 있는 마가키 마을에서 가까운 쪽이었는데, 드넓은 논이 후지 호수까지 뻗어 있었다. 그리고 다른 마을의 파랗고 빨간 지붕들이 산기슭에서 반짝이고 있었다. 그것은 일본 시골 지역의 전형적인 광경, 즉 인간에 의해 개발되고 길들여진 풍부한 자연이었다. 그렇지만 이제 그녀는 자신이 본 것을 이해하려 애쓰고 있었다.

산들이 있는 곳까지, 그리고 그 사이에 있는 모든 것이 물이었다. 물만 있었다. 건물과 논들이 모두 사라졌다. 아침 햇살 속에 물은 검었다. 시커먼 거품이 이는 쓰레기들—갈색이고 부러진 나무들로 이뤄졌다—이 마치 땅과 섬들처럼 그 위를 떠다니고 있었다. 높지 않은 모든 땅은 강이 삼켰고, 이는 다시 바다로 합쳐졌다. 이렇게 새로워진 지형 속에서 후지 호수는 더 이상 호수가 아니라 드넓은 만의 일부였다. 강은 강이 아니었고 바다의 입구였다. 오카와 초등학교는 보이지 않았고 히토미가 내려다본 높은 산등성이로 가려졌다. 도로와 집들, 그리고 히토미의 집과 가족이 있었던 마가키는 땅에서 지워졌다.

후쿠지의 상류 쪽에서는 헬리콥터 소식이 있자 부산스러운 단체 행동이 시작됐다. 사요미의 남편인 다카히로는 구조된 아이들이 무사히 내릴 수 있는 장소를 표시하는 것을 도우며 이른 아침을 보냈다. 사요미와 다른 엄마들은 주먹밥을 만들어, 피난민들이 모여 고통에서 회복 중인 지역 커뮤니티 센터에 가져다줬다. 사요미는 지사토가 가장 늦게 도착한다 해도 배고프지 않도록 주먹밥 두 개를 챙겨 주머니에 넣었다.

헬리콥터는 오전 11시로 예정돼 있었다. 가족들은 강을 따라 후쿠지에 모였다. 형제, 자매, 부모, 조부모들은 추위를 막고자 플리스와 패딩 재킷을 입고 있었고, 뜨거운 음료와 초콜릿 바를 넣은 가방과 배낭, 그리고 돌아올 아들딸들을 위한 따스한 옷들을 들고 있었다.

그들은 하늘 위를 바라보며 서 있었다. 그들 사이에 대화는 거의 없었다. 헬리콥터가 아침 내내 왔다 갔다 했다. 파란색 헬기는 경찰 소속이었다. 한두 대는 아마 일본 자위대의 군사 비행기일지도 몰랐다. 그들 중 한 대도 후쿠지에 착륙하지 않았다.

"우리는 네 시간을 기다렸어요"라고 사요미가 말했다. "헬기가 몇 대 있는 게 아니라 아주 많았어요. 우리는 기다리고 기다렸죠. 한 대도 우리 가까이로 오지 않았어요. 아주 절망적인 기분이 내 안에서 커지고 있었어요."

마을의 남자들이 다시 한번 상의했고 팀을 강 아래쪽 학교로 보내 무슨 일이 진행되고 있는지 직접 알아보기로 했다.

그들은 목재 저장소에서 쏟아진 널빤지 사이를 운전했고 모든 게 정상인 듯한 요코가와 마을을 통과했다. 신사와 절, 그리고 도로를 사이에 두고 마주 본 두 줄의 집들은 피해가 없어 보였다. 이어서 그들은 위로 돌출되어 있어서 강의 마지막 코스를 가렸던 오르막에 도착했다. 그들이 오르막을 건너자마자 이 평범한 장벽이 삶과 죽음을 가르는 경계선 역할을 했다는 것이 분명해졌다.

물리적으로 요코가와는 지진의 피해를 입지 않았다. 높은 제방과 강의 굽이가 이 지역을 쓰나미로부터 막아줬다. 그렇지만 산 너머에서는 쓰나미가 위로 범람했고 제방을 덮쳐 치명적으로 불어났다. 이제 남자들은 히토미가 반대편 위치에서 보았던 것을 보고 있었다. 도로와 제방은 침수됐고 다리는 무너졌고 육지는 바다로 변했다.

히토미는 새벽 햇살 속에 운전을 해서 내려갔다. 완벽한 정적과 고요를 지나갔다. 그녀의 차가 도로 위의 유일한 차였다. 마치 세상이 새롭게 만들어졌고 그녀가 그 세상 속으로 처음 들어가는 사람 같았다. 거대한 물의 수면은 태양의 변화하는 각도에 따라 검정과 은빛으로 번쩍였다. 그렇지만 산기슭에서 히토미는 모든 육지가 침수되지는 않았다는 것을 발견했다.

계곡의 가장 안쪽 지역의 이리가마야라는 작은 마을이 피해를 면했다. 그 마을의 청사는 피난민 센터가 되었다. 히토미는 그 주위를 서성거리는 사람들을 볼 수 있었다. 지붕들은 눈으로 덮여 있었다. 사람들은 아침 추위에 대비해 코트와 플리스 옷을 입고 있었다. 그녀는 차에서 비틀거리며 내려 아이들의 이름을 불렀고 일일이 얼굴을 보며 아는 사람을 찾았다. 그렇지만 모든 사람이 누군가를 찾고 있는 것 같았고, 마가키에서 온 사람은 없었다. 그때 아는 얼굴을 보고는 안도하며 오카와 초등학교에서 알고 있는 한 소년, 다이스케의 유도부에서 가장 어린 선수인 다다노 데츠야를 보았다. 그의 옷은 더러웠다. 오른쪽 눈은 멍이 들었고 부어올라 감겨져 있었다.

"데츠야! 오, 데츠야, 괜찮니? 무슨 일이 있었지, 데츠야? 다이스케는 어떻니?"

"우리는 도망치고 있었어요." 데츠야가 말했다. "달려가고 있는데 다이가 넘어졌어요. 제가 옷깃을 잡아 일으키려고 했는데, 일어나지 못했어요."

"그래서 어떻게 됐니? 어떻게 됐니, 데츠야?"

소년은 머리를 흔들었다.

그때 히토미는 똑같이 엉망이 된 다른 5학년 소년 다카하시 고헤이를 발견했다.

"고헤이, 다이스케는 어디에 있니?"

"다이는 저랑 같이 있었어요." 소년이 말했다. "제 뒤에서 달리고 있었어요. 우리는 함께 물속에 있었고, 그는 바로 제 뒤에 있었어요."

"그래서 그 애는 어떻게 됐니, 고헤이?"

"떠내려갔어요."

밖에서 그녀는 그 학교의 세 번째 얼굴을 발견했다. 엔도 준지라는 이름의 교사였고 분명 몇 가지 답을 줄 수 있는 남자였다.

"엔도 선생님! 엔도 선생님! 다이스케의 엄마인 고노 히토미예요. 무슨 일이 있었죠? 학교에서 무슨 일이 일어났나요?"

교사는 양손으로 무릎을 감싼 채 혼자 앉아 있었다. 히토미는 그쪽으로 몸을 기울여 같은 말을 되풀이했다. 그는 올려다보지도 않았다.

"엔도 선생님? 학교에서 무슨 일이 일어났나요, 엔도 선생님?"

그는 완전히 넋이 나간 상태인 것 같았다. 히토미에게 그는 마치 감정이 다 빠져나간 사람 같았다.

"모르겠어요." 그는 마침내 중얼거렸다. "어떤 일이 일어났는지 모르겠어요."

히토미는 이러한 정보의 조각들을 짜 맞추려 노력했다. 초등학교는 지금 그녀가 서 있는 곳에서 산의 반대쪽에 있다. 두 명의 소년은 지난 몇 시간 동안 산을 넘어왔음에 틀림없었다. 그 애들이 탈출했다면, 그렇다면 다이스케를 포함해 다른 애들도 똑같이 했을 것이 분명했다. 그 애는 아직도 저기에 저 산 위에 있을지도 모른다. 히토미는 커뮤니티 센터에서 나와, 다시 도로로 내려가 여러 곳을 헤치며 걸어갔다. 그리고 아들의 이름을 부르며 산을 오르기 시작했다.

"다이! 다이스케! 고노 다이스케를 본 사람 있어요?"

그러나 거기에는 아무도 없었다. 그곳은 매우 넓었고 길들은 빽빽한 소나무 사이에서 사방으로 각기 나뉘어 있었다. 그녀는 산을 내려와서 멈췄다. 그리고 강 쪽으로 방향을 돌려서는 계속 도로를 따라 그녀의 집이 있었던 곳까지 갔다.

"그저 호수만 있었어요." 히토미는 기억했다. "집들이 있던 터를 찾을 수조차 없었어요. 가족 모두의 이름을 부르며 주변을 걸어 다녔고 땀으로 젖었어요. 내가 무엇을 하고 있는지 알지도 못했죠. 가족들의 이름을 부르면 누군가 답할 거라고 생각했어요. 사람들은 나를 막으려 했어요. 나를 미친 사람처럼 쳐다봤죠. 그렇지만 나는 다른 일을 할 생각을 할 수 없었어요."

사요미의 남편 다카히로는 강 하류 탐색 임무에 이웃들과 함께하지 않았다. 이유를 상의하지 않은 채 오카와 초등학교에 다니는 자녀를 둔 남자들은 그 그룹에서 배제하기로 결정했다. 그렇지만 다카히로는 돌아오는 사람들로부터 이야기를 들었다. 그들은 보트를 타고 마가키에서 가까운 제방 위의 한 지점에 마침내 도착했다. 한 그룹의 남자들은 이리가마야로 갔다. 나머지 사람들은 돌무더기를 지나 조심스레 학교까지 도착했다.

사요미는 마을을 다니며 파견대 남자들 중 한 명의 부인과 함께 길을 건넜다. "그 여자는 울고 있었어요." 그녀는 기억했다. "내 눈을 바라보지 않았죠." 하지만 사요미는 자신은 무력감을 느끼지 않았다고 주장했다. "설사 아이들이 헬리콥터로 돌아오지 않더라도 무사할 거라고 강하게 믿었어요. 전화나 전기도 없었어요. 아이들이 마을의 큰 스포츠 센터에 보내졌거나, 아니면 그저 우리와 연락할 수 없었는지도 모르잖아요." 그녀는 말했다.

다카히로가 수색대의 브리핑을 듣고 돌아왔을 때 그녀는 집에 있었다. 일본의 부부들은 서로 아빠와 엄마를 뜻하는 '오또 상' '오까 상'이라고 부른다. 특히 가족 문제를 상의할 때 그러는데, 다카히로가 그렇게 말을 시작했다.

"남편이 들어와서는 나를 '오까 상'이라고 불렀어요." 사요미는 떠올렸다. "그리고 나는 좋은 소식일 거라고 생각했어요."

"오까 상, 희망이 없어요"라고 다카히로가 말했다. "희망이 없어요."

"뭐라고요?"라고 사요미가 말했다. "무슨 희망이 없다는 건가요?"

"학교가 크게 안 좋아요"라고 그가 말했다. "희망이 없어요."

"나는 남편의 셔츠를 잡았어요"라고 사요미는 내게 말했다.

"남편의 가슴을 잡았어요. 이해가 안 된다고 말했죠. 그리고 나는 더 이상 서 있을 수가 없었어요."

다카히로는 들은 이야기를 다시 말했다. 학교에서 지금까지 두 아이의 시신이 발견됐으며, 훨씬 더 많은 시체가 발견될 것이고, 5학년의 두 명을 포함해 겨우 몇 명만 살아남았다고 했다.

"그 애들 중 한 명이 지사토일 거예요"라고 사요미가 말했다.

"그 애들은 남자애들이에요"라고 다카히로가 말했다.

"누군데요?"

"그중 한 명은 고헤이요."

가장자리 뒤쪽으로 기대어 있던 사요미에게 그 이름은 다소 불편한 이름이었다. 그 순간을 회상하는 그녀의 입가에 미소가 떠올랐다. 5학년 학급에서 지사토와 고헤이는 치열한 라이벌이었고 아주 어릴 때부터 그랬다. "체육대회 후에 지사토는 '내가 고헤이보다 빨리 달렸어' 혹은 '고헤이를 쉽게 이겼어'라고 말했어요." 사요미는 내게 말했다. 고헤이가 살았다면, 그렇다면 지사토도 살아 있지 않을 수는 없었다.

지고쿠

고노 히토미는 다음 날 아침 일찍 마침내 학교에 도착했다. 2011년 3월 13일 일요일이었다.

다른 때였다면 이리가마야에서 걸어오는 데 20분이 걸렸을 테지만, 산 아래 도로를 따라 바닷물과 쓰레기의 장애물 코스를 넘어 조심스레 오느라 한 시간 넘게 걸렸다. 쓰레기 중에는 휩쓸려 내동댕이쳐진 집의 커다란 파편도 있었고, 뒤집히고 부서진 자동차와 밴, 작은 가사용품들—신발, 젖은 옷, 냄비, 찻주전자, 스푼—도 있었다. 부러진 소나무들이 엄청나게 많은 양의 쓰레기 더미를 이뤘다. 송진 냄새가 검은 진흙—물속에 가라앉지 않는 모든 것을 덮고 있는—의 부패한 악취와 겨루고 있었다. 한때 이곳에 있었던 집 스무 채 중 한 채도 잔해조차 남지 않았다.

마침내 히토미는 내부 도로와 강가의 고속도로가 만나는 지점, 기타카미 신대교 옆에 도착했다. 폭이 183미터에 달하는 다리의 북쪽 3분의 1이 무너져서 물속으로 사라졌고, 콘크리트 더미만 보였다. 여기에서 도로는 가마야 아래쪽으로 굽어졌다. 가마야는 낮은 콘크리트 건물과 타일 지붕의 전통 목조 가옥이 전형적으로 뒤섞여 있는 일본 마을이었다. 이틀 전까지는 오카와 초등학교 윗부분을 빼고는, 이 마을과 마을 주위에 심긴 벚꽃나무에 가려져 아무것도 안 보였다.

그렇지만 오늘 히토미가 처음 본 것은 학교 혹은 학교의 윤곽이었다. 서로 겹쳐진 크고 작은 조각들, 나무 몸통, 집의 마루, 보트, 침대, 자전거, 헛간이 뾰족하고 각지게 쌓여 있었다. 2층 교실 중 한 곳의 창문에서 찌그러진 차가 튀어나와 있었다. 90미터 너머에는 유일한 콘크리트 건물인 마을 병원이 여전히 서 있었고, 중간쯤에는 얇은 필라멘트로 된 철제 통신 탑이 있었다. 그렇지만 주택가 주도로의 건물과 거기서 갈라진 길, 그 길을 따라 즐비했던 집과 가게들은 모두 사라졌다.

가마야를 지나면 작은 마을이 이어졌고, 그들을 지나면 나타나는 논과 낮은 산, 깊은 강의 굴곡은 마지막으로 태평양으로 이어졌다. 강의 먼 어귀에는 서퍼와 수영하는 사람들에게 인기 있는 바다와, 바람막이 및 휴식 장소로 심겨진 울창한 소나무 숲이 있었다. 무려 2만 그루에 달하는 이들 소나무의 몸통이 부러져 육지로 4.8킬로미터나 이동한 탓에 독특한 냄새를 내뿜었던 것이었다. 마을, 촌락, 논, 그리고 이곳과 바다 사이에 있던 다른 모든 것이 전부 사라졌다.

어떠한 사진도 이 광경을 묘사할 수 없었다. 텔레비전 영상조차도 재앙의 파노라믹한 특징, 그러니까 재난이 온 사방, 때로는 눈으로 볼 수 있는 모든 곳까지 포위해 파괴한 모습을 다 담지 못했다.

"그것은 지옥이었어요." 히토미가 말했다. "모든 것이 사라졌어요. 핵폭탄이 떨어진 것 같았어요." 많은 사람이 했던 이러한 비교는 과장이 아니었다. 두 개의 힘만이 쓰나미보다 더 큰 피해를 줄 수 있는데, 바로 소행성 충돌과 핵폭발이다. 그날 아침 644킬로미터에 달하는 해안가 주변 광경은 1945년 8월의 히로시마와 나가사키와 유사했다. 다만 물이 불을, 진흙이 재를, 물고기나 진흙 냄새가 불탄 나무와 연기를 대체했을 뿐이었다.

심지어 가장 강력한 공중 폭탄 투하도 불탄 건물의 벽과 토대, 공원과 삼림, 도로와 길, 논과 묘지를 남긴다. 쓰나미는 하나도 남기지 않았고, 어떠한 폭탄도 필적할 수 없는 초현실적 병치의 개가를 올렸다. 쓰나미는 나무들을 뿌리째 뽑아 몇 킬로미터나 내륙 안쪽으로 뿌려놓았다. 또 도로에서 쇄석들을 벗겨내 찌그러진 모양으로 여기저기 던져 보냈다. 집은 무너뜨려 토대만 남게 했고, 자동차와 대형 트럭, 배, 시체들은 높은 빌딩 지붕 위로 던져버렸다.

아베 료스케라는 남자는 히토미와 거의 같은 시간 가마야에 도착했다. 그의 집, 아내, 딸, 사위, 손자 둘은 쓰나미가 발생했을 때 마을에 있었다. 아베는 도시의 건축 부지에서 일했는데, 돌아오는 퇴근길이 침수된 도로와 무너진 다리에 막혔다. 그가 마을에 도착했을 때는 경찰관 두 명이 마을 앞에 진지를 차리고 있었다. 놀랍고 화나게도, 그들은 조심스레 그의 길을 막으려 했다. 그는 언쟁을 시작하다가 곧 그만두고, 그저 그들을 지나 앞으로 걸어갔다.

아베, 히토미, 그리고 쓰나미 직후의 초기 장면들을 묘사한 모든 사람은 똑같은 단어를 사용했다. 바로 *지고쿠*, 지옥이었다. 그들 마음속의 이미지는 끔찍한 악마와 과장되게 불타는 고통 같은 전통적인 광경이 아니었다. 일본 도상학에는 다른 종류의 지옥이 있다. 얼음과 물, 진흙과 배설물의 지옥들인데, 그곳에서는 발가벗겨진 인물들이 모든 존엄성을 박탈당한 채 부서진 평원 위에 흩어져 있다.

"내 기억 속에 있는 것은 소나무, 그리고 진흙과 쓰레기 아래에서 튀어나온 아이들의 다리와 팔들입니다." 아베가 말했다.

아베는 마을의 촌장이자 건설 소장이고, 활발하고 실용적인 마인드를 지닌 60대 초반의 남자였다. 그는 시체들을 꺼내어 길가에 올려놓기 시작했다. 처음에는 맨손으로 했다. 그리고 힘겹게 헤치며 차로 가서 장비들을 갖고 돌아왔다. 어떤 곳에서는 삽도 쓸모없었다. 아이들의 시체가, 밀려가는 파도가 던져놓고 간 곳에 서로서로 너무 단단하게 쌓여 있었기 때문이었다.

오후에는 몇몇 사람이 모여 그 일에 참여했다. 위험하고 위태로운 일이었다. 단단한 땅이 별로 없었기 때문이었다. 물이 빠져나간 곳에서도 발아래에서 빠지거나 무너지는 쓰레기 더미가 잔뜩 있었다. 쓰레기는 모두 부서진 것들이었고 그중 일부는 뾰족한 데다 더럽고 질펀한 진흙으로 뒤덮여 있었다. 남자들은 나무 몸통과 부서진 나무 목재를 가져와 주름진 알루미늄 판을 뒤로 젖혔고, 찌그러진 차 문들을 비집어 열었다. 시체를 발견하면 다리 반대편에 있는 교통섬* 지역으로 데려갔다. 그곳에서 여자들—그중 고노 히토

---

* 보행자를 보호하기 위해 도로 가운데 만들어놓은 구역.(옮긴이)

미도 있었다―이 시체를 눕히고 강에서 양동이로 퍼온 탁한 물로 씻었다. "물론 시체를 덮을 것이 없었어요"라고 히토미는 말했다. "우리는 쓰레기에서 매트리스를 꺼내서 아이들을 그 위에 눕히고 시트나 옷가지, 우리가 발견한 모든 것들로 아이들을 덮었어요." 시신만큼이나 조심스레 그들은 일본의 모든 초등학생이 들고 다니는, 정성스레 이름과 반이 적힌 네모난 책가방을 수습해 따로 옆에 두었다.

공포감이나 심지어 긴박감조차도 없었다. 그렇게 말하는 사람은 없었지만 살아 있는 사람을 발견하지 못할 것이라고 여겨졌다. "아무도 자신의 친구나 손자를 찾고 있지 않았어요"라고 아베가 말했다. "우리는 그들이 누구든 간에 모든 사람을 건져내고 있었어요. 모두가 그 일을 하며 울었죠."

친구들, 경쟁자들, 이웃들, 학교 친구들, 조금 알고 지내는 사람들, 친족들, 과거의 연인들 모두가 차별하지 않는 평등한 흙 속에서 나왔다.

첫날이 끝날 무렵 아베는 열 명의 아이들을 파냈다. 대부분 옷과 명찰이 없었지만 그는 많은 얼굴을 알아봤다.

그날 오후 누군가 아베에게 그의 부인인 후미코를 봤다고 말했다. 그는 이리가마야로 급히 갔고, 그녀는 딸과 함께 다치지 않은 채 그곳에 있었다. "그것은 안도했다는 것 이상이었어요." 그는 말했다. "나는 그들이 살아 있으리라고 생각할 수 없었거든요." 그렇지만 사위와 두 명의 손녀는 아직도 실종 상태였다.

그는 시체를 찾아 진흙을 파내며 그 마을에서 3개월을 보냈다.

어느 날 여자들이 그를 불러, 시체들을 씻기 위해 눕혀놓는 곳으로 오라고 했다. 그 시체들 사이에 열 살 된 손녀 나오가 있었다. 아베는 직접 아이를 일으켜 세웠다. 진흙으로 뒤범벅이어서, 그는 손녀를 알아보지 못했다.

나오의 아홉 살 동생 마이는 일주일 뒤에 발견됐고, 그들의 아빠는 그로부터 일주일 뒤에 발견됐다. "큰애는 살아 있을 때 모습 그대로였어요." 아베는 내게 말했다. "완벽했어요. 마치 자고 있는 것 같았어요. 그러나 일주일 뒤, 그러니까 그러한 상태에서 7일 뒤에는 너무 변했죠." 그리고 아베는 울었다.

내륙으로 14킬로미터 안쪽, 파도의 영향권 너머에 있는 실내 스포츠 센터가 긴급 피난민 센터가 됐다. 온 가족이 농구 코트에서 빌려온 담요와 사각형 종이판 위에서 자고 있었다. 시토 사요미의 큰언니인 다카미는 활발하고 기운찬 여자로 그녀의 가족은 내륙 쪽에서 안전하게 지냈기에, 직접 그곳으로 가서 조카를 찾아 집으로 데려가는 일을 맡았다. 재난이 불러일으킨 혼란은 극심했다. 그렇지만 사람들이 단순하게 사라진 것이 아니었다. 그 일은 얼마나 어려울 것인가?

오카와 초등학교.

5학년.

시토 지사토.

그렇지만 스포츠 센터 안의 사람들과 합류하자 다카미는 자신감이 사라지는 것을 느꼈다. 자신은 그저 책상과 공동 침실, 안내판

들을 오가는 수백 명 중 한 명일 뿐이었다.

결실 없이 여러 시간을 보낸 뒤 누군가 그러한 소녀가 있을지도 모르는 다른 장소를 알려줬다. 다카미의 마음은 그 생각만으로도 겁이 났다. 혼자 갈 힘이 없었다. 그녀는 다른 자매를 차에 태워 바로 그곳으로 갔다. 거기서 훨씬 짧은 명단표를 봤다. 하지만 직계 가족만 안으로 들어갈 수 있었다.

그녀는 지사토의 아버지인 다카히로에게 가서 그녀가 찾은 것에 대해 말했다.

곧이어 다카히로는 사요미에게 갔다. 사요미는 다시 부엌에서 주먹밥을 준비하고 있었다. 다카히로는 말했다. "오까 상, 당신이 준비해야 할 때요. 지사토를 찾았어요."

사요미는 내게 말했다. "그 이야기를 들었을 때 나는 곧바로 출발하려고 했어요. 하지만 그때 아이가 먹을 음식과 입을 옷, 다른 모든 것을 준비해야 한다는 생각이 들었어요. 그래서 그것들을 가지러 왔다 갔다 했어요."

다카히로는 "그런 건 하나도 필요 없어요. 그냥 갑시다"라고 말했다.

사요미가 나에게 이 이야기를 한 것은 2년 후였다. 그녀는 그 일을 기억했을 때, 어디로 가고 있는지 알지 못한 채 차를 탔다. 그렇지만 딸과 다시 만나게 될 것이라는 차분한 확신을 갖고 있었다.

사요미로서는 놀랍게도, 그들은 피난민이 대피해 있는 체육관을 지나 그녀가 잘 알고 있는 산 위의 장소, 그러니까 사요미와 자매들이 모두 학생으로 다녔고 지사토도 언젠가는 가게 될 고등학교로 갔다. "그곳에는 사람들이 만들어놓은 일종의 안내 데스크가 있었어요"라고 그녀는 말했다. "다카히로와 시동생이 그 옆에 서 있었고, 어떤 서류를 쓰고 있었어요. 그들은 내게 차 안에 있으라고 말했어요."

사요미는 차에서 나와 학교로 달려갔다. 학교 체육관 안으로 들어갔다.

"그곳에는 30년 만에 처음으로 갔어요. 책상과 의자가 있었어요. 플라스틱 시트로 체육관의 일부를 나눴어요. 그 안쪽을 보니 바닥에 파란색 방수포가 있었고, 어떤 물체가 담요에 싸인 채 그 위에 눕혀져 있었어요."

한 남자가 신발을 들고 사요미에게 다가오고 있었다. "그 남자는 '착오라도 있나요?'라고 말했어요. 착오 같은 건 없었어요. 그것은 지사토의 신발이었어요. 그 안에 내 손으로 쓴 그 애의 이름이 보였어요."

다카히로도 체육관으로 왔다. 그는 그 물체들 중 하나를 자신의 팔로 일으켜 세워 담요를 걷어냈다.

그는 "아직 오지 마요"라고 사요미에게 말했다.

"그러나 나는 볼 수 있었어요"라고 그녀는 내게 말했다.

"남편은 담요를 걷어냈어요.[8] 그리고 이어 고개를 끄덕였어요. 그리고 그곳 책임자인 남자에게 무엇이라고 이야기했어요. 그것을 보며 나는 '당신은 무엇 때문에 끄덕이는 거예요? 끄덕이지 마요. 끄덕이지 마요'라고 생각했어요. 그들은 내게 들어오지 말라고 했지만 나는 달려갔어요. 지사토가 거기에 있었어요. 그 애는 진흙으로 덮여 있었어요. 옷이 다 벗겨져 있었어요. 아이는 마치 잠을 자고 있는 것처럼 평온해 보였어요. 나는 아이를 안아 일으켰어요. 그리고 아이 이름을 계속해서 불렀어요. 그렇지만 아이는 대답하지 않았죠. 나는 아이를 마사지하고 숨을 되돌리려고 했어요. 하지만 효과가 없었죠. 그 애의 뺨에서 진흙을 닦아내고 입에서도 꺼냈어요. 진흙은 코에도 있었고 귀에도 있었어요. 그렇지만 우리는 작은 타월 두 장밖에 없었어요. 나는 진흙을 닦고 닦았어요. 그러니 금방 타월이 까매졌어요. 다른 것이 없어서 내 옷으로 진흙을 닦았어요. 아이의 눈이 반쯤 떠져 있었는데 그건 그 애가 잠잘 때 하곤 하던, 깊은 잠에 들었을 때 그랬어요. 그렇지만 눈에도 흙이 있었어요. 그리고 타월과 물도 없었어요. 나는 진흙을 닦느라 혀로 지사토의 눈을 핥았어요. 그렇지만 눈을 깨끗하게 할 수 없었고 진흙은 계속해서 나왔어요."

그다음 주에 고노 히토미와 그녀의 남편 히로유키는 서로 만났다. 그녀가 희망을 버리려던 참이었다. 그녀는 아침은 학교에서 시체들을 닦고 확인해주며 보냈고, 오후는 이리가마야 마을청사에서 동료 피난민들을 위해 요리하고 청소하면서 보냈다. 다른 무엇을 해야 할지 알기란 어려웠다. 그녀는 아직도 자녀들―마리, 리카, 다이스케―과 시부모님을 찾고 있었다. 히토미는 일어난 일에 대해 환상을 갖지 않았다. 그녀는 최악의 것이 무엇인지 알고 있었다. 왜냐하면 그러한 일들이 주변에 너무 많이 있었기 때문이었다. 그렇지만 같은 처지의 많은 사람들처럼 그녀는 다른 사람에게 무슨 일이 일어나고 있든지 간에 자신의 가족이 더 이상 존재하지 않는 일은 있을 수 없다는, 아니 사실상 웃긴 일이라는 단순한 믿음으로 버티고 있었다. 참을 수 없고, 영혼을 짓누르고, 이해할 수 없지만 동시에 그저 바보 같은 일이다. 마리는 지진 직후 '우리는 괜찮아요. 걱정하지 마세요'라고 문자를 보냈다. 히토미는 말했다. "나는 '그들은 분명 살아 있어. 분명 살아 있어'라고 생각했어요. 포기할 수 없었어요. 전화가 다시 복구되자 나는 문자를 보냈어요. 그리고 계속해서 전화를 걸었죠."

히토미는 보트를 타고 큰 스포츠 센터로 갔고 거기서 히로유키를 발견했다.

그러한 재회를 감정을 발산하는 즐거운 순간으로 그리는 것은 당연한 일이다. 그렇지만 그 감정은 너무도 엄청났고 절망과 섞여 있었다. 지난 며칠 동안 히로유키는 부모님, 두 딸과 아들, 그리고 아내를 잃었다고 믿었다. 그가 히토미를 봤을 때 그는 자신의 생각을 수정해야 했다. 나중에 알고 보니 그는 어머니와 아버지, 세 명의 자녀를 잃었다. "물론 우리는 서로 만나 기뻤지만 아이들 생각에 사로잡혀 있었어요. 애들을 찾기 전까지 안도할 수 없었죠." 히토미는 말했다.

그녀가 머리를 흔들며 죽음을 받아들이길 거부하는 것에 남편은 동조하지 않았다. 히로유키는 가마야에서, 그리고 고향 마을 마가키를 구성했던 부분들이 많이 발견된 후지 호수 일대에서 시체 탐색에 참여했다. 어느 날 그들은 자신들의 집 윗부분, 그러니까 2층과 지붕이 거의 손상되지 않은 채로 파도에 밀려 호숫가로 온 것을 발견했다. 한 팀이 비장하게 타일들을 헤치고 들어갔다. 고노 부부는 자신들이 두려워했던 것이 현실이 되는 것, 즉 갇혀서 끼인 가족의 시체를 보게 될 것을 예상했다. 안에는 다다미 매트가 아직도 제자리에 있었지만, 다른 것은 거의 없었다. 리카의 핑크색 헬로 키티 지갑, 그리고 매우 소중한 것이 되어버린, 아이들의 어릴 적 사진으로 채워진 오래된 앨범을 발견했다.

가장 먼저 다이스케가 쓰나미 후 일주일이 지나 발견됐고, 이어 히로유키의 아버지가 뒤를 따랐다. 열일곱 살 생일 나흘 전에 죽은 리카는 그달 말에 발견됐다. 고노 할머니와 열여덟 살 마리는 4월 초에 발견됐다.

다이스케는 학교 뒤 작은 산 아래, 교통섬에서 멀지 않은 곳에 여러 명의 아이들이 쌓여 있는 가운데 있었다. 여자아이들과 그들의 조부모는 다른 곳에 놓여 있었지만, 그들에게 무슨 일이 일어났는지 알려주는 단서가 있었다. 고노 할아버지의 호주머니에 자동차 키가 있었다. 그의 부인은 옷 가방을 들고 있었고, 소녀들은 간식과 핸드폰 충전기 케이블을 갖고 있었다. 그들은 피난을 준비하고 있었다. 쓰나미가 덮쳤을 때 차를 타려던 참이었던 것 같다. 아마도 그들은 다이스케 혹은 히토미를 걱정했을 것이다. 피난을 떠나기 전에 그들 중 한 명 혹은 둘 다 돌아오기를 기다리고 있었을 것이다.

히토미는 고등학교 체육관으로 다이스케를 보러 갔는데 아들이 하나도 상처 입지 않은 것을 발견했다. "아이는 자고 있는 것처럼 보였어요. 이름을 부르면 일어날 것 같았어요. 아직도 그 당시의 얼굴을 기억합니다." 그렇지만 다음 날 다시 오니 충격적인 변화가 일어났다. 핏방울이 다이스케의 눈에서 눈물처럼 흘러나왔다. 그녀는 핏방울을 닦았지만, 밤새도록 그리고 그 후로 매일 밤 다이스케는 더 많은 피눈물을 흘렸다. 히토미는 이것이 아들의 몸 안에서 일어나고 있는 변화 때문임을 알았다. 그렇지만 그녀는 아직 맴도는 아들의 영혼이 겪는 고통, 그리고 그가 얼마나 절실하게 살고 싶었는지에 대한 상징으로 볼 수밖에 없었다.

관을 찾는 것조차 어려웠다. 해안가 근처의 모든 화장장은 여러 날 동안 꽉 찼다. 사람들은 장례를 치르기 위해 수백 킬로미터씩 운전하고 있었다. 히토미와 히로유키에게 지금 가장 필요한 것은 드라이아이스 공급이었는데, 처음에는 한 명을 위해, 이어 두 명을 위해, 그리고 결국에는 다섯 명의 시신을 위해서였다. 장의사는 시체 하나당 네 개의 얼음—두 개는 양팔 아래, 나머지 두 개는 양다리 아래에 놓는다—이 필요하다고 했다. 봄 날씨가 시작되자 얼음 하나는 겨우 며칠만을 버텼다. 히로유키는 몇 시간씩 차를 몰아 마침내 이웃 마을에서 얼음을 구했다. 그렇지만 다음번에 그곳에 갔을 때 얼음 비축 양이 떨어졌다. 다섯 명의 시체를 발견해 화장하기까지의 한 달 동안, 히토미와 히로유키의 삶은 아이들과 부모님을 부패로부터 보호하기 위한 매일의 투쟁이었다.

부부는 가족뿐 아니라 집과 집 안의 모든 것을 잃었다. 얼음과 장례식을 준비하는 동안 그들은 처음에는 나이 드신 할머니와 함께 지냈지만 곧이어 고모 부부 소유의 빈집으로 옮겨갔다. 그들에게 초기 몇 주간은 학교의 많은 부모들처럼 무기력한 슬픔이라기보다는 무감각한 혼란의 시간, 수많은 긴급한 현실적 문제 위에서의 승산 없는 싸움이었다.

히토미가 유키의 아빠라고 알고 있던 사토 가즈타카로부터 전화를 받은 것은 재난 후 약 한 달 뒤였다.

사토 유키는 다이스케의 가장 친한 친구였고 함께 장난치는 동지였다. 두 소년은 함께 걸어 학교에 갔고, 함께 유도를 했고, 기타카미강에서 함께 낚시를 했다. 유키도 3월 11일에 사망했다.

이 즈음에서 오카와 초등학교 비극의 규모가 확실해졌다. 학교에는 108명의 아이들이 있었다. 쓰나미 당시 그곳에 있었던 78명 중 74명과 교사 11명 중 10명이 사망했다. 그러나 몇몇 부모들은 지진 직후 학교에 가서 자녀들을 데리고 와 안전한 곳에 대피시켰다. 이렇게 구조된 소녀 중 한 명인 우키츠 아마네는 다이스케와 유키처럼 6학년 학생이었다. 가즈타카는 최근에 아마네와 이야기를 했고, 감정에 북받쳐 전화를 걸어 살아남은 급우에게서 들은 이야기를 히토미에게 전해줬다.

가즈타카는 아마네에게 그녀의 엄마가 학교에서 데려가기 전의 시간, 즉 지진이 발생하고 쓰나미가 일어나기 전까지의 순간에 대해 물었다. 그의 사랑스러운 아들은 열두 살의 나이에 사망했다. 이제 그는 살아생전 마지막 몇 분 동안의 유키에 대해 알 수 있는 것은 뭐든지 알고 싶었다. 그 애는 언제 보였는가? 그 애는 무슨 말을 했는가? 그 애는 두려워했는가?

아마네는 건물이 어떻게 강하게 흔들렸는지, 그러나 어떻게 심각한 피해를 입지 않았는지, 그리고 바로 이틀 전의 덜 강한 지진 때 그러했듯이 아이들과 선생님들이 어떻게 건물에서 대피했는지 말했다. 학생들은 학급별로 정렬했다. 아마네는 유키, 다이스케, 그리고 나머지 6학년 학생들과 함께 섰다.

학생들의 이름이 빠르게 체크됐고, 아이들은 서 있는 곳에 머물라는 지시를 받았다. 곧이어 높은 곳으로 대피할 것을 촉구하는 사이렌과 방송이 들렸다. 운동장은 추웠다. 그렇지만 안으로 돌아가거나 다른 곳으로 가려는 움직임은 없었다. 바람이 몹시 차가워서 아이들은 가만히 있지 못했다. 그러더니 커다란 확성기를 단 차가 와서는 바다에서 '슈퍼 쓰나미'가 오고 있다고 경고했다.

아마네는 반장인 다이스케와 부반장인 유키가 담임선생인 사사키 다카시라는 이름의 남자에게 어떻게 말했는지 이야기했다.

선생님, 산으로 가요.

우리는 산으로 올라가야 해요, 선생님.

여기에 있으면 땅이 갈라져 우리를 삼킬지도 몰라요.

여기에 있으면 우리는 죽을 거예요!

그 교사는 그들에게 조용히 하라며 지금 있는 곳에 있으라고 말했다.

곧이어 아마네의 엄마가 도착해 급히 그녀를 차에 태워 갔다. 그 가족은 집을 잃었지만, 그 아이는 6학년 학급에서 살아남은 다섯 명 중 한 명이었다.

가즈타카의 전화는 히토미를 전율하게 했다. 그녀는 전에는 이것들을 따질 만한 시간이나 기력이 남아 있지 않았다. 그렇지만 이 이야기는 슬픔으로 어두워진 마음속에서 희미하게 깜박이던 질문들을 조명처럼 밝게 비추었다. 지진과 쓰나미 사이의 시간에 학교에서는 무슨 일이 있었단 말인가? 왜 모든 사람이 아들이 분명히 제안했던 대로 학교 뒤에 있는 산으로 대피하지 않았는가? 아들이 이러한 분별력을 지닐 수 있었다면, 왜 그 애의 선생님은 그러지 못했을까? 왜 그들은, 다이스케와 다른 모든 사람은 죽어야만 했을까?

2

수색 지역

풍부한 자연

오카와 초등학교 지역은 지구본과 지도 위에 아무 표시도 없는 공란으로 남아 있다. 일본의 중심부에 있는 메가시티인 도쿄와 오사카를 감싸고 있는 두 개의 커다란 평야 지대는 도로와 철도, 지명들로 빽빽하다가 혼슈 본섬의 북쪽으로 가면 점차 줄어들어 듬성듬성해진다. 재난이 해안가를 덮치기 전에도 일본에서 이곳보다 죽은 자의 세계에 더 가까운 곳은 없었다.

고대에 도호쿠라고 알려진 이 지역은 야만인과 도깨비, 그리고 극심한 추위가 있는 악명 높은 국경 지역이었다. 오늘날에도 이곳은 외진 변방부의 약간 우울한 장소로, 도시 거주민에게는 민족적 기억에 불과한 시골 전통의 상징일 뿐이다.

17세기의 하이쿠 시인인 바쇼는 〈깊은 북쪽으로의 좁은 길〉이라는 유명한 여행기에서 도호쿠에 대해 썼는데, 이 지역은 고독과 소외의 상징으로 나온다. 19세기 말 일본의 급속한 현대화 후에도 도호쿠는 다른 지역들보다 가난하고 배고프고 낙후됐다. 거칠고

군말이 없는 북부 남자들은 일본 제국의 군대를 채웠다. 들판은 곡식과 과일로 풍요로웠지만, 산출물은 더 부유한 남쪽에서 소비됐고 종종 흉년이 들면 도호쿠는 기근에 시달렸다. 흔히 말하길, 북부가 도쿄에 공급하는 세 가지 필수품이 있는데 쌀, 군인, 창녀였다.

오늘날 도호쿠는 혼슈 지역의 3분의 1을 차지하지만 인구는 10분의 1에 불과하다. 그곳은 이해하기 힘든 사투리, 으스스한 분위기, 현대 일본인에게조차 이국적인 고대 영성이 연상되는 곳이다. 북부에는 불교의 비밀 의례, 그리고 죽은 사제들의 시체를 무시무시한 미라로 전시하는 오래된 절이 있다. 저승으로 가는 전설의 입구인 '공포 산'이라고 불리는 화산에 일 년에 한 번 모이는, 눈이 먼 여자 샤먼들이 있다. 도호쿠는 초고속 열차와 와이파이, 기타 21세기 문명의 이기들도 갖추고 있다. 그렇지만 모바일 네트워크는 외진 산들과 만에서 끊기기도 하고, 풍요의 이면에 도호쿠 사람들은 음울하고 이해하기 힘들고 조금 무섭다는 오래된 고정관념이 남아 있기도 하다.

나는 이 지역의 최대 도시인 센다이를 알고 있었는데, 다른 현의 수도처럼 무난히게 좋은 곳이었다. 그렇지만 3월 11일 밤에는 오츠치, 오후나토, 리쿠젠-타카타, 게센누마같이 일본인들에게도 외국인에게나 마찬가지로 낯선 다른 이름들이 텔레비전에서 반복됐다. 그리고 게센누마와 이시노마키 어항 사이에 있는, 깊고 좁은 만이 가득해 복잡하게 울퉁불퉁한 해안가 지도에는 지역명이 표시되지 않았다.

대축척의 큰 지도에는 이들 불분명한 지역의 이름이 나오는데 산리쿠 해안이었다. 이 지역을 독특하게 만들어주는 특징이 세 개 있었다. 그중 두 개는 분명했고 장관을 이뤘고, 나머지 하나는 비밀스럽고 잘 안 보였다. 첫 번째는 도호쿠에서 가장 큰 강인 기타카미 강인데 산에서 발원해 남쪽으로 두 개의 어귀—하나는 이시노마키에, 하나는 오파만▩이라 불리는 인구 밀집 지역에 있는—로 흘러간다. 두 번째는 지난 천년 동안 해수면 상승으로 침수된 강의 계곡에 의해 형성되어 리아스식 해안이라 불리는, 뾰족한 피오르 모양의 만이었다. 세 번째는 해저 깊은 곳에서 태평양과 북미 지각판이 만나는 지점이었다.[9] 이곳은 지구 표면의 거대한 단면이었는데, 그곳에서 뻐걱거리는 마찰로 인해 지진과 쓰나미가 발생한다.

오파만에 인접한 바로 이 들쭉날쭉한 해안가에 오카와 초등학교가 있었다. 나는 2011년 9월 그곳에 처음 갔다. 재난 이후 반년이 지났고, 당시 나는 쓰나미 지역을 여러 번 방문했었다. 처음에 그곳은 자동차로만 갈 수 있었다. 한 통의 연료를 배급받으려고 여러 시간 줄을 서서 기다린 뒤 쓰레기가 여기저기 널린 도로를 따라갔다. 이어 가솔린 공급이 재개됐고, 철로 안전에 대한 조심스러운 점검 이후 총알 열차 *신칸센*이 북부행 서비스를 다시 시작했다. 9월 초는 일본에서 한여름이다. 대기는 뜨겁고 하늘은 구름 한 점 없이 새파랗다. *신칸센*은 부드럽고 무리 없이 북쪽으로 달렸다. 먼 거리를 단숨에 가서 45분간의 여정은 여행이라기보다 통근에 더 가깝게 느껴졌다. 그렇지만 도호쿠에 가는 것은 언제나 변화를 경험하는 일이었다. 봄에 동북부에서는 눈이 땅 위에 더 오래, 더 깊이 남아 있었다. 자두와 벚꽃이 더 늦게 피고 졌다. 이곳의 여름은 덜 힘들고 덜 끈적거리고, 가을의 서늘함이 일찍 찾아온다. 도쿄에서 온다면 공기와 분위기의 분명한 변화를 감지할 수 있는데, 그것은 피부와 목구멍에서 경험할 수 있는 변화의 느낌이다.

나와 동행자가 함께 내린 센다이 역은 눈에 띄는 재난의 징후를 보이지 않았다. 우리의 렌트 차량은 북쪽으로 이동해서 은색 오피스 빌딩과 백화점이 있는 도심지를 지나, 수개월간의 구조 점검 후에 최근 다시 오픈한 고가 도로 위를 올라탔다. 한 시간 후 앞쪽 해안가 평지 위로 이시노마키시가 보였다. 비행기 격납고 모양의 공장과 쇼핑몰, 그리고 알루미늄 굴뚝에서 나오는 하얀 연기가 눈에 들어왔다.

이시노마키보다 쓰나미를 더 심하게 겪은 도시는 없었다. 중심지 대부분이 침수됐고 재난 사망자의 5분의 1이 인구 16만 명의 이 작은 도시에서 사망했다. 어항은 파도에 의해 완전히 파괴됐고, 조선소와 거대한 제지공장 역시 그러했다. 그렇지만 이시노마키의 4분의 3은 완전히 다른 세계로서 가파른 산과 숲으로 된 내륙지역이었다. 기타카미강의 드넓은 농경지 평원이 있었다. 깊은 리아스식 만의 위쪽에는 어촌들이 있었고, 거미줄처럼 복잡하게 뻗친 반도들로 나뉘었고 긴 발톱처럼 바다로 향해 있었다.

그 도시를 지나 우리는 고속도로에서 내려가 어두운 숲과 접해 있는 밝은 들판 지역으로 들어갔다. 그곳 일부에서는 무거운 벼들이 다 익어 추수를 기다리고 있었다. 다른 곳에는 토마토와 과일 온실이 있었다. 예쁜 타일로 된 지붕이 있는, 길가의 집들은 나무로 지어졌다. 산들이 점차 줄어들었고 우리가 기타카미 강둑을 따라 동쪽으로 가자 머리 위로 무겁게 떠 있던 하늘이 활짝 펼쳐졌다.

　대부분의 일본 강은 큰 도시 밖에 있는 경우라도 볼썽사나운 모습이다. 상류의 댐은 강에서 전기와 물을 뽑아낸다. 도시와 공장은 강물을 마시고, 가정 및 화학 폐기물을 쏟아낸다. 기타카미강은 이와 반대로, 넓고 풍부하고 깨끗하고 살아 있다. 강의 유일한 댐은 상류의 북쪽 유역에 있는데, 연어들이 매년 가을 산란 장소로 몰려오곤 한다. 폭이 수백 킬로미터이고 내륙에서는 더욱 깊어지는데 강이 흐르는 도시에 산과 강의 광경을 펼쳐준다. 강둑에서 자라는 갈대숲 사이에 왜가리, 백조, 쇠오리가 산다. 매년 갈대들을 모아 절과 신사의 지붕을 엮는다. 강의 남쪽 하구는 이시노마키에서 바다와 만나는데, 부두와 크레인, 컨테이너들 소리로 시끄럽다. 그렇지만 오파만에 있는 다른 쪽 입구는 인구가 많은 산업 국가에서 아주드문 곳, 즉 모래와 독수리, 바위, 해류가 있는 커다란 강어귀이다.

　그날 아침 기타카미강을 따라 오카와로 운전하는 우리에게 보였던 전경은 이러했다. 너른 하늘, 벼가 가득한 계곡을 사이에 두고 있는 푸른 산, 논 끝에 있는 마을들, 안개 속에 멀리 보이는 작은 늪과 바다였다. 그것은 이상적이고 전형적인 광경이었다. 농장과 산, 민물과 바닷물, 자연과 인간이 균형을 이루고 있었다. 나무는 산을 덮었고 바다는 바위를 치고 있었는데, 이들 모두 사냥꾼과 낚시꾼을 환영하고 있었다. 강은 드넓고 힘찼지만 다리와 제방에 길들여졌다. 타일을 붙인 집들은 작고 얼마 안 됐지만, 들판과 산, 그리고 물이 그들에게 존경을 표하고 있었다. 인간의 문명을 중심축으로

하여 자연 세계가 돌아가고 있었다.

우리는 산리쿠 해역에서 변화된 세계로 들어가는 기분을 경험했다. 그것은 미세한 변화였다. 이상한 도호쿠 사람에 관한 여러 농담에도 불구하고, 북부인들에게 기괴한 구석은 없었기 때문이었다. 하지만 그들에게는 도쿄 사람들의 반짝거리는 깔끔함과 비교해 뭔가 흐트러진 느낌—청명한 날씨를 연상시키는 강건하고 헝클어진 분위기, 실내 난방 같은 호사에 대한 무관심—이 있었다. 모든 사람이 거친 부츠와 두꺼운 양말을 신었고, 추운 계절에는 모두 나일론 플리스를 입었고, 종종 속에도 두 개씩 입었다. 남자와 여자 모두 머리가 바짝 달라붙어서 마치 두꺼운 스웨터의 몇몇 겹에서 잡아당겨 가볍게 두드리는 것 같았다. 고노, 사토, 사사키 같은 성은 계속해서 나왔는데, 마치 씨족 사회처럼 매우 적은 수의 성만 있는 것 같을 정도였다. 산리쿠의 사람들은 깨끗하고 창백한 안색을 지녔는데, 세찬 바람 속에서 따뜻한 집 안으로 들어갈 때면 뺨이 발그스레하게 붉어졌다. 사람들은 자연의 아름다움, 그리고 자신과 자연의 관계에 대해 이야기했다. 모두들 그 지역에 수십 년 혹은 수백 년 거슬러 올라가는 오랜 가계를 지니고 있는 것 같았다.

나는 구마가이 사다요시라는 이름의 노인 한 분을 만났는데, 그의 기억은 2차 세계대전 전까지 이어졌다. 그의 선조들은 사무라이 군인이었고, 가족들은 그 지역에서 300년을 살았다. 구마가이는 지붕을 이는 사람이었고, 전국을 여행하며 질 좋은 기타카미 갈대로 신사의 지붕을 지었다. "내가 이해하기에는 꽤 시간이 걸렸죠"라고 그는 말했다. "하지만 거기에 대해 의심의 여지는 없었어요. 나는 홋카이도에서 오키나와에 이르기까지 이 나라의 모든 곳을 다녔어요. 다른 어디의 자연도 이곳의 우리에게 있는 산, 강, 늪, 바다처럼 풍요롭지 않죠. 이곳을 떠나지 않은 사람들은 자신이 얼마나 행운아인지 알지 못합니다. 여기 같은 곳은 없어요."

그는 강의 북쪽 제방 위에 있는 오카와 초등학교의 반대편 마을인 하시우라에서 자랐다. 그곳은 말이 끄는 수레와 비포장도로가 있는 고립되고 낙후된 지역이었다. 그렇지만 어린 소년에게는 경이와 모험의 장소였다. 여름이면 마을 소년들은 강과 바다에서 수영했다. 가을이면 산으로 난 길을 따라가 너트와 으름열매를 주웠다. 도로에서 조금만 벗어나면 신석기 마을 터가 있었고, 구마가이의 급우들은 4000년 된 그릇 조각을 들고 학교에 오곤 했다. 구마가이의 할아버지는 그에게 총 쏘는 법을 가르쳐줬다. 강 위의 산에는 오리와 꿩들이 있었고, 남쪽으로 오시카에는 야생 사슴이 있었다. "우리는 재미 삼아 사냥하지 않고 생계를 위해 사냥을 했어요"라고 그는 말했다. "사냥감을 잡아 팔았죠." 한번 우발적인 장난으로 젊은 구마가이는 백조를 쏴 죽였다. "나는 스스로 매우 자랑스러웠고 사람들에게 내가 한 일을 이야기했어요. 그런데 경찰이 그 이야기를 듣고 와서 엄청나게 야단을 쳤어요."

그들의 사냥 원정 중에 구마가이의 할아버지는 소년에게 쓰나미의 놀라움과 공포에 대해 이야기했다. 할아버지는 평생 쓰나미를 두 번 겪었는데, 물론 역사적 기록은 그것보다 훨씬 더 멀리 올라갔다. '동부 도호쿠의 무쓰 지역이 진동했고 크게 흔들렸다'고 조간 시대 제8년인 서기 869년의 연대기는 기록했다.

사람들은 울고 소리 질렀고[10] 서 있을 수 없었다. 몇몇 사람들은 무너진 집 무게에 깔려 죽었고 또 몇몇은 땅이 발아래에서 갈라져 산 채로 흙과 모래에 묻혔다. 커다란 담과 문, 창고, 제방이 파괴됐다. 바다의 입이 천둥처럼 으르렁거렸고, 어마어마한 파도가 강으로 올라와 눈 깜짝할 사이에 다가 성벽에 도달했다. 홍수가 엄청나게 몰아닥쳐 바다가 어디서 끝나고 땅이 어디서 시작하는지 분간할 수 없을 정도였다. 논과 길은 바다로 변했다. 배에 타거나 산으로 오를 시간이 없었고 1000명이 익사했다.

지리학자들은 센다이 평원의 퇴적층 전역에서 고운 모래층을 발견했다.[11] 800년에서 1000년 간격마다 반복되어온 거대한 쓰나미가 쓸고 간 것이다. 규모가 덜 큰 파도는 더 잦았다. 1585년, 1611년, 1677년, 1687년, 1689년, 1716년, 1793년, 1868년, 그리고 1894년에 파도가 산리쿠 해안을 덮쳤다. 파도가 길고 좁은 리아스식 만에 덮쳤고, 이는 다시 파도를 모아 깔때기처럼 안쪽의 어촌으로 보냈기 때문에 그 영향은 특히나 파괴적이었다. 근대에 들어 가장 파괴적인 것은 1896년의 메이지 산리쿠 쓰나미였는데, 2만2000명이 가볍고 약한 지진—멀리 바다에서 발생했기 때문이다—을 겪은 뒤에 사망했다. 구마가이가 태어나기 전해인 1933년 또 하나의 가벼운 지진이 30미터에 달하는 쓰나미를 일으켰고 3000명이 사망했다. "할아버지는 이 두 개를 모두 겪으셨고, 그 이야기를 하시곤 했어요." 그는 말했다. "지진이 발생하면 쓰나미를 대비해야 한다고 항상 들었어요." 심지어 과거의 침수 정도를 나타내는 '쓰나미 스톤'

이라는 것도 있었는데, 이전 세대들이 그 아래로는 건물을 짓지 말라는 엄숙한 경고와 함께 새겨놓은 것이었다. 태평양 연안에서 동쪽의 어부들은 집이 곧바로 동쪽 바닷가로 향하고 있는데, 땅이 흔들리면 본능적으로 무엇을 해야 하는지 알면서 자라났다. 망설이지말고 높은 땅으로 올라가 그곳에 머무는 것이다. 그렇지만 기타카미 사람들은 바다가 아니라 강 위에서 살았다. 그리고 흔들림이 전혀 없다면 어떻게 해야 하는가?

1960년 5월 22일, 이제까지 기록된 것 중 가장 강력한 진도 9.5의 지진이[12] 칠레의 서부 해안가에서 떨어진 해저에서 일어났다. 24미터 높이의 파도가 발디비아시를 덮쳤고 해안가의 1000명이 사망했다. 그 지진 후 22시간 뒤에 2만4000킬로미터의 바다를 가로질러 쓰나미가 일본을 강타했다. 5월 24일 아침이었다. 도쿄의 지진학자 몇 명 외에는 아무도 칠레에서 일어난 일을 알지 못했고, 그들조차도 22시간 뒤에 태평양의 먼 곳에 영향을 미치리라고는 상상도 하지 못했다. 산리쿠 해안은 최악의 것을 경험했다. 일부 지역에서 파도는 6미터 이상이었다. 문자 그대로 지구의 절반 거리에 떨어진 해저 깊은 곳에서 일어난 사건 때문에 그날 142명이 사망했다.

하시우라에서 구마가이는 칠레에서 온 쓰나미가 기타카미강으로 몰려오는 것을 봤다. "그것은 검은 덩어리였어요"라고 그는 말했다. "커다란 돌이 상류에서 계속 굴러왔어요. 그저 하나의 파도가 아니라 파도가 계속해서 이어졌죠. 파도는 높이 올라 제방의 절반쯤까지 왔는데 전에는 이런 것을 본 적이 없었어요. 당시 나는 얼마나 이상하고 강력한 것인지 생각했어요. 그래도 그것이 제방 *위로*

넘어올 것이라고는 상상도 못했어요."

2011년 3월 11일 지진이 일어났을 때, 구마가이는 쓰나미가 이어질 것이며 그것이 강 위의 사람들에게 얼마나 큰 위험이 될 것인지 즉각적으로 알아차렸다. 귀가 멍멍해지는 경고음에 그는 직원 8명이 기타카미강 입구와 가까운 섬에서 갈대를 수집하고 있는 것이 생각났다. 그는 제방으로 달려 내려가 보트로 그들의 대피를 감독했다. 직원들을 안전하게 대피시켰다는 안도감과 함께 그는 하시우라로 운전해 되돌아왔다.

쓰나미가 왔을 때 그는 집 밖에 있었다. 그는 검은 물체가 제방을 넘어 자신에게 빠르게 몰려오는 것을 봤다. 그는 차에 뛰어올랐고 파도보다 겨우 몇 초 앞서 산으로 이어진 도로에 도착했다. 그곳에서 그는 생애 두 번째 쓰나미가 자신의 집과 사무실을 포함해 오카와와 하시우라를 파괴하는 것을 내려다봤다. "검은 산이 덮쳐오는 것 같았어요. 산이 움직이고 있다는 것은 믿을 수 없었어요. 차한 대를 봤는데 후미등이 여전히 켜진 채 파도 아래 있었어요. 누군가 그 안에 있는 것이 분명했죠. 몇 초 후에는 나도 그 파도 안에 있을 것이었죠."

오카와의 아름다움이란 대부분 그곳에 없는 것들—도시인들이 별생각 없이 받아들이는 매일의 추함—이 없다는 데서 유래했다. 9월의 오후에 차를 몰고 갔던 그날에도 나는 그것들이 없다는 것을 알아챘다. 이시노마키 교외와 바다 사이에는 신호등이나 도로 표지판, 자판기, 전신주가 거의 없었다. 긴 형광등의 싸구려 레스토랑이

나 24시간 편의점, 당구장이나 현금 인출기가 없었다. 이들 모두 중에서 가장 두드러진 것은 시골 소리였다. 나무에서 들리는 새와 매미의 노래, 강의 낮은 소리, 파도의 부딪침, 그리고 부드럽게 스며드는 거의 들리지 않는 살랑거림―나는 여러 날 걸려서야 이것이 무슨 소리인지 알 수 있었는데, 갈대 사이를 통과하는 바람의 소리였다―이 있었다.

재난 이후 몇 주를 유해를 찾는 데 보낸 아베 료스케는 가마야의 촌장이었다. 내가 만난 사람 중 누구보다 더욱 열정적으로 마을의 삶에 대해 이야기했다. 그가 묘사했던 집, 그가 기억했던 어린 시절은 전형적인 *후루사토*, 즉 일본판 아르카디아*였다. 숲이 우거진 산, 구불구불한 강으로 나뉜 논, 작은 시골 학교와 가족이 운영하는 가게가 있는 상상의 마을이었다.

담배 가게 주인 아이자와가 있었고, 길 건너에는 독특한 녹색과 오렌지색의 차양을 친 사케 가게 주인 모가미가 있었다. 두부 장수 스즈키는 길 아래 멀리, 다카하시 미용실 옆에 있었다. 가마야에는 자체적인 *고반*, 즉 경찰 초소가 있었는데 한 명의 직원이 담당했다. 그리고 가마야 의원은 존경받는 스즈키 박사가 운영했다. 그리고 마을의 중심을 차지하며 앞에 벚꽃나무가 일렬로 심어진 곳에 학교가 있었다.

"가마야는 풍요로운 자연의 장소였어요." 아베가 말했다. "자연 세계가 매우 풍성했어요. 요즘에는 아이들이 소풍을 갈 때 버스

＊　목가적 이상향.(옮긴이)

를 타죠. 애들은 이 지역을 둘러싼 길을 잘 몰라요. 그렇지만 우리는 나가츠우라, 오노사키, 후쿠지 등 사방으로 돌아다녔어요. 해변에서 야구를 했는데 마을마다 작은 팀이 있었죠. 강에서도 놀았죠. 어디서든 수영을 할 수 있어요. 여름 내내 밖에서 놀았죠."

대부분의 가족들은 하나 이상의 수입원을 지녀, 직장에 다니거나 최소한 파트타임 근무를 했는데, 이시노마키에서는 소규모 가족농과 숲이나 강의 이삭줍기로 충원되었다. 산들은 버섯, 베리, 밤 같은 수확물을 만들어냈다. 현지 쌀 품종은 '첫눈에 반한 사랑'이라고 불렸다. 민물과 소금이 짜게 섞여 자연계에 미묘한 영향을 미쳤다. 이로 인해 갈대는 가늘지만 매우 강했다. 지느러미가 뾰족하고 머리가 큰 둑중개[13]와 스프용 고급 식자재로 일본 전역에 팔려 가는 시지미 조개 같은 독특한 물고기들이 자랐다. "우리는 강에서 너무나 많은 것을 얻었어요.[14] 우리는 오크 나뭇가지와 잎으로 덫을 만들어 강바닥에 놓았죠. 그물과 함께 그것을 보트 위로 끌어올리면 장어, 아주 크고 살찐 장어가 가득했어요." 아베 료스케가 말했다.

393명의 사람들이 쓰나미 당시에 가마야에 살았다.[15] 그들 중 절반 이상인 197명이 사망했고, 그들의 집은 모두 파괴됐다. 생존자 중 대부분은 당시에 일을 하거나 심부름을 하느라 마을 밖에 있었기에 살아남았다. 그날 오후 가마야에 있었던 사람들 중 약 20명만이 해가 지기 전까지 익사하지 않았다. 그리고 이 숫자에는 학교에서 사망한 교사와 학생들이 포함되지 않았다. 쓰나미의 비극을 묘사할 때 과장되게 말하는 것은 쉽고, 때로는 너무도 쉽다. 그렇지만 그 9월의 오후에 차를 몰고 가며 나는 모든 재난 지역 중에서 그토록 많은 것을 잃은 마을은 없다는 것을 잘 알고 있었다.

완전히 복구된 도로는 처음에는 6개월 전에 일어났던 일에 대한 어떠한 단서도 주지 않았다. 강가를 따라 초목은 다시 자라기 시작했고 무너진 돌무더기는 깔끔히 치워졌다. 그렇지만 1.6킬로미터 전에 있던 논에서는 잘 익은 벼들이 빛나고 있었는데, 이곳의 논은 진흙투성이고 아무것도 자라지 않았다. 그리고 이곳저곳에 파괴의 조심스러운 흔적이 있었다. 무성한 풀 사이에는 찌그러진 픽업트럭이, 진흙 속에는 창문도 없고 지붕도 없는 건물이 홀로 있었다. 나는 차의 위성 내비게이션 시스템 스크린을 봤다. 가마야는 복잡한 선과 직사각형들로 보였는데, 각 블록의 집들이 분명히 보였고 학교, 경찰서, 주민센터가 각각 표시돼 있었다. 우리는 기타카미 신대교로 가는 갈림길에 도착했는데, 노란색 조끼를 입은 수리공들이 가득했다. 위성항법 스크린 위에 움직이는 점―우리의 차를 표시하는―이 빨갛게 빛나는 마을의 입구에서 멈췄다. 하지만 현실 세계에서 그곳에는 아무것도 없었다.

나는 오카와에서 무슨 일이 일어났는지 알고 있었다. 모두들 알고 있었다. 그것은 쓰나미 중에서 최악의 것, 모든 이야기 중에서 가장 듣기 힘든 이야기였다. 학교에 도착하면 나는 언제나 약한 현기증과 그 장소에 대한 생각으로 심장이 움찔함을 느꼈다. 그렇지만 그 장소 자체는 조용하고 심지어 고요한 분위기를 자아냈다. 각진 붉은색 지붕이 있는 2층 건물이었는데, 콘크리트로 된 옆면이 한때는 운동장이었을 곳을 감싸고 있었다. 건물들은 창문이 없고 부서졌으며, 표면은 충격으로 벗겨졌고, 벽은 곳곳이 휘고 무너졌다. 그렇지만 여전히 대부분은 철골 위에서 멀쩡한 모양이었다. 위로는 나무가 우거진 가파른 산이 있었고 산 입구에서는 콘크리트 벽이 받치고 있었다.

앞쪽에는 비바람에 거칠어진 탁자가 있었는데, 임시 제단임을 나타내주는 물건들이 올려져 있었다. 화병, 향을 담은 용기, 잉크 그림이 있는 장례용 목조 위패가 있었다. 주스와 사탕 병, 작은 장난감, 그리고 배경으로 강과 산과 장엄한 여름 하늘 햇살이 가득한 사진 액자가 있었다.

머리를 포니테일로 묶고, 부츠를 신고 두꺼운 코트를 입은 인물이 제단 앞에 서서 꽃병을 정리하고 있었다. 그녀의 이름은 히라츠카 나오미였다. 그녀는 상류에 살았다. 그녀의 딸 고하루는 이 학교의 학생이었다. 나는 그녀를 찾아 이곳에 왔다.

진흙

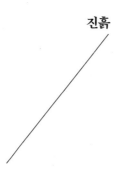

　나오미는 요코가와 마을의 큰 집에서 남편 가족 4대와 함께 살았다. 가장 나이 많은 구성원인 남편의 할머니는 90대 후반이었다. 나오미의 막내딸 사에는 두 살 반이었다. 지진이 일어났을 때 나오미는 침대에서 작은아이를 재우고 있었다. 빠른 수직적 움직임은 칵테일 셰이커 안에 있는 것 같았다. 충격이 사라지자 집은 책과 가구, 깨진 유리들로 된 장애물 코스가 됐다. 여섯 살 된 아들 도마는 다른 방에 갇혔고, 떨어진 물건으로 방문이 닫혔다. 나오미가 아들을 구해내는 데 반시간이 걸렸는데, 벽과 바닥이 여진으로 흔들리고 떨렸기 때문이었다.

　가족 중에 몸이 다친 사람은 없었지만 집의 아래층은 훨씬 더 심각한 혼란 상태였다. 나오미의 시어머니는 정신이 나간 증조할머니를 돌보고 있었다. 현지의 인근 단체에서 높은 자리를 지냈던 시아버지는 밖에서 사태를 조사하고 있었다.

　그는 말이 없는 남자였다. 가족과 구성원들이 해야 하는 적절한 행동에 관한 그의 생각을 묘사하는 데 있어 '전통적'이라는 단어는 매우 예의 바른 표현이었다. 그가 정찰을 마치고 돌아왔을 때 나오미는 열두 살 된 딸 고하루를 데리러 오카와 초등학교로 갈 준비를 하고 있었다. "학교가 무사하리라고 믿어 의심치 않았어요"라고 그녀는 말했다. "하지만 그토록 강한 지진이었으니 아이를 데리러 가야 할 것 같았어요." 시아버지 히라츠카는 분명치 않은 이유로 이에 반대했다. "아버님은 '지금은 때가 아냐'라고 말했어요. 나는 정확히 무슨 뜻인지 알지 못했어요." 히라츠카 노인은 마을 주변을 걸어 다녔고, 나오미는 나중에 그가 제방을 살펴보고 강의 상태를 조사했다는 것을 알게 됐다. 그렇지만 그는 자신의 결정을 설명할 필요를, 특히나 며느리에게는 느끼지 않는 남자였다. "아버님 자신도 내비치지 않으려 했겠지만 공황 상태였다고 생각해요. 우리는 많이 대화하지 않았어요. 그는 속마음을 남에게 이야기하지 않는 사람이었어요."

나오미는 남편에게 문자를 보냈지만 네트워크가 중단되기 전까지 답을 받지 못했다. 전기가 나갔기에 텔레비전도 나오지 않았다. 비상시에 정보를 알려주는 시의 확성기조차 조용했고, 눈이 내리고 있었다. "고하루가 학교에 갇혀 있다는 생각을 했던 기억이 나요. 그리고 그곳은 매우 춥겠다고 생각했어요"라고 나오미는 말했다. "아이에게 속옷을 더 입으라고 말해서 다행이었죠. 옷을 따뜻하게 챙겨 입었으니 애들은 괜찮을 거라고 생각했어요." 바깥 세계의 상태에 관해 좋든 나쁘든 아무 뉴스도 없는 가운데, 그녀가 생각할 수 있는 것이라고는 집 안에 머물면서 안전한 가족들을 돌보는 것이었다.

이러한 행동은 젊은 여성이자 엄마로서의 역할과 의무에 관한 시아버지의 생각과 정확히 일치했다.

어두워지기 바로 직전에 히라츠카 노인은 다시 밖으로 나가겠다고 선언했다. 그의 목적은 강 아래로 걸어가 인근 주말 농장에 있는 오두막에서 라디오를 갖고 오는 것이었다. 그가 떠났을 때는 아직 날이 밝았다. 한 시간 후 그는 어두울 때 돌아왔는데 숨을 헐떡이고 비틀거렸다. 물에 흠뻑 젖었고 진흙과 나뭇잎이 잔뜩 묻었지만 운이 좋게도 살아 왔다.

물리적으로 요코가와는 일어나고 있었던 재난의 영향을 받지 않았다. 높은 지대의 제방과 강의 굽이가 바다에서 막아줘서 나오미는 아직도 쓰나미가 있었는지 알지 못했을 정도였다. 하지만 바다에서 8.8킬로미터 떨어져 있는 높은 먼 곳에서 히라츠카 노인은 바닷물이 도로를 휩쓸고 간 것을 발견했다. 길가를 걸어가고 있을 때 새로운 큰 파도가 강 가장자리에 부딪쳤고, 빠르게 아스팔트 도로를 덮었다. 파도는 그의 발을 잡아당겼고 이어 발목과 무릎에 닿았다. 그리고 무슨 일이 일어났는지 알아차리기도 전에 그는 발을 헛디뎠고 검은 파도의 급류 속에서 허우적댔다. 파도는 그를 다시 강 쪽으로 끌고 갔다. 그곳에서 그는 거의 익사할 뻔했으나 아프지만 안전하게 나무에 걸렸고, 나무는 물이 빠질 때까지 그를 단단히 붙잡아줬다.

그는 라디오 없이 강의 굽이를 지나 비틀거리며 집으로 돌아왔다. "후에 아버님은 거의 죽을 뻔했다고 말했어요"라고 나오미는 기억했다. "그분은 혼란스러워했어요. 그렇게 말하지는 않았지만, 아마도 그때가 그분이 무슨 일이 일어났는지 이해했던 순간이었을 거예요."

이튿날 아침 나오미는 시아버지를 설득해서 학교에 가려고 했다. 곧이어 요코가와 너머로 물이 줄어들었고, 그들은 도로가 물속으로 사라진 지점까지 운전해 갈 수 있었다. 사람들이 그곳에 모여 있었다. 몇몇은 울고 있는 것 같았다. 히라츠카 노인은 나오미에게 차 안에 있으라고 말한 뒤 살펴보러 걸어 나갔다. 몇 분 후에 그는 돌아왔다. 간결한 그의 대답으로 짐작하건대 많은 것을 알아내지는 못한 것 같았다. 나오미는 특별히 걱정하지는 않았다. 다른 사람들과 마찬가지로 그녀도 200명의 아이들과 지역 사람들이 오카와 초등학교에서 파도에 갇혀 구조를 기다리고 있다는 소식을 들었다. 다른 엄마들처럼 그녀는 그날 아침 오지 않는 헬리콥터를 맞기 위해 나왔다. 그러나 대체로 가족들을 먹이고 씻기는 일—그녀는 어린애와 노인 모두를 돌봐야 하는 사람이다—에 몰두해 있었다. "아이들은 여진으로 무서워했어요. 어른들도 초조해하고 있었어요. 나는 육아휴직 중이었고 아이를 돌봐야 했어요. 하지만 이후 며칠간 내가 기억할 수 있는 것이라고는 요리뿐이었어요. 밖으로 음식을 구하러 갈 때는 시어머니나 시아버지가 음식을 했어요. 나는 집에서 아이들을 돌보며 아침, 점심, 그리고 저녁에 계속 요리하고 요리했어요."

일요일 아침, 오카와 초등학교에 다니는 자녀들을 둔 친구 두 명이 들러 자신들은 한 번 더 시도하려 한다고 나오미에게 말했다. 나오미도 갈 것인가? 그녀는 몹시 그들과 함께 가고 싶었다. 하지만 그녀가 없으면 다른 두 아이들은 누가 돌볼 것인가? 시아버지가 대안을 냈다. 그녀는 집에 머물고 자신이 대신 가겠다는 것이었다.

그는 점심 때 돌아왔다.

"어땠어요?" 나오미가 물었다.

"우리는 학교에 갔단다." 그가 말했다.

"학교는 어떤가요?" 나오미가 물었다.

"거기서 아리카의 시체를 봤어." 아리카는 고하루의 반 친구였다. "다른 몇몇 아이들의 시체도 있더구나. 그러나 고하루는 없었어. 나는 고하루를 찾을 수 없었어. 몇몇 아이들이 생존했고 이리가 마야에 갔다고 들었다. 그렇지만 고하루는 그곳에도 없었다. 그래서 나는 어쩔 수 없다고 생각한다. 너도 포기해야 할 거다."

나오미는 아무 말도 할 수 없었다. "나는 더 많은 것을 묻고 싶었어요. 세부적인 것을 알고 싶었어요"라고 그녀는 말했다. "그렇지만 그분이 포기하라고 말하는 데는 뭔가가 있었어요."

그때 히라츠카 노인은 말했다. "우리는 이 일을 받아들여야 한다. 너는 희망을 포기해야 해. 지금 중요한 것은 살아 있는 아이들을 돌보는 거다." 그렇게 대화는 끝났다.

나오미는 내게 말했다. "그는 그렇게 말했어요. 그래서 나는 진짜로 희망이 없다는 걸 깨달았어요. 그때가 고하루가 살아 있지 않다는 걸 알게 된 순간이었어요. 그렇지만 나는 슬픔을 보일 수 없었어요. 히라츠카 씨, 히라츠카 씨는 매우 엄격하고 자제력을 잃지 않는 사람이에요. 그는 자신의 자연스러운 감정을 드러내는 사람이 아니에요. 그는 손녀딸을 잃었어요. 그분도 매우 슬펐을 거라는 걸 알아요. 그러나 그는 감정을 눌렀어요. 그럼에도 불구하고 내가 슬픔에 잠긴 걸 알았다면 아버님은 내 마음을 상하게 할 말은 삼갔어야 했어요. 그렇지만 그는 삼가지 않았어요."

나오미의 시어머니는 대화를 들으며 울면서 옆에 서 있었다. 히라츠카 노인은 부인을 야단치며 울음을 그치라고 명령했다.

나오미의 남편인 신이치로는 다음 날에야 집에 돌아왔다. 육아휴직을 쓰기 전의 나오미처럼 그는 이시노마키의 고등학교 교사였다. 그 학교는 이제 쓰나미로 집을 잃은 수천 명의 피난처가 됐다. 그가 오자 그의 아버지의 권위는 약해졌고, 나오미가 집을 비우는 것이 용인됐다. 신이치로와 함께 그녀는 파도가 허용하는 데까지 도로 위로 운전해 내려갔다. 그곳에서 그들은 오카와 초등학교에 다니는 또 다른 소녀의 엄마를 만났는데, 그녀는 상류 쪽 학교 체육관에서 자신의 딸을 막 확인했다고 말했다. 그녀는 그곳에서 고하루의 시신을 본 것 같다고 생각했다.

히라츠카 부부는 체육관 영안실로 운전했다. 점점 더 많은 시체들이 들어오고 있던 그곳은 관료주의적 혼란으로 엉망이었다. 서류를 작성해야 했고, 들어오는 시체는 의사가 검사해 공식적으로 기록해야 했는데, 보통 여러 날이 걸리는 프로세스였다. 나오미와 신이치로는 집에 어린 자녀들과 도움이 필요한 노인들이 있었다. 그들은 기다릴 수 없어서 필요한 서류를 작성한 뒤 떠났다.

이튿날 신이치로는 가족을 떠나 시에 있는 자신의 학교로 가서 그곳의 피난민들을 돌보는 일을 도왔다. 나오미는 그 결정에 대해 이의를 제기하지 않았다. 가족 중 누구도 그것을 이상하거나 특이하다고 생각하지 않았다. 어린 딸을 잃고 이제 막 애통해하는 엄마가 음식을 만들고 빨래와 청소를 하길 기대하는 것이 더 이상했다. 그의 동료 중 누구도 신이치로가 딸의 시체를 찾으러 학교를 떠났다 해도 비난하지 않았을 것이다. 그렇지만 자존심 있는 일본의 교사는 양심에 거리낌 없이 그렇게 할 수 없었을 것이었다. 이것은 공무원에게 일반적으로 기대되는 충실함의 한 예일 뿐이었다.

신이치로는 가능하다고 생각될 때마다 집에 왔다. 그때마다 나오미와 함께 학교 체육관으로 향했다. 주말까지 200구의 시체가 그곳에 있었다. "시신들이 파란색 방수포 위에 놓여 있었어요"라고 그녀는 말했다. "많은 수가 내가 알던 사람이었어요. 내 학생들의 부모들도 있었어요. 고하루의 반 친구도 있었어요. 나는 '이 남자를 알아요, 이 남자를 알아요, 그리고 이 여자도 알아요'라고 말할 수 있었어요. 그렇지만 그들 중에 고하루는 없었어요."

열흘 후에 그들은 오카와 초등학교에 가서 거기서 무슨 일이 일어나고 있는지 알아보기로 결심했다. 파도는 그들이 가마야로 운전해서 헤쳐 걸어갈 수 있을 만큼 빠졌다. 자원봉사 소방수들이 삽으로 쓰레기들을 옆으로 옮겨 험한 길들이 치워졌다. 그렇지만 학교 건물에는 여전히 쓰레기가 가득했다. 달라붙은 진흙 위에 얇은 눈이 덮여 있었다. 마을 입구에 있는 교통섬 옆에 파란색 방수포가 있었는데, 영안실로 옮기기 전에 씻기 위해 그 위에 시체들이 놓여

있었다. 여섯 명의 엄마들이 그곳에 머물면서 자녀들이 발굴되기를
기다렸다.

　나오미는 고하루를 찾을 수 있기를 바라며 파란 시트 위에 놓
인 사람들의 얼굴을 바라봤다. 고하루는 어깨 길이의 손질하기 힘
든 머리와 통통하고 유머러스한 얼굴을 지닌 키 큰 소녀였다. 나오
미는 함께 보냈던 마지막 순간에 대해 생각했다. 엄마가 어린 남매
를 돌봤을 때, 70대 할아버지가 할머니를 위해 아침을 준비했을 때,
그리고 할머니가 백 살이 다 된 증조할머니와 다투고 있을 때, 고하
루는 얌전하게 옷 입고 밥 먹은 뒤 학교 버스를 타러 집을 떠났다.
아이는 초등학교에서의 마지막 한 주를 보내려던 참이었다. 졸업식
에 입을 옷을 나오미와 상의했었다. 대부분의 다른 소녀들은 섹시
한 팝 밴드의 아이돌을 흉내 내어 재킷과 타탄 스커트를 선호했다.
그렇지만 고하루는 *하카마*—기모노 위에 입는 우아한 하이 플리츠
의 전통 스커트—를 선택했다. 그 스커트는 나오미의 것이었지만,
고하루는 이미 엄마만큼 키가 커서 조금만 고치면 됐다.

　나오미는 가능할 때마다 학교로 돌아갔다. 그녀가 경험한 바에
따르면 시간이 익숙하지 않게 흘러갔다. 집에서 가족을 위해 할 일
이 아주 많았고, 그러한 일을 하는 것은 무척 힘들었다. 석유와 음식
을 타기 위해 여러 시간 줄을 섰고, 집으로 운전해 와서는 물품들을
내려놓고 다시 영안실로 가거나 검은 물을 헤치고 학교로 가서 사
망자를 확인했다. 어느 날 그녀는 고하루의 신발 한 짝을 발견했고,
이어 책가방을 발견했다. 이는 가슴 무너지는 일이자 동시에 위안
이 되는 일이기도 했다. 나오미는 거짓된 희망을 품지 않았다. 시체

들은 하루에 몇 구씩 여전히 쓰레기 속에서 나오고 있었다. 그녀는 딸이 나오는 것은 시간문제일 뿐임을 알았다.

4월 초에 탁아소와 유치원이 다시 열렸다. 어린 자녀 둘이 낮에는 그녀 손을 떠났기에 고하루를 찾는 데 전념할 수 있었다.

그녀는 자신이 가마야 입구의 교통섬에서 서성이는, 점차 줄어드는 학부모 그룹의 한 명임을 알게 됐다. 일곱 살 아들 고토를 찾고 있던 나가누마 마사루라는 이름의 수줍고 조용한 남자가 있었다. 자격증이 있는 중장비 기사인 마사루는 가끔씩 굴착기를 운전해 진흙을 떠서 옆에다 놓았다. 나오미는 스즈키 미호라는 여자와 매우 가까워졌다. 그녀는 열두 살 된 아들 겐토를 묻었지만 아직도 아홉 살 된 딸 하나를 찾고 있었다.

특히 마사루는 아들을 찾고자 하는 결의가 대단했다. 매일 아침 나오미는 학교에 와서 검은 진흙 속에서 노란 굴착기 장비로 계속해서 진흙을 퍼내는 그를 보았다. 봄이 오자 다채로운 색상이 산과 강에 다시 돌아왔다. 소나무의 짙은 녹색, 낙엽수의 연한 그늘, 그리고 대나무의 노란 솜털들이었다. 하지만 나뭇잎과 물의 경치 중심에는 어두움이 있었다. 바로 진흙 더미였다. 이들은 소중한 모든 것을 휘감아버렸지만 다시 내놓기를 거부하고 있었다. 그 진흙은 얼마나 깊었을까? 끝이 없는 것 같았다. 나오미의 옷과 부츠에 달라붙었고, 차로 그녀의 집까지 따라왔다. 마사루가 어린 아들을 찾기 위해 매일 아침 굴착기를 운전해 올 때 진흙물이 굴착기의 캐터필러 트랙에서 뚝뚝 떨어졌다. "이곳 주위를 보세요"라고 나오미가 말했다. "자식의 시체가 이런 흙과 쓰레기 아래, 아니면 저기 바다 위에 떠다니고 있다면 어떤 부모가 편히 쉴 수 있겠어요?"

　나오미는 영어 교사였다. 그녀는 영어로 잘 말했고, 분명한 미국식 악센트를 썼다. 그렇지만 자신감이 부족했고, 우리의 대화에서는 일본어로 말했다. 재난 이후의 사건들을 묘사하며 그녀는 날카롭고 감정적인 제스처를 사용해서 빠르고 유창하게 말했다. 그러나 내가 그녀 자신에 대해 묻자 망설였고 불편해했다.

　그녀는 센다이에서 자랐지만 일본 본도에서 먼 남쪽에 있는, 그녀의 아버지가 태어난 아름다운 아열대 섬인 오키나와에 있는 대학에서 공부했다. 그녀는 흥분과 기대감으로 가득해서 그곳에 갔지만 실망감만 갖고 떠나왔다. "내게는 오키나와의 피가 흘렀지만 그곳에서 살지 못했어요"라고 그녀는 말했다. "오키나와 고어를 공부하고 오키나와 춤을 배우고 싶었어요. 그렇지만 원했던 것의 절반도 이루지 못했어요." 졸업 후에 그녀는 따스한 남쪽을 떠나 자신이 태어난 추운 북쪽 지역으로 돌아왔다.

　내가 만난 오카와의 엄마들 중에서 나오미는 극심한 슬픔의 와중에서도 가장 판단력이 명석했다. 그 일을 겪은 많은 사람들에게 쓰나미의 비극은 형체가 없고 검고 형언할 수 없는 것이어서 태양을 가리는 거대하고 엄청난 괴물이었다. 그렇지만 다른 사람 못지않게 똑같이 고통받은 나오미에게 그것은 반짝이고 날카롭고 엄청나게 밝았다. 이 엄청나게 빛나는 선명함은 위안과는 정반대였다. 그것은 짓누른다기보다 관통했고, 숨을 곳을 남겨주지 않았다.

나오미와 함께하는 내내, 나는 그녀의 집에 가보지 못했다. 그녀의 시아버지는 기자들을 싫어했고, 그녀는 괜히 그를 불편하게 하고 싶어 하지 않았다. 우리는 학교에서 만났고 길가 식당에서 대화하기 위해 이시노마키로 향하는 도로 위를 다시 운전해 갔다. 그녀가 말하길, 초기에 실종된 아이들 수색은 지역 주민들이 수행해서, 할 수 있는 한 쓰레기들을 치웠고, 경찰들은 시체 처리를 감독했다. 이어 일본 자위대의 군인들이 동원됐다. 처음에 이것은 낙관론의 근거였고, 학교를 감싼 쓰레기 더미들이 하나하나 제거됐다. 하지만 수색이 길어질수록 주어진 업무의 양도 늘어났다.

초기에 아이들은 곳곳에서 발견됐다. 산의 낮은 골짜기에 던져져서, 얕은 산 하나에서 34구의 시체가 발견됐다. 이어 하나 혹은 둘씩 점차 더 작은 숫자로 나오기 시작했고, 이러한 흐름조차도 더 뜸해졌다. 3월 말까지 74명의 실종 어린이 중 30여 명이 여전히 발견되지 않았다. 2주일 후에는 10명만이 실종 상태였다. 4월 말에는 4명의 아이들이 가마야의 논에 물을 공급했던 연못에서 연속해서 발견됐다. 그들 중 일부는 1.5미터 아래의 물과 진흙 속에 있었는데, 대나무 장대로도 닿지 않는 거리였다. 연못을 완전히 수색하기 위해서는 전체 지역에서 먼저 물을 빼야 한다는 것이 명백해졌다. 그리하여 기계식 펌프를 구해왔고, 발전기에 24시간 내내 연료가 공급됐다. 후지 호수에서 시체들이 나왔는데, 산의 먼 곳에서 3.2킬로미터나 떨어진 곳이었다.

쓰나미는 하나의 큰 파도로 이뤄졌다기보다 반복되는 파고로 구성됐다. 계속해서 밀려왔다 밀려갔고, 서로서로 위로 아래로 옆으로 누비고 갔다. 파도의 수중에 빠진 물체 중 일부는 솟구쳤다가 원래 있던 곳 가까이로 내동댕이쳐졌다. 그렇지만 많은 것들은 안쪽으로의 급류와 회오리의 되돌릴 수 없는 복잡한 작용 속에서 가라앉았다 위로 올라왔고 뒤로 끌려갔다 다시 앞으로 던져졌다. 그럴듯한 장소들은 모두 수색됐다. 요즘은 새로운 유해들이 학교에서 먼 곳에서 발견됐다. 이러한 일이 생길 때마다 가능한 수색 지역이 다시 한번 확대됐다.

5월에 의사가 고하루의 DNA를 분리하기 위해 나오미와 신이치로, 그리고 아이들의 입에서 표본을 채취했다. 5월 말에 작은 시체의 일부가 늪과 산들을 지나 학교에서 6.4킬로미터 떨어진 태평양의 어촌 마을인 나부리에서 발견됐다. 유해의 상태는 육안으로 확인하기 어려웠다. 연구실에서 그 유해가 고하루가 아니라 다른 실종 소녀의 것이라는 것을 규명하기까지 3개월이 걸렸다.

군인들은 마가키 상류와 후지 호수 쪽으로, 그리고 나가츠우라 늪 근처의 마을 하류로 수색을 확대했다. 전국에서 새로운 부대들이 교대로 왔다 갔다. 나오미는 똑같은 유니폼과 짧은 머리를 한, 그래서 따로 떼어 구별하기 어려운 수많은 지휘관들을 만났다. 그리고 쓰나미가 일어난 지 3개월 후 자위대도 철수했다.

전에는 흙 파는 기계 열 대와 수백 명으로 이뤄졌던 수색 작업이 경찰관 한 팀과 굴착기를 모는 나가누마 마사루로 줄어들었다. 나오미와 미호는 여전히 매일 학교에 왔다. 이제 그들이 딱히 할 만한 일은 많지 않았다. 마사루의 철제 장비가 뭔가를 찾아내면 그들은 걸어와 그것을 검사했다. 매트리스와 오토바이, 옷장을 찾아냈지만 유해는 더 이상 없었다. 그들은 학교 앞에 있는 제단을 치웠고 죽은 꽃들을 버렸다. 때때로 두 번째 굴착기가 첫 번째 것과 함께 일했다. 그들이 함께 움직일 때면 노란색 긴 팔이 위로 손짓하다 아래로 내려가 마치 춤추는 것 같았다.

나오미의 마음속에 어떤 생각이 떠올랐다. 그녀는 마사루에게 그것을 의논했다. "못해볼 건 뭔가요?"라고 그가 말했다. 6월 말에 그녀는 센다이 인근의 교육장에서 열린 1주짜리 강의를 들었다. 다른 수강생은 전부 남자들이었다. 그들은 나오미에게 호기심을 보이지 않았고 나오미도 설명할 필요를 느끼지 않았다. 그 주말에 그녀는 땅 파는 장비를 운전할 수 있는 자격증을 땄고, 일본에서 그러한 자격증을 지닌 몇 안 되는 여자 중 한 명이 되었다. 그녀는 즉시 일하러 와서 스스로 굴착기를 빌려 고하루를 찾고자 진흙을 퍼냈다.

그녀의 시아버지는 이러한 일들을 강하게 반대했다. 그는 중장비 운전은 여자에게 위험하고, 그녀가 있을 곳은 아이들과 남편, 시댁 식구들을 보살피는 집이라고 주장했다. 나오미는 그가 말해야 하는 것을 인내심 있게 들었고, 신경 쓰지 않았다.

노인과 젊은이

　2주 후에 내가 시모카와라 다카시의 소식을 들었을 때, 그가 죽었기 때문이 아니라 그토록 오래 살았었다는 데 놀랐다. 2011년 3월 말 내가 다시 도쿄로 돌아가고 있을 때, 한 친구가 전화해서 일본 신문에 난 '유명 운동선수 쓰나미로 사망'이라는 작은 아래쪽 기사 제목을 읽어주었다. 지난 2주 동안 일본 동북부의 파괴된 해안가를 돌아다니며, 나는 시모카와라 씨에 대해, 그리고 2년 반 전에 그와 보냈던 오후를 생각하게 됐다.

　나는 그가 살았던 마을인 가마이시에 대해 들은 바가 없었다. 우리를 그곳으로 데려다준 기차는 느렸고, 천천히 움직여 황량한 길 위의 플랫폼 외에는 아무것도 없는 역마다 다 섰다. 이 나라에서 가장 추운 지역 중 한 곳의, 꽁꽁 얼어붙은 12월 오후였다. 그러나 시모카와라 씨의 집은 안락했고 따스했다. 그가 우리에게 자신의 세계기록 증서를 보여줬을 때 그의 며느리는 녹차와 비스킷을 대접했다. 이어 우리는 그가 훈련했던 공설운동장으로 차를 타고 가서,

스트레칭과 조깅을 하고 투창과 포환을 연습으로 던지는 그의 모습을 촬영했었다.

차를 더 마신 후에 우리는 작별인사를 하고 느린 기차를 타고 다시 집으로 돌아왔다. 한 가지 사실만이 이 만남을 흥미 있는 것을 넘어 잊을 수 없는 경험으로 만들었다. 시모카와라 씨는 102세였다.

투창을 드는 일조차 그와 같은 대부분의 사람에게는 커다란 성취가 될 것이다. 그렇지만 시모카와라는 그 나이대 어느 누구보다 훨씬 더 멀리 던졌다. 그는 100세 이상 운동선수들을 위한, M-100으로 알려진 등급에서 경쟁했다. 그가 2008년 일본 마스터스 경기에서 세운 12.75미터의 기록은 기존에 미국인이 보유하고 있던 100세 이상 세계 투창 기록을 깼다. 우리의 짧은 만남 이후에도 가끔씩 나는 시모카와라 씨가 어찌 지내고 있는지 궁금했었다.

그는 단순히 삶에 집착하는 것을 넘어 삶을 풍성하게 살았다. 작년에 그는 104세를 넘겼다. 그의 죽음을 기록한 기사는 2010년 일본 마스터스에서 그가 아쉽게도 자신의 세계기록을 갱신하지 못했다고 보도했다. 1만8500명이 이 재난에서 사망했고 그들 각각은 다 비극이었다. 그러나 그토록 위대한 나이까지 장렬하고 건강하고 명민하게 살아남았고, 두 번의 세계대전을 견뎌낸 시모카와라 씨가 겨우 쓰나미처럼 변덕스럽고 무작위적인 것에 쓰러졌다는 것이 참을 수 없이 가슴 아프고 아이러니했다.

한 달 후, 나는 이 재난의 가장 나이 든 피해자 중 한 사람[16]의 흔적을 찾고자 가마이시로 다시 갔다. 2년 반 전에 그와 이야기했던 그 집, 바다에서 0.3킬로미터 떨어져 아직도 서 있는 튼튼한 2층집에서 그것들을 발견했다. 중년에 이른 손자 미노루 씨는 봉사자와 친구들 팀과 함께, 남아 있는 것들을 분류하고 있었다. 할아버지의 하얀색 트랙슈트, 가장 최근의 성취—포환에서 3.79미터, 원반에서 7.31미터—를 공인하는 엽서가 있었다. 그리고 흠뻑 젖었지만 하나도 상하지 않은 사진 앨범이 있었는데 사진의 컬러가 부풀어 올라 희미했다.

시모카와라 씨가 부인 옆에 서 있거나 학교 동창회에서 메달을 들고 있는 사진들이 들어 있었다. 모든 사진에 활기찬 노인이 보였고, 내가 만난 어느 누구도 그렇게 탄탄하고 건강하지 않았다. 사진 다수는 40년 이상 된 것이었다.

100세가 넘은 사람의 상태에 관해 가장 놀라운 동시에 가장 평범한 것은 그저 그들이 얼마나 많이 늙었느냐는 점이다. 시모카와라 다카시는 1차 세계대전이 일어나기 8년 전에 태어났고, 동시대인들은 물론 여섯 명의 자녀 중 두 명보다 오래 살았다. 여덟 명의 증손주 중 가장 어린 손주는 그보다 1세기 넘게 어렸다. 하지만 시모카와라 씨에게는 그 나이까지 살리라는 것을 짐작하게 할 만한 것이 전혀 없었다.

그의 부모는 둘 다 50대에 사망했다. 그는 고등학교 체육교사로 활기찬 삶을 살았지만 폐결핵과 담석증을 포함한 자기 몫의 질병을 앓았다. 젊은 시절 술과 담배를 많이 했으며 지금도 반주로 사케 한 잔씩을 즐긴다고 내게 고백했다.

"언제 담배를 끊었나요?"라고 물었다.

"여든 살이 되었을 때지요"라고 그는 말했다.

그의 손자에게 이 이야기를 했더니 그는 웃으면서 말했다. "할아버지께서 거짓말을 하셨어요. 그분과 술을 할 때면 한 잔 이상을 마셨고, 제게 담배를 달라고 하시곤 했었죠."

평생 동안 시모카와라 씨는 교사로서, 지방의회 의원으로서, 그리고 말년에는 지역 명사로서 지역 공동체에서 매우 활동적이었다. 그런데 그렇게 사람들에게 둘러싸여 있었음에도, 나는 뭔가 고통스러운 것을 발견했다. 그는 심하게, 억누를 수 없이 외로웠다. 그는 35년 된 홀아비였다. 학교 교사로서 가르친 아이들 중 다수가 오래전에 고령으로 죽었다. "형제자매 모두가 죽었어요"라고 그는 말했다. "내가 마지막이에요. 가장 나이 많은 친구도 나보다 스무 살이나 젊어요. 내 상태는 어떤 의미에서 끔찍하지요. 너무나 많은 사람이 내 주위에서 죽었어요. 너무 많은 장례식에 갔었지요. 나는 죽음에 대해 울지 않아요. 그렇지만 바로 이것이 내 가장 큰 슬픔입니다. 바로 이 고독함이요."

두 번째로 고통스러운 것이 조금 지나 내게 떠올랐다. 그것은 102세의 나이에도 그가 죽음에 대해 생생한 공포를 갖고 있었다는 점이었다.

'평온한' 노인에 관한 상투적 표현에 속아서 나는 삶에 대한 집착은 나이와 함께 줄어든다고 생각했었다. 그렇지만 여기 바로 그 반대의 극단적 예가 있었다. 창과 원반으로 죽음을 막고 있는 나이든 남자가 있었다. 운동선수로서 그의 성취를 이끈 것은 바로 이것, 어떻게 해서라도 계속 두 발로 서 있으려는 욕구였다. "모든 것 중에서 가장 중요한 것은 탄력 있고 유연한 것이지요"라고 그는 말했다. "당신이 가장 뻣뻣해지는 순간은 바로 당신이 죽을 때지요. 그보다 더 뻣뻣해지지 않을 겁니다. 그러니 당신은 잘 자고, 잘 먹고, 계속 움직여야 해요." 그리고 이 모든 것이 그의 영원한 죽음이라는 사실을 훨씬 고통스럽게 만들었다.

시모카와라 씨의 아들과 며느리도 그와 함께 사망했기 때문에 그의 친구들과 가족은 가족 차량의 조각들을 직접 파내야만 했다. 차는 재난 이후 며칠 뒤에 쓰나미가 닿지 않는 안전한 거리의 산 위에 잘 주차되어 있는 채로 발견됐다. 즉시 희망이 살아났다. 왜냐하면 그 가족의 집 근처를 계속 수색했지만 흔적이 나오지 않았기 때문이었다. 그리고 8일 후에 세 구의 시체가 집에서 수백 미터 떨어진 공회당에서 발견됐다. 그리고 바로 이것이 슬픈 진실을 드러냈다.

가마야도 다른 곳과 마찬가지로 지진 자체 때문에 심각한 피해를 입지는 않았다. 쓰나미 경보는 즉시 마을 전역으로 확성기를 통해 발령됐다. 시모카와라 씨의 73세 아들은 아버지와 부인을 차로 데려갈 시간이 충분히 있었고, 1층짜리 공회당으로 운전해 갔다. 그곳은 바다로부터 겨우 수백 미터 거리였고, 집보다 조금 높을까 말까 할 뿐이었다. 그렇지만 이것이 분명해졌을 때는 너무나 늦었을 것이었다.

파도는 시모카와라 씨 집 주변으로 범람했지만 2층은 무사했다. 그러나 공회당을 휩쓸었고 그곳으로 피한 사람들을 익사시켰다.

파도는 길 위로 3분 걸어갈 거리에서 가파른 언덕길에 부딪쳐 점차 줄어들었다. "그들이 차 안에 머물러 있었다면, 혹은 길 위로 걸어갔다면, 혹은 심지어 그냥 집에 있다가 위층으로 올라갔다면 살았을 겁니다"라고 오랜 친구인 다다 게이조는 말했다. 그러나 지진 대비 훈련을 잘 따른 좋은 시민이었던 시모카와라 씨의 아들은 안전한 곳으로 운전해 차를 주차하고, 이어 조용히, 그리고 알지 못한 채 자신의 죽음을 향해 언덕 아래로 내려갔다.

시모카와라 다카시는 1933년의 쓰나미, 1960년의 칠레 쓰나미, 그리고 수많은 소규모 파도와 거짓 경보에서 살아남았다. 오랜 친구인 다다 씨가 마지막으로 그에게 말했을 때, 그는 다가오는 체육대회에서 105세 이상 그룹에서 뛸 거라고 이야기했다. 분명히 그는 새로운 세계기록을 세웠을 것이었다. 그는 말 그대로 타의 추종을 불허했다.

그렇게 나이 든 남자의 장례식은 대체로 큰 슬픔과 비극의 사건은 아닐 것이다. 그렇지만 이번 장례식은 그러했다. "솔직히 나는 아직도 그들이 죽은 것 같지 않아요." 자신의 어머니와 아버지, 할아버지를 같은 날에 묻은 미노루가 말했다. "물론 시신을 확인했고 서류에 서명했고 화장을 준비했습니다. 그렇지만 마치 내가 악몽의 한가운데 있는 것 같을 뿐입니다. 진짜 고통은 지금 내게 오고 있는 중이지요."

쓰나미는 무엇보다 나이 든 사람들에게 닥치는 재난이다. 사망한 사람들의 54퍼센트가 65세 이상이었고,[17] 나이가 들수록 가능성이 더 악화됐다. 그렇지만 그 반대는 훨씬 분명했다. 나이가 젊을수록 살아남을 가능성이 많았다. 사망한 어린이들의 숫자는 놀라울 정도로 적었다.

2004년 인도네시아, 스리랑카, 태국을 덮친 인도양 쓰나미에서[18]는 아이들이 이상하게도 많이 죽었는데, 수영을 하거나 안전한 곳으로 갈 수 있는 신체적 능력이 떨어졌기 때문이었다. 일본에서는 그 반대였다. 1만8500명의 사망자와 실종자 중에서 50분의 1보다 적은 351명만이 어린 학생들이었다.[19] 그들 중 5분의 4는 학교가 아닌 곳에서 사망했다. 그날 오후 병으로 쉬었거나, 걱정하는 부모들이 잽싸게 데려갔기 때문이었다. 다른 말로 하면 선생님과 함께 있는 것보다 가족과 다시 만나는 것이 훨씬 더 위험했다.

만일 당신이 엄청난 지진을 만나게 된다면 당신이 있을 수 있는 가장 안전한 곳은 일본이다. 그리고 가장 좋은 곳은 일본 학교 안이다.* 수십 년에 걸친 기술 실험의 결과, 세계에서 가장 탄력 있고 엄격하게 관리되는 건축물이 만들어졌다. 일본의 방파제, 경보 시스템, 그리고 지진 대비 훈련은 어마어마한 쓰나미에 대항해 수없이 많은 생명을 구했다. 2011년의 대재난이 얼마나 컸든지 간에, 만일 그것이 다른 나라에서 일어났다면 수십 배나 심각했을 것이었다. 그리고 공립학교보다 재해에 대한 대비책이 더 잘 되어 있는 곳은 없었다.

---

* 최악의 장소 중 하나는 후쿠시마 다이이치 원자력발전소 안에 있는 원자로 부근일 것이다. 하지만 이 재앙이 자연재해인 지진과 쓰나미로 유발됐지만 결국 인재라는 사실은 일본 건축 전반의 탄력성에 대해 지금 말해야 하는 것과 모순되지 않는다.

일본 학교는 철골 위에 강화 콘크리트로 지어졌다. 대체로 산 위와 높은 곳에 위치하고, 모두 상세한 재난 대비 계획이 있어야 하며 정기적으로 훈련해야 한다. 그날 오후, 일본의 건축기술과 관료주의는 어린이들을 보호하는 데 거의 완벽하게 작동했다.

지진으로 무너지거나 심각한 물리적 피해를 입은 학교는 없었다. 아홉 개의 학교에 쓰나미가 완전히 덮쳤고, 미나미-산리쿠시에 있는 그중 하나에서 13세 소년이 반 친구들이 높은 곳으로 달려갈 때 익사했다. 그 단 하나의 예외만 있었고, 다른 모든 학교에서는 학생들을 안전하게 대피시켰다.

2011년 3월 11일, 일본에서 75명의 어린이가 선생님의 보호하에 사망했다. 그중 74명이 오카와 초등학교에서였다. 나중에 많은 부모들이 아이들을 데리러 달려가지 않은 데 대한 자책으로 괴로워했다. 그렇지만 태만하거나 게으르기는커녕, 그들은 다른 경우였다면 아이들의 안전과 생존을 담보했을 행동방침을 잘 따랐다.

"저는 제가 무엇을 하고 있는지 거의 의식하지 못했어요"라고 사토 가츠라가 말했다. "너무 많은 감정이 있었지요. 내가 할 수 있는 모든 일은 한 번에 온전히 생명을 다루는 것이었어요. 우리는 사랑하는 딸 미즈호를 잃었어요. 그렇지만 다른 것을 잃지는 않았어요. 다른 두 아이는 무사했어요. 우리 집은 전혀 손상되지 않았어요. 해안가의 사람들은 가족들과 집, 마을을 잃었어요. 아직도 사랑하는 사람들을 찾고 있는 이들도 있죠. 그들은 우리보다 훨씬 상황이 안 좋았죠. 물과 전기가 복구되자 우리는 어느 정도 일상적 삶으로 돌아갔답니다."

가츠라는 이시노마키의 고등학교 미술 선생님이었고, 남편과 시부모, 세 자녀와 함께 시토 사요미 가족과는 수백 미터 떨어진 후쿠지에 살았다. 가츠라의 딸 미즈호와 사요미의 딸 지사토는 오카와 초등학교에서 가장 친한 친구였다. 그들은 같은 날 화장됐다. 가츠라가 말했다. "그때까지는 그것이 제가 집중할 수 있는 모든 것이었어요. 화장을 한 후에, 나는 평상시처럼 건강했지만 아팠어요. 일어날 수도 없었죠. 사흘 동안 침대에 누워 있었어요. 그리고 생각하고 생각하기 시작했죠. 딸을 잃게 된 상황에 대해 매우 의심하게 됐어요. 나는 이것이 엄청난 자연재해라는 것을 알고 있었어요. 그래서 처음에는 이 같은 사례, 그러니까 같은 일이 일어난 다른 학교가 많을 것이라고 생각했죠. 그런데 왜 나는 그것에 대해 하나도 듣지 못했을까요?"

강 주위의 마을에서, 재난이 일어난 지 여러 주가 지나 한숨을 돌리자 다른 부모들도 같은 질문을 하고 있었다.

그들의 의심은 대체로 두 남자의 행동에 집중됐다. 그중 첫 번째 남자는 엔도 준지라는, 쓰나미에서 살아남은 유일한 교사였다. 고노 히토미가 재난 이후 이른 아침에 이리가마야에서 그를 봤을 때 그는 멍해서 거의 말이 없었다. 두 번째 남자는 학교 교장인 가시바 데루유키라는 남자[20]였다. 우연히도 가시바는 그날 금요일 오후 휴가였고, 수 킬로미터 내륙 쪽에 있는 다른 학교에서 딸의 졸업식에 참석하고 있었다. 오카와에서 무엇이 잘못되었든지 간에, 이 두 사람, 그러니까 학교에서 일어난 사건에 관한 유일한 성인 목격자와 모든 안전 절차에 책임을 지닌 교장의 증언이 매우 중요했다. 공포와 혼란의 첫 아침 이후 누구도 엔도를 보거나 그에 대한 이야기를 듣지 못한 것 같았다. 그리고 이상하게 교장도 보기가 쉽지 않았다.

진흙을 골라내던 수색자들은 학교의 잔해 속에서 가시바를 찾지 못해 놀랐었다. 그는 쓰나미가 일어난 지 6일 후에 일단의 기자와 카메라맨 앞에 마침내 모습을 드러냈다. 2주 후에 사토 가츠라는 지역 텔레비전 뉴스에서 가시바의 얼굴을 보고 놀랐고, 보도 내용이 초등학교 개학식이라는 데 더 경악했다. 생존한 13명의 아이들이 4월에 시작되는 신학기를 기념하고 있었다. 오카와 초등학교는 그 지역의 다른 학교 교실에 다시 꾸려졌다. 가츠라는 교장이 아이들에게 연설을 하며 사용했던 단어들을 정확히 기억했다. "사망한 우리 친구들을 위해, 웃음 가득한 학교를 다시 만들기 위해 공동의 노력을 기울입시다."

"처음에 아이들은 다소 불안해했어요"라고 가시바는 텔레비전 인터뷰에서 말했다. "그렇지만 제가 그들에게 이 말을 하자, 그들은 단호하게 고개를 끄덕였어요."

학교 행사는 심지어 어린 학생들에게도 일본에서는 매우 중요한 일이고, 가족 전체에 기쁨과 자부심을 주는 일이다. 마흔다섯 가족이 학교에서 자녀들을 잃었다. 그런데 아무도 죽은 아들과 딸들이 참석했어야 할 행사에 대해 통보받지 못했다. 의도는 충분히 분명했다. 일상적인 삶을 다시 시작하려 노력하고, 생존자들이 학생의 본분으로 돌아갈 수 있는 장소를 만들려는 것이었다. 그렇지만 이는 슬퍼하는 많은 가족들에게, 배를 한 방 때리는 것같이 느껴졌다.

"살아남은 아이의 부모들에게 초대장이 발송됐어요"라고 가츠라는 말했다. "나는 '우리 아이는 죽었어. 그래도 우리는 여전히 오카와의 학부모가 아닌가?'라고 생각했어요. 우리는 어떠한 설명도 듣지 못했어요. 학교에서는 한마디도 없었죠. 이 교장, 가시바는 한두 번 학교에 나타났죠. 손을 더럽히지 않았죠. 그리고 이어서 우리는 '웃음'에 대해 이야기하고 있는 그를 텔레비전에서 봤어요."

가츠라는 계속해서 말했다. "아이들이 묻히기도 전에 그들이 우리를 버리고 있는 것 같았어요. 그날 밤 나는 분노 때문에 잠을 잘 수 없었어요. 나는 남편에게 '어떻게 이러한 일이 일어나게 할 수 있어요?'라고 말했어요. 그리고 궁금했죠. 그렇게 생각하는 사람이 나뿐일까?"

설명

쓰나미가 있은 지 4주 후에, 이시노마키 시교육청과 오카와 초등학교 감독기관은 그곳에서 죽은 아이들의 가족들을 위한 '임시회의'를 소집했다. 그 회의는 조심성 없이 개최된 개학식 후 교육청에 쏟아진 빗발치는 분노에 대한 대응으로 급하게 준비된 듯한 인상을 줬다. 오카와 초등학교의 살아남은 아이들이 배치된, 내륙에 있는 학교에서 토요일 밤에 개최됐다. 기자들은 출입이 허용되지 않았지만 학부모 중 한 명이 그 과정을 비디오로 촬영했다. 그 비디오에는 가시바 교장과 교육청 대표 5명이 일본 공무원의 유니폼인 파란색 작업복을 입고 일련의 의자에 앉아 있는 모습이 보였다. 반대편에는 비디오카메라로는 등만 보인 채 모두 합해 97명의 부모와 친척들이 앉아 있었다. 그 방은 난방이 되지 않았고, 화면 속에서 모든 사람이 코트와 모자, 스카프로 단단히 싸여 있었다.

회의는 교육청 사무국장인 고노 씨의 소개와 함께 매우 의례적으로 열렸다. 그는 사과로 시작했다. 목소리가 잘 나오지 않아 매우 짧은 개회사만 전달했다. "여러분, 안녕하십니까?"[21]라고 쉰 목소리로 말했다. "저는 이번 재난에서 희생자가 되신 분들께 진심 어린 유감을 표합니다. 특히 사망한 분들을 위해 진심 어린 기도를 드립니다. 이달에 아이들은 봄을 맞이했어야 했고, 그들의 가슴은 희망으로 부풀었어야 했습니다. 그렇지만 엄청난 재난이 일어난 날인 3월 11일, 거대한 쓰나미가 매일의 삶에서 가장 작은 기쁨을 한순간에 잡아채갔습니다. 그 무엇으로도 대체할 수 없는, 많은 아이들과 선생님들의 소중한 생명을 잃고 우리는 지금 불행한 봄을 맞고 있습니다."

일본에서 공공 회의는 대체로 무미건조하게 정형화된 행사여서 판에 박힌 문구가 가득하고 대결이나 말싸움이 없는 것이 특징이다. 그렇지만 당시 고노 씨가 가시바 데루유키 교장에게 발언권을 줬고, 곧이어 이번 회의가 평범한 회의가 되지는 않으리라는 것이 분명해졌다.

슬픔과 분노로 인해, 학교와 관련된 모든 사람의 평판이 위태로워졌다. 많은 사람들에게, 가시바 데루유키라는 인물을 객관적으로 보기란 불가능해졌다. 그는 키가 작고 통통하며 머리가 센, 둥근 안경을 쓴 50대 후반의 남자로 스트레스를 받거나 생각을 할 때면 입술을 빠는 버릇이 있었다. 여러 학교에서 10년간 부교장으로 근무한 뒤 작년 4월 오카와에 부임했다. 재난 전에도 아무도 가시바의 성격이 어떤지 알지 못했던 것 같다. 1년 후에도 학부모 모두가 그가 어떤 사람인지 알지 못했다.

그날 오후 그가 학교에 있지 않았던 것은 잘못이 아니었다. 그의 공포와 괴로움은 상상될 수 있을 뿐이다. 그렇지만 그는 심각한 판단 오류를 범했다. 첫째는 재난 이후 현장으로 가는 데 그토록 오래 걸렸다는 것이고, 다음은 얼굴을 비췄을 때의 행동이었다. 그는 시신 수색을 돕는 어떠한 노력, 심지어 형식적인 노력조차 하지 않았다는 점에서 용서받지 못했다. 처음 방문 시 그는 언론의 질문에 답했고, 비싼 카메라로 사진을 여러 장 찍었다. 또 다른 방문에서는 학교 금고를 찾고자 조바심 내며 노력하는 모습이 포착됐다.

학교에서 회의가 열릴 즈음에는 학부모들의 분노와 고통이 한 달이나 쌓인 상태였다. 그날 밤 그들은 가시바 씨를 목표로 했다.

"3월 11일 오후까지…." 그는 자신이 말할 차례가 오자 중얼거렸다. "아이들의 얼굴에는 미소가 있었고, 목소리에는 웃음이 있었습니다. 그러나 74명의 아이들과 10명의 교사들을 잃었습니다. 진심으로 사과드립니다."

"들리지 않아요"라고 청중 가운데 한 목소리가 말했다.

"마이크 없어요?"라고 다른 누군가가 말했다.

가시바는 계속했다. "학교에서 나는 건물 앞에 서 있으면 아이들의 얼굴을 상상할 수 있습니다. 그것은 끔찍합니다."

"언제 학교에 갔습니까?" 누군가가 말을 가로막았다.

"그래요, 언제 갔나요?" 다른 사람이 물었다.

"제가 무슨 날에 갔냐고요?" 당황한 교장은 되물었다. "3월 17일이었습니다."

"내 딸은 11일에 죽었어요."

가시바는 머리를 숙였다. "사과드립니다. 대응에 늦었던 점, 실수들이 너무나 많습니다. 진심으로 죄송합니다."

그 순간, 방 안의 사람들이 예기치 못한 참석자—검은색 옷을 입고 왼쪽으로 멀리 앉아 있는 남자—를 인지하자 부모들 사이에 전율감이 돌았다. 그는 머리와 어깨가 앞으로 기울어져 얼굴을 보기 어려울 정도였다.

"자, 자, 자." 누군가 외쳤다. "엔도 준지네요."

이후 그에 대해 가장 큰 불신을 갖게 된 사람들조차 재난 전까지 엔도가 성공적이고 인기 있는 교사였음을 인정했다. 그는 겸손하고, 안경을 쓴 40대 남자로 학교의 몇 안 되는 직원 중에서 서열 3위였다. 교학부장으로서 담임을 맡지는 않았지만 여러 학년 사이를 오가며 자연과 과학을 가르쳤다. "학생들은 그와 매우 가까웠어요"라고 고노 히토미는 내게 말했다. "다이스케는 자연 동호회의 회원이었고, 엔도 씨는 아이들에게 사슴뿔들과 낚싯바늘 만드는 법을 보여줬고, 악어와 피라냐에 대한 모든 종류의 이야기를 들려줬어요. 아이들은 그가 멋지다고 생각했어요."

그는 전에는 해안에서 11킬로미터 위에 있는 아이카와 어촌에서 가르쳤다. 아이카와 초등학교에서 그의 책임 중에 재난 대응이 있었다. 많은 교사가 이 일을 대피훈련 조직과 학부모 전화번호 업데이트 정도만 하면 되는, 판에 박힌 일로 여겼다. 그렇지만 엔도는 훨씬 더 열심히 했다. 아이카와의 비상 매뉴얼에 따르면, 쓰나미 경보가 울리면 학생과 직원들은 3층인 학교 건물의 편평한 지붕 위로 대피해야 했다. 엔도는 이것이 불충분하다고 판단했다. 그는 학교 뒤편의 신도 신사가 있는 높은 산 위로 대피하도록 비상계획서를 다시 만들었다.[22]

아이카와 초등학교는 바다로부터 겨우 180미터 떨어져서 사실상 해수면 높이의 평평한 땅 위에 건축됐다. 이곳을 강타한 쓰나미는 15미터 이상이어서 학교를 통째로 삼켰다. 지붕이 파도에 묻혔으니 그곳으로 피했다면 다 죽었을 것이었다. 그렇지만 개정된 절차를 따라서 교사와 학생들을 빠르게 산으로 올라갔고 단 한 명도 다치지 않았다. 그의 옛 학교에서라면 엔도 준지는 수십 명의 목숨을 살렸다고 당당하게 주장할 수 있었다.

다른 상황에서라면 그는 동정과 감탄의 대상이 되었을지도 모른다. 그렇지만 이 재난이 일어난 아침 이후부터 아무도 그의 소식을 들을 수 없었다. 그의 소재지, 그리고 그가 해야 했을 이야기는 강한 추측만을 낳았다. 그런데 그가 여기에 있었다.

"자기 목숨은 구했네요." 청중 속의 누군가 말해다. "그는 아직 살아 있어요. 그러니 그 사람 말을 들어봅시다."

가토 시게미라는 이름의 교육청 공무원이 말했다. "엔도 씨도 부상을 입었습니다. 그는 정서적 혼란과 동상을 겪고 있어 병원으로 가야 합니다. 현재 심각한 정신적 질환을 겪고 있습니다. 그의 이야기를 들을 때 이 사실을 염두에 둬주십시오."

"웃기지 마시오." 누군가 말했다. "우리 부모들도 아픕니다."

엄청난 어려움과 고통의 표정을 지으며 엔도 준지가 말하기 시작했다. 그는 머리와 상반신을 거의 땅과 수직이 되도록 숙였다. 종종 감정에 겨워 숨을 쉬지 못했다. 때때로 쓰러지기 일보 직전처럼 보였다.

"죄송합니다." 그는 말했다. "저도 어쩔 수 없었어요. 그 일에 대해 진심으로 죄송합니다."

야유가 멈췄다.

"그날 무슨 일이 일어났는지 말하게 해주십시오. 제 기억에 공백이 있을지도 모릅니다. 만일 그렇다면 저를 용서해주십시오."

"그날은 금요일이었습니다"라고 엔도는 시작했다. "수업을 막 마쳤을 때 지진이 시작됐습니다. 학생들이 집에 갈 준비를 하고 있던 때였을 겁니다. 아이들은 학급 미팅을 위해 담임선생님과 함께 있었습니다. 전기가 나갔고 확성기도 작동하지 않았어요. 그래서 저는 2층에 있는 교실마다 달려 올라가 각 반에다 '책상 밑으로 들어가서 꼭 붙잡아'라고 일러줬어요. 아이들은 무서워하는 것 같았고, 담임선생님은 아이들에게 괜찮을 거라고 말했어요. 지진이 잦아들자 나는 다시 각 교실에 차례로 가서 아이들에게 나와서 대피하라고 말했어요."

엔도는 뒤에 남아서 교실과 화장실에 남겨진 사람이 있는지 확인했다. 그가 밖으로 나가니 출석 확인이 이뤄지고 있었고, 아이들은 운동장에 앉아 있었다. "아이들 중 몇몇은 놀라서 토하고 있었어요." 엔도는 말했다. "그리고 몇몇은 울음을 멈추지 못했죠. 교사들은 아이들을 진정시키려고 노력했어요. 눈이 오기 시작했고, 아이들 중 몇 명은 맨발로 도망쳤어요. 나는 안으로 돌아가 스웨터와 신발을 가져와서 아이들에게 입혔어요."

이때 가마야 지역 주민들이 학교에 나타나고 있었다. 그들은 지진 중에 집에서 나와 학교 체육관에 대피하게 해달라고 요청했다. 엔도는 깨진 유리 때문에 그럴 수 없을 거라고 설명했다. "제가 그러고 있을 때 부모님들이 아이들을 데리러 도착하기 시작했습니다. 그리고 교감이 이름에 체크를 한 뒤 부모님께 아이들을 넘겨줬습니다."

자녀를 잃은 부모들 중에서 한 목소리가 들려 왔다. "왜 그랬나요? 당신이 모든 아이들을 차에 태워 언덕 위로 데려갔다면 그 애들은 모두 살았을 겁니다."

엔도는 답하지 않고 계속 말했다. "그러고 나서 나는 쓰나미가 오고 있음을 알았어요. 물론, 하나의 대안은 산이었죠. 그렇지만 충격이 너무 크고 계속해서 흔들리고 있었기 때문에 저는….''

그는 점점 목소리가 작아지더니 이내 다시 말하기 시작했다. 이어서 하는 말들은 해석하기 어려웠다. 문장들이 횡설수설했고 문법에 맞지 않았다. 사건의 순서가 헷갈렸다. "그래서 쓰나미가 강타했을 때, 우리는 그토록 큰 쓰나미가 온다고 상상하지 못했기 때문에, 학교의 더 안전한 곳, 체육관 관중석이나 학교 건물의 2층으로 대피해야 하는지 의논했어요. 그리고 저는, 학교 건물의 피해가 너무나 컸기 때문에 건물로 들어가서 살펴보았어요. 여러 물건들이 떨어져 있었지만 나는 그곳으로 되돌아갈 수 있다고 생각했어요. 운동장으로 돌아왔는데 이미 그때 즉시 대피하기 위한 이동이 시작되었어요."

목적지는 대교 근처의 교통섬이었다. 360미터 떨어진 주도로의 코너 근처에 있었다. 아이들은 열을 이뤄 학교 뒤쪽으로부터 가마야 마을 청사의 주차장을 빠져나갔다. 엔도는 맨 끝을 맡았다.

주차장을 빠져나올 때 그는 한 줄기 세찬 바람을 감지했다.

"그것은 엄청난 돌풍이었고, 전에는 들어본 적 없는 굉음이었어요. 나는 처음에 무슨 일이 일어나고 있는지 알지 못했어요. 그렇지만 가마야 중심가 방향에 있는 학교 앞에서 도로를 바라보니 거대한 쓰나미를 볼 수 있었어요. 그것은 도로 아래쪽으로 오고 있었어요." 아이들의 열은 다가오는 파도 쪽으로 바로 향하고 있었다. 엔도는 즉시 소리쳤다. "산으로! 산으로! 이쪽으로!" 그리고 아이들에게 반대 방향으로, 학교 뒤쪽으로 가라고 지시했다. "그렇지만 내가 산에 도착했을 때, 눈 위에 미끄러졌고 오를 수가 없었어요. 제 주위에는 아이들이 있었어요."

"제가 산에 도착하자마자 삼나무 두 그루가 쓰러졌어요. 오른팔과 왼쪽 어깨에 부딪쳤고 저는 갇혔어요. 쓰나미가 나를 덮치는 것을 느꼈고 바로 이거구나 생각했어요. 그런데 나무가 나를 위로 밀어 올렸어요. 아마도 물 때문인 것 같았습니다. 그리고 산등성이 위를 바라보니 3학년 아이가 도와달라고 소리치는 것을 봤어요. 저는 안경과 신발을 잃어버렸지만 그 아이를 구하기 위해 최선을 다해야 함을 알았죠. '가, 올라가!'라고 소리쳤어요. '살려면 올라가!' 파도의 굉음이 점점 가까워졌어요. '위로, 위로!' 나는 그 애를 밀면서 소리쳤어요."

눈이 오기 시작했다. 소년은 엄청난 물을 마셨고, 소년과 교사의 옷 모두 흠뻑 젖었다. "저는 아래로 내려갈 수 없다는 걸 알았죠" 라고 엔도는 말했다. "그리고 이 아이와 함께 산 위에서 밤을 보내야 한다는 것도요." 그들은 나무 아래에 빈 구멍을 발견했고, 솔잎 더미 위에 어깨를 대고 앉았다. "그렇지만 파도 소리는 여전히 더 가까워지고 있었어요. 그것이 단지 느낌일 뿐인지 아닌지 알지 못했지만 여진이 있을 때마다 나무 더미들이 떨어지고 있는 것 같았어요. 아이가 '오고 있어요. 아직도 그게 오고 있어요. 무서워요. 무서워요. 가요. 더 위로 가요'라고 말했어요."

산 정상의 땅은 두꺼운 눈으로 덮여 있었다. 엔도는 나무에 부딪힌 팔을 움직일 수 없음을 알게 됐다. 선생님 어깨에 기대어 소년은 깜빡 잠이 들었고 엔도는 젖은 옷을 입고 자는 작은 몸을 걱정하기 시작했다. "어두워지기 시작했고 엄청나게 추웠어요"라고 그는 말했다. "지금처럼 여기에 머문다면 아이는 얼어 죽을지도 모른다고 생각했어요."

어두움 속에서 그는 안경이 없어 거의 볼 수 없었다. 그렇지만 만일 산의 다른 쪽으로 내려간다면 그들은 오가츠 도로 위에서 자동차나 오토바이를 만나게 될 것이라고 생각했다. "나는 아이에게 내 눈이 되어서 아래로 내려가는 것이 안전한지 말해달라고 부탁했어요. 우리가 한 걸음 한 걸음 아래로 내려가니 도로 위에서 헤드라이트가 보였어요. 우리는 그 방향으로 향했어요. 빛을 향해 걸었어요. 그리고 이어 어느 집에 사람들이 있었어요. 우리는 '도와주세요' 라고 말했고, 그들은 우리를 도와줬어요."

그들은 이리가마야까지 갔는데 바로 히토미가 그들을 발견했던 곳이었다. 이튿날 엔도는 이시노마키의 병원으로 이송됐고 거기에서 집으로 돌아갔다.

엔도는 말했다. "저의 머릿속에 기억나지 않는 순간들도 있습니다. 하지만 여기까지가 그날 대략 어떤 일이 있었는지에 관한 것입니다."

그는 말했다. "매일 저는 학교 운동장에서 행복하게 놀던 아이들 꿈을 꿉니다. 저는 다가오는 졸업식을 그토록 열심히 준비하던 선생님들과 교감 선생님 꿈을 꿉니다. 정말 죄송합니다."

그는 머리와 상체를 숙였다. 마치 바닥으로 쓰러질 것 같아서 교육청 직원들이 뛰어와 그를 부축했다. 그들에게 있어 상처만큼이나 생생하고 진솔한 그의 고통은 공식적인 정중함이나 화려한 미사여구로는 줄 수 없었던 모든 것을 준 것 같았다. 누가 엔도 씨의 극심한 고통과 자신의 생존에 대한 고뇌에 의심을 품을 수 있단 말인가? 고노, 가시바, 그리고 정장을 입은 다른 공무원들은 이것이 회의의 끝, 어쩌면 모든 끔찍한 일이 끝나는 시작이 되기를 희망했을지도 모른다. 참석자들이 엔도의 설명이 끝났다는 사실에 적응하기까지 침묵이 흘렀다. 회의는 중요한 순간에 도달했다. 어느 쪽으로든 방향을 틀 수 있었다. 그때 청중석에서 한 남자가 일어섰다.

그의 이름은 사사키 도시미츠였다. 그의 일곱 살 아들 데츠마와 아홉 살 딸 나고미는 학교에서 사망했다. "선생님들, 교장 선생님, 그리고 교육청에서 오신 분들"이라고 그는 말했다. 이렇게 호명하는 정중함으로 인해 앞으로 문제가 안정적이고 예측 가능한 기반 위에 들어설 것이라는 희망이 커졌다. 그는 계속했다.

"그런데 왜 다음 날 학교에 곧바로 오지 않았나요?" 그는 가시바에게 물었다. "왜 17일 이전에는 오지 않았나요? 아직도 얼마나 많은 아이들이 실종 상태인지 아시나요? 당신은 그들의 이름을 말할 수 있나요? 죽은 이들의 이름을 말할 수 있나요? 남겨진 가족, 우리 모두는 미칠 정도입니다. 아직도 수십 명의 아이들이 실종 중입니다. *당신은 이해하나요?* 우리가 어떻게 느낄지 상상해보세요. 아직도 매일 수색하고 있는 그 부모들 말입니다. 매일 더러운 옷을 입고서요. 수색하러 가지 않는다면 우리는 미칠 겁니다."

사사키는 공무원들이 눈을 아래로 깐 채 앉아 있는 탁자 앞으로 일어섰다. 그는 파란색 바람막이 옷을 입고 있었고, 손에서 뭔가를 휘둘러 그들의 숙인 머리 쪽으로 흔들었다.

"그저 이 신발뿐이지요." 점차 커지는 목소리로 그는 말했다. "이게 우리가 찾은 전부입니다. 모두 이렇게 엉망이 됐지요. 내 딸도 그렇겠죠?" 그는 탁자 위로 구두를 내리쳤고 고노는 움찔했다. "내 딸요!" 그는 소리를 질렀다. "그 애가 신발인가요?"

회의는 두 시간 반 동안 계속됐다. 그 시간 내내 가시바와 다른 사람들은 도합 몇 분 정도만 말했다. 때때로 정보 요구가 있었고, 더듬거리며 불충분한 답변이 주어졌다. 어떤 쓰나미 경보를 주고받았는지, 가시바가 한 일과 하지 않은 일은 무엇인지, 그리고 언제 그러했는지에 대한 것이었다. 하지만 대부분의 시간 동안 부모들은 차례로 소리 지르고 으르렁거리고 간청하고 속삭이고 울부짖었고, 분노는 오로지 교장이라는 인물에게 집중됐다. 비디오를 보면 그는 눈을 아래로 깐 채 앉아 있다. 그를 비난하는 사람들의 얼굴은 보이지 않고, 그를 비난할 때 그들의 등만이 흔들렸다.

— 영악한 늙은이.[23]

— 꺼져버려, 나쁜 놈!

— 난 이 일에 일생을 바칠 거다, 개자식아. 아이들을 위해 복수하는 데 인생을 바칠 거야. 숨을 데는 없을 거다.

일본에서는 사람들이 이렇게 말하는 일이 거의 없다. 공개적으로도 그렇고, 교사와 정부 공무원들에게도 그렇다. 이러한 폭력적 개입이나 그들이 드러낸 강렬한 감정은 이해하기 어려운 일이다.

한 여성은 말했다. "우리는 다음 날 아이들이 돌아올 거라고 믿었어요. 모두들 그렇게 믿었어요. 모든 사람들은 학교에 대한 믿음이 있었어요. 아이들이 학교에 있었기 때문에 분명히 안전할 것이라고 믿었어요."

한 남자가 말했다. "매일 나는 우리 아들과 딸이 울면서 '아빠, 도와줘요!'라고 외치는 걸 들어요. 그들은 내 꿈에서 울고 있어요. 그들은 내 꿈을 떠나지 않아요."

마구 쏟아지는 말의 대부분은 질문의 형태였다. "당신은 애들의 부푼 얼굴을 봤나요?"라고 한 아버지가 물었다. "아이들은 한 달 후에 그렇게 많이 변했어요. 부패된 거지. 그 애들은 알다시피 인간이었어요. 사람이었다고. 그런데 트럭 위에 버려지고 누더기로 싸였어. 당신 자녀를 그런 모습으로 발견한 뒤에 우리에게 와서 이야기해봐, 이 나쁜 놈아."

다른 사람이 물었다. "각 반에서 실종된 아이들의 숫자를 아나요, 교장 선생님? 좋잇조각을 보지 않고는 모르죠, 그렇죠? 좋잇조각을 봐야만 하지. 우리 아이들이 그저 좋잇조각인가요? 당신은 그애들의 얼굴을 기억하지 못하죠?"

그들은 슬픔을 가눌 수 없었지만, 그들이 찾고 있는 것은 신비로운 것이 아니었다. 더 예민한 사람들이었다면, 의전과 공포에 조금만 덜 사로잡힌 사람들이었다면 방 안의 분위기를 바꿀 수 있었을 것이다. 부모들이 원했던 것은 자신의 고통에 대한 이해, 그들의 상실을 알아주는 기미, 그들이 만나고 있는 대상이 정부기관이 아니라 동료 인간이라는 느낌이었다. 감정이 고조되자 그들은 표준 일본어의 우회적 표현을 버리고 빠르게 말하는 도호쿠 방언으로 훨씬 더 직설적으로 자신을 표현했다. 그런데 공무원들은 그들을 맞이하러 나오는 대신, 오히려 반대 방향으로 움츠러들어 훨씬 미사여구가 많고 훨씬 무정한 말을 했다.

실종자 수색에 대해 질문을 받자 고노는 말했다. "현재로서는 자위대와 중앙정부, 경찰 인력이 유감스럽게 아직 발견되지 않은 사람들의 유해를 찾고자 최선을 다하고 있습니다. 앞으로 우리는 쓰레기 아래까지 수색을 계속할 것이고 그 밖의 비슷한 일을 할 것입니다."

아이들을 위한 합동 장례식을 갖자는 제안 압력을 받자 가시바 교장은 답했다. "교육청 위원들과 협의하고 유족들과 상의한 뒤, 합동 장례식을 할지 말지 결정하고 싶다고 생각합니다."

수색 지역

"우리를 시골뜨기처럼 가르치려 들지 마시오." 누군가 소리쳤다.

"우리가 시골에 있기 때문에 이렇게 대하는 겁니까?" 다른 누군가가 물었다.

"우리가 도시에 살았다면 이러한 일은 일어나지 않았을 겁니다." 세 번째 목소리가 말했다.

말들이 오갔고 계속됐다.

— 교장 선생님, 아이들이 기다리던 그 시간 동안 기분이 어땠을지 생각해봤나요? 아이들이 얼마나 무서웠을지 당신은 생각해본 적 있나요? 얼마나 추웠을지, 엄마와 아빠를 얼마나 불렀을지. 그리고 산이 있었어요. 바로 거기에 산이 있었어요!

— 당신들은 길이 치워진 뒤에 학교에 왔어요. 당신은 아무것도 몰라요. 나는 길 위에 나무들, 소나무들이 흩어져 있을 때 그곳에 있었어요. 우리는 어디서 시작해야 할지 몰랐어요. 쩍쩍거리는 소리 속에서 부츠를 신고 물속을 걸었어요. 물속을 쩍쩍거리며, 진흙이 부츠에 달라붙는 가운데 걷는 게 어떨지 당신은 절대로 이해할 수 없을 겁니다. 자기 아이들을 발견한 엄마와 아빠들도 다른 아이들을 찾고자 다시 돌아왔어요. 당신은 무엇을 찾았나요? 썩 꺼져! 당신은 학교 금고를 찾았지.

— 학교에 올 건가요, 교장 선생님? 당신도 수색할 건가요?

― 삽이 없다면 빌려줄게요.

― 부츠가 없다면 원하는 만큼 줄 수 있어요.

― 좋은 가죽 구두만 있네요, 그렇죠?

― 그리고 좋은 카메라도 있고요.

― 아이를 갖기까지 4년이 걸렸어요….

― 우리도요. 오랜 시간 동안 노력했어요. 그리고 이제 그 애가 죽었
어요.

― 당신은 뭔가를 할 수 없어요?

― 아이를 돌려줘요.

― 매일 밤, 나는… 무엇을…? 우리는 무엇을 할 수 있을까요?

― 그들은 우리의 미래였어요.

― 제발, 제발, 그 애를 돌려줘.

― 그래!

― 그를 놓아줘!

회의가 끝난 것은 밤 9시가 지나서였다. 가시바는 멍한 것 같았
다. 많은 참석자들이 말은 안 했지만 교장에게 동정심을 느꼈고 고
성에 놀랐다. 이제 그들은 정신이 없었다. 많은 것이 해결되지 않은
채였다. 그러나 그들은 최소한 가련한 엔도로부터 마침내 이야기
를 들었고, 운동장에서 사라진 시간에 대한 설명을 받았다. 바로 모
든 사람이 그토록 참을 수 없이 집착했던 일이었다. 그는 쓰나미 경
보가 있었고 학생들은 선생들에 의해 보호받았으며 비록 너무 늦긴
했지만 조치가 취해졌다는 것을 분명히 설명했다.

수색 지역

산 위에서 엔도와 함께 있었던, 추위로부터 구하기 위해 그가 꼭 껴안고 있었던 아홉 살 소년은 야마모토 세이나였다. 회의에 참석한 그의 엄마는 선생님에게 가서 감사를 표했다. 그들이 말하고 있는 동안, 아들을 잃은 다른 엄마도 다가갔다. 그녀는 엔도에게 자신의 아들에 대해 뭔가 기억하는지 묻고 싶었다. 다른 많은 부모들처럼 그녀는 아들의 마지막 흔적을, 그저 한두 마디의 기억이나 얼굴 표정 같은 것이라도 열렬히 원했다. 그렇지만 교육청 직원들이 엔도의 건강이 좋지 못하다며 그녀가 그에게 말하는 것을 막았다. 곧이어, 그가 말했던 많은 것이 전혀 사실이 아니라는 것이 분명해질 것이었다. 그리고 그날 저녁 이후 그는 시야에서 사라졌다.

유령들

나는 쓰나미에 익사한 사람들의 영혼을 정화하는 사제를 북일본에서 만났다. 그해 가을까지 많은 수의 유령이 나타나지는 않았지만, 첫 번째로 귀신이 들린 사례는 2주가 못 되어 가네타 승려에게 왔다. 그는 구리하라의 내륙 도시에 있는 선사의 주지승이었다. 3월 11일의 지진은 그 혹은 그가 아는 모든 사람이 경험했던 것 중 가장 심했다. 신사 예배당의 커다란 나무 기둥들이 흔들렸고 고통으로 신음했다. 전기와 수도, 전화선이 여러 날 동안 끊겼다. 전기가 두절되자 해안에서 48킬로미터 떨어진 구리하라의 사람들은 전 세계 반대편에 있는 텔레비전 시청자들보다도 그곳에서 일어나는 일에 대해 알지 못했다. 그렇지만 처음에는 몇몇 가족이, 이어 수많은 가족들이 매장할 시체와 함께 가네타 승려의 절에 도착했을 때 모든 것이 충분히 분명해졌다.

1만8000명 넘는 사람들이 쓰나미의 공격에 일시에 사망했다. 한 달간 가네타 승려는 그중 200명의 장례식을 치렀다. 죽음의 규모

보다 놀라운 것은 살아남은 유족들의 모습이었다. "그들은 울지 않았어요." 가네타는 말했다. "감정이 전혀 없었어요. 상실이 너무도 깊었고, 죽음은 너무도 갑자기 왔어요. 그들은 자신이 처한 상황의 진실을 개별적으로 이해했어요. 집을 잃었고 삶을 잃었고 가족을 잃었다는 것을 알았어요. 각각은 이해했지만 전체로서 그것을 알지는 못했어요. 그리고 무엇을 해야 하는지, 때로는 심지어 자신이 어디에 있는지조차 알지 못했어요. 솔직히 저는 그들에게 말을 걸 수도 없었어요. 제가 할 수 있는 것은 그들과 함께 있으며 경전을 읽고 장례식을 거행하는 것이었지요. 그것이 제가 할 수 있던 일이었습니다."

이러한 무감각과 공포 속에서 가네타 승려는 그가 알고 있는 남자의 방문을 받았다. 내가 오노 다케시라고 부를, 지역 건축업자였다.

오노는 일어난 일에 대해 창피해했고 실명이 발표되는 것을 원치 않았다. 처음에는 이러한 부끄러움의 이유를 이해하기 힘들었다. 그는 30대 후반의 튼튼하고 다부진 남자였는데, 파란색 작업복이 가장 편안한 부류의 남자였고, 젊은 사람답게 머리숱이 많고 헝클어진 머리를 하고 있었다. "아주 순수한 사람입니다"라고 가네타 승려가 내게 말했다. "그는 모든 것을 액면 그대로 받아들이지요. 당신은 영국 출신이지요, 그렇죠? 그는 마치 영국의 미스터 빈 같은 사람이에요." 나는 그렇게까지 멀리 가고 싶지는 않았다. 왜냐하면 오노에게는 우스운 구석이 하나도 없었기 때문이다. 그렇지만 그에게는 꿈꾸는 듯한 천진난만함이 있었고, 그리하여 그가 말하는 이야기를 훨씬 더 신빙성 있게 해줬다.

지진이 일어났을 때 그는 어느 집에서 작업 중이었다. 그는 지진이 계속되는 동안 땅 위에 붙어 있었다. 그의 트럭도 넘어질 듯 흔들렸다. 신호등이 없는 도로를 따라 집으로 돌아오는 운전 길은 놀라웠지만 물리적 피해는 분명히 적었다. 전신주 몇 개가 비스듬히 쓰러져 있었고 정원 담이 무너졌다. 작은 건축회사 사장인 그는 지진이 야기한 실질적 불편을 해결할 수 있는 장비를 완벽하게 갖추고 있었다. 오노는 며칠 동안 캠핑 스토브, 발전기, 물통을 들고 바쁘게 지냈고 뉴스에는 신경도 못 썼다.

그렇지만 텔레비전이 복구되자마자, 일어난 일을 모르는 것은 불가능했다. 오노는 끊임없이 상영되는 핵 원자로 위의 폭발 기둥 영상, 그리고 항구와 집, 쇼핑센터, 자동차와 사람을 먹어치우는 검은색 파도의 핸드폰 촬영물을 시청했다. 그곳은 살면서 내내 알아왔던 장소들이었다. 산 너머 한 시간 운전 거리에 있는 어촌과 해변들이었다. 그곳들이 파괴되는 모습은 오노에게 멍하고 무감각한 감정을 낳았다. 이는 당시 피난과 사망에 직접적으로 피해를 입은 사람들 사이에서도 흔한 감정이었다.

"나의 삶은 다시 정상으로 돌아왔어요. 가솔린이 있고 전기 발전기도 있어요. 내가 아는 사람들은 아무도 죽거나 다치지 않았어요. 내가 직접, 내 눈으로 쓰나미를 보지도 않았어요. 그래서 저는 마치 일종의 꿈을 꾸는 것 같았어요."

재난이 일어난 지 열흘 후에 오노와 그의 부인, 그리고 그의 홀로된 어머니는 산을 넘어 운전해서 그 지역을 직접 보러 갔다.

그들은 아침에 기분 좋게 출발해서 가는 길에 쇼핑하러 잠시 섰다가 점심때 제 시간에 해안가에 도착했다. 가는 길의 경치는 대부분 익숙했다. 갈색 논, 나무와 타일로 된 마을들, 넓고 느린 강 위에 다리들이 있었다. 산 쪽으로 올라가자마자 점점 더 많은 응급차량을 지나쳤다. 경찰이나 소방서의 차량이 아니라 자위대의 녹색 트럭이었다. 도로가 해안가 쪽으로 내려가자 쾌활한 기분은 사라지기 시작했다. 자신들이 어디에 있는지 깨닫기도 전에 그들은 이미 쓰나미 지역으로 들어섰다.

사전 경고도 없었고, 늘어나는 피해의 한계지역도 없었다. 파도가 엄청난 힘으로 몰려와 휩쓴 다음에 만조가 닿을 수 있는 거리라고 할 만한 지점에서 멈췄다. 그 위로는 아무것도 건드려지지 않았지만, 그 아래로는 모든 것이 변했다.

여기가 오노의 말에 수치스러움이 깃든 시점이었고, 그는 자신이 한 일 혹은 자신이 간 곳에 대해 자세히 묘사하기를 망설였다. "저는 쓰레기를 보았고 바다를 보았어요. 쓰나미로 피해 입은 건물들을 보았어요. 그것은 그저 물체들이 아니었어요. 어떤 분위기였죠. 그곳은 제가 자주 가던 곳이었어요. 그것을 보는 건 엄청난 충격이었죠. 모든 경찰과 군인들이 그곳에 있었어요. 묘사하기가 어렵군요. 위험하게 느껴졌어요. 첫 번째 생각은 참 끔찍하다는 것이었고, 다음 기분은 '이것이 진짜야?'였어요."

오노와 아내, 그의 어머니는 그날 저녁 평소처럼 저녁식사를 위해 모여 앉았다. 그는 식사와 함께 작은 캔 맥주 두 개를 마셨던 것을 기억했다. 그 후에 분명한 이유 없이 그는 핸드폰으로 친구들에게 전화하기 시작했다. "그냥 전화해서 '안녕? 잘 지내?' 같은 말을 했어요"라고 그는 내게 말했다. "할 말이 있어서가 아니었어요. 왜 그랬는지 모르겠지만 매우 외로운 기분이 들기 시작했어요."

다음 날 아침 일어났을 때 아내는 이미 집을 떠나고 없었다. 오노는 딱히 할 일이 없어서 집에서 빈둥거리며 보냈다. 그의 어머니는 사방으로 왔다 갔다 하며 뭔가 이상하게 속상한 듯, 심지어 화난 것처럼 보였다. 아내가 사무실에서 집으로 왔을 때 그녀도 비슷하게 신경이 날카로웠다.

"뭐가 잘못됐어요?" 오노가 물었다.

"당신과 이혼하겠어요!" 그녀가 답했다.

"이혼이라니? 왜? 왜?"

아내와 어머니는 그 가엾은 전화 돌리기 후에 있었던, 전날 밤의 사건을 이야기해줬다. 오노가 어떻게 네발로 뛰어내려 다다미 매트와 방석을 핥기 시작했는지, 그리고 그 위에서 어떻게 동물처럼 꿈틀거렸는지, 그리고 그들이 처음에는 그 광대짓에 미친 듯이 웃어댔지만 그가 으르렁거리며 "너는 죽어야 해. 너는 죽어야 해, 모든 사람이 죽어야 해, 모든 것이 죽어서 사라져야 해"라고 말하자 어떻게 웃음을 멈췄는지를 말했다. 집 앞에 씨 뿌리지 않은 밭이 있었는데 오노는 그곳으로 달려가, 마치 파도에서 굴러떨어진 듯 진흙 속을 굴러대며 "저기, 저기야! 그들은 모두 저기에 있어, 봐!"라고 외쳤다. 그러고는 일어나 논으로 걸어가서 그의 아내가 몸싸움을 하여 집으로 끌고 들어가기 전까지 "나는 너에게로 가고 있어. 나는 그쪽으로 넘어가고 있어"라고 외쳤다. 온몸을 비틀며 소리 지르기는 새벽 5시까지 계속됐다. 오노는 "무엇인가 내 위에 있어!"라고 외친 뒤 쓰러져 잠들었다.

"아내와 어머니가 무척 걱정하고 당황했어요." 그는 말했다. "물론, 저는 그들에게 매우 미안하다고 말했어요. 그렇지만 나는 내가 했던 일도, 왜 그랬는지도 기억이 없습니다."

그것은 사흘 밤 동안 계속됐다.

다음 날 저녁, 어두움이 내리자 그는 사람들이 자신의 집을 지나 걸어가고 있는 것을 보았다. 부모와 아이들, 젊은 친구들 무리, 할아버지와 아이들이었다. "그 사람들은 진흙으로 덮여 있었어요. 겨우 30센티미터 정도 떨어져 있었어요. 그들은 나를 쳐다봤어요. 그런데 무섭지 않았어요. 나는 단지 '왜 저렇게 진흙으로 덮여 있을까? 왜 옷을 갈아입지 않았을까? 아마 세탁기가 고장 났나 보다'라고 생각했을 뿐이었어요. 내가 한때 알았거나 전에 다른 곳에서 본 적이 있는 사람들 같았어요. 그러나 나는 완벽하게 정상이라고 느꼈고 그들은 단지 보통 사람들이라고 생각했어요."

이튿날 오노는 무기력하고 힘이 없었다. 밤에 누워서 10분간만 깊이 잠들었다가, 여덟 시간이 지나 아침이 온 것처럼 활기차고 기운차게 일어났을 것이었다. 그는 걸을 때 비틀거렸고, 아내와 어머니를 노려보았고, 심지어 칼을 휘둘렀다. "확 죽어버려! 다른 사람들도 죽었어. 그러니 죽어!"라고 으르렁거렸다.

사흘간 가족들이 간청한 끝에 그는 절에 있는 가네타 승려에게 갔다. "그의 눈은 흐리멍덩했어요." 가네타는 말했다. "약을 먹고 우울증을 앓는 사람처럼요. 나는 한눈에 뭔가 이상하다는 걸 알았어요." 오노는 해안가로 갔던 일을 이야기했고, 그의 아내와 어머니는 그 후로 여러 날 동안 그가 보였던 행동을 묘사했다. "내가 이야기할 때 스님은 나를 빤히 쳐다봤어요"라고 오노는 말했다. "그때 나는 마음 한구석에서 '나를 그렇게 보지 마, 이 새끼야. 네놈이 싫어, 왜 나를 그렇게 봐?'라고 말하고 있었어요."

가네타는 비틀거리는 오노를 손으로 잡고 절의 중앙으로 데리고 갔다. "그는 내게 앉으라고 말했어요. 나는 나 자신이 아니었어요. 나는 아직도 강한 저항감을 기억해요. 그렇지만 나의 일부는 안도가 되었어요. 나는 도움을 받고 싶었고 그 승려를 믿고 싶었어요. 여전히 나인, 나의 그 일부는 구원되고 싶어 했어요."

가네타는 반야심경을 읊으며 절의 종을 쳤다.

눈도 없고, 귀도 없고, 코도 없고, 혀도 없고,[24]

몸도 마음도 없고, 색도 소리도 냄새도 없다,

맛도 없고, 촉각도 없고, 아무것도 없다, 시력의 영역도 없고,

생각의 영역도 없고, 무지도 없고, 무지의 끝도

없고, 늙은 나이도 없고 죽음도 없고,

나이와 죽음의 끝도 없고, 고통도 없고,

고통의 원인도 없고, 고통의

끝도 없고, 길도 없고, 지혜도 없고

그리고 성취도 없다.

수색 지역

오노의 아내는 후에 그가 기도 중에 손을 어떻게 꼭 쥐었는지, 낭송이 계속되는 동안 마치 위에서 잡아당겨지는 듯이 어떻게 손을 머리 위로 올렸는지 이야기해줬다.

가라 가라 멀리 가라
모두 멀리 가라
오 깨달음이여
— 모두 외쳐라!

승려가 그에게 성수를 뿌리자, 갑자기 오노는 정신을 차리며 머리와 셔츠가 젖은 걸 알았다. 고요와 해방감으로 가득 찼다. "머리가 가벼워졌어요." 그는 말했다. "잠깐 사이에 그곳에 있던 것이 사라졌어요. 몸이 건강함을 느꼈어요. 그런데 심한 감기에 걸린 것처럼 코가 막혔어요."

가네타는 엄하게 그에게 말했다. 둘 다 무슨 일이 있었는지 알고 있었다. "오노는 그 완전히 파괴된 지역의 해안가를 아이스크림을 먹으며 거닐었다고 말했어요." 내게 승려가 말했다. "그는 심지어 아무도 자신의 차를 세우지 않도록 차 안에 '재난구조'라고 쓰인 바람막이 창을 달기도 했어요. 그래서 누구도 그를 막지 않았죠. 그는 아무 생각 없이 그곳에 경솔하게 갔어요. 나는 그에게 말했죠. '이 바보 같은 사람아. 많은 사람이 죽은 장소에 가려면 존경의 마음을 갖고 가야 해요. 그것이 상식입니다. 당신은 자신이 한 일 때문에 일종의 벌을 받은 겁니다. 무엇인가가 당신을 사로잡았어요. 아마도 자신이 죽은 것을 아직 받아들일 수 없는 망자겠지요. 그들은 당신을 통해 자신의 후회와 분노를 표현하려고 했던 겁니다'라고요." 가네타는 그것을 기억하며 갑자기 미소 지었다. "미스터 빈!"이라고 그는 관대하게 말했다. "그는 매우 순수하고 개방적인 사람이에요. 그것이 그들이 그를 사로잡을 수 있었던 또 다른 이유입니다."

오노는 이 모든 것, 아니 더 많은 것을 인정했다. 그를 사로잡은 것에는 남자와 여자의 영혼뿐 아니라, 주인과 함께 익사한 고양이, 개, 그리고 다른 동물들의 영혼까지 있었다.

그는 승려에게 감사하고 집으로 돌아갔다. 코감기에 걸린 듯이 콧물이 줄줄 흘렀다. 하지만 흘러나온 것은 점액질이 아니라 한 번도 본 적 없는 핑크색 젤리였다.

파도는 내륙으로 수 킬로미터 정도만 뚫고 들어왔지만 구리하라의 산에서 가네타 다이오 승려의 삶을 바꿔놓았다. 그는 자신의 아버지에게서 그 절을 물려받았고, 쓰나미 생존자들을 다루는 일은 아직 준비되지 못한 방법으로 그를 시험했다. 그것은 전후 일본의 가장 큰 재앙이었다. 그리고 고통은 아직도 다 드러나지 않고 있었다. 그것은 땅 밑을 팠고, 깊이 굴을 팠다. 긴급한 비상상황이 줄어들고 시체들이 화장되고 장례식이 열리고 집을 잃은 사람들이 피난처를 찾자, 가네타 승려는 수많은 생존자들이 머물고 있는 침묵의 동굴로 들어가기 시작했다.

그는 '카페 드 몽쿠Cafe de Monku'라고 이름 지은 모바일 이벤트를 조직하여 동료 승려들과 함께 해안가를 돌아다니기 시작했다. 영어에서 승려를 뜻하는 'monk'의 일본어 발음인 몽쿠는 '불평하다'는 뜻이었다. 그가 나눠 준 전단지에는 '우리는 차분하고 조용한 일상적 삶으로 돌아가는 데 오랜 시간이 걸릴 것이라고 생각합니다'라고 쓰여 있었다. '우리에게 와서 함께하십시오. 잠시 휴식을 갖고 조금 신음해도 됩니다. 승려들은 당신의 불평을 들어줍니다. 그러니 불평해보세요.'

가벼운 차 한잔이나 다정한 담소 같은 구실로 사람들은 카페 드 몽쿠가 열리는 절이나 주민센터에 왔다. 많은 사람들이 겨울에는 얼어붙고 여름에는 찌는 듯한 음울한 조립식 오두막인 '임시 주거지'에 살고 있었다. 더 나은 곳을 찾을 수 없는 사람들이 결국 가는 곳이었다. 승려들은 공감하며 들어줬고 절대로 너무 많은 질문을 하지 않았다. "사람들은 울고 싶어 하지 않아요." 가네타가 말했다. "그들은 그것을 이기적이라고 봅니다. 임시 주택에서 살고 있는 사람들 중에서 가족을 잃지 않은 사람은 거의 없었습니다. 모든 사람이 같은 보트를 타고 있는 셈이죠. 그들은 제멋대로인 것처럼 보이고 싶어 하지 않았어요. 그러나 그들이 말하기 시작했을 때, 그리고 그들의 말을 듣기 시작했을 때, 악몽 이와 고통, 그들이 표현할 수 없고 그러기도 싫어했을 고통을 감지했을 때, 이윽고 눈물이 나왔습니다. 그리고 끝없이 흘렀지요."

주저하며, 미안해하며, 그리고 점점 유창하게 생존자들은 파도의 공포, 사별의 고통, 미래에 대한 두려움을 말했다. 그들은 또한 초자연적 존재와의 만남에 대해서도 이야기했다.

그들은 유령 같은 낯선 사람과 친구, 이웃, 사랑했던 죽은 사람들을 목격했다고 말했다. 집에서, 일터에서, 사무실과 공공장소에서, 해안가에서, 그리고 폐허가 된 도시에서 출몰한 유령을 보고했다. 그 경험은 으스스한 꿈과 막연한 불안감에서부터 오노의 경우처럼 명백하게 귀신 들린 사례까지 다양했다.

한 젊은이는 밤에 자고 있을 때 어떤 생명체가 다리를 벌리고 앉은 것처럼 그의 가슴을 누른다고 불평했다. 한 10대 소녀는 집 안을 점거한 무서운 존재에 대해 이야기했다. 한 중년 남자는 물웅덩이에서 그를 노려본 죽은 사람의 눈 때문에 비 오는 날 밖에 나가는 걸 싫어했다.

소마의 한 공무원은 파괴된 해안가를 방문했는데, 주황색 옷을 입은 혼자 있는 여자를 봤다. 교통수단이 보이지 않는데도 가장 가까운 길이나 집에서 꽤 멀리 떨어져 있는 곳에 있었다. 그곳을 다시 봤을 때는 사라지고 없었다.

다가조의 소방서는 쓰나미로 모든 집이 파괴된 지역에서 전화를 여러 통 받았다. 소방대원은 어쨌든 파괴된 지역으로 출동해 죽은 사람들의 영혼을 위해 기도했다. 그러자 그 괴기스러운 전화들이 멈췄다.

센다이시의 한 택시는 슬픈 얼굴의 남자를 태웠는데, 그는 더 이상 존재하지 않는 주소로 가달라고 했다. 반쯤 지나 운전사가 거울로 뒤를 보니 뒷좌석은 비어 있었다. 그는 어쨌든 계속 갔고 파괴된 집의 무너진 터 앞에 차를 세운 뒤 정중하게 문을 열어 보이지 않는 승객을 그의 옛집에 내려줬다.

오나가와의 피난민 센터에서는 한 늙은 주민이 임시 주택들의 거실에 나타나 앉아서, 놀란 주인들과 차 한잔을 마셨다. 어느 누구도 감히 그녀가 죽었다고 말해줄 용기가 없었다. 그녀가 앉은 쿠션은 바닷물에 젖었다.

이런 이야기들이 완전히 파괴된 지역에서 들려왔다. 기독교와 신도, 불교의 성직자들은 기분이 나쁜 영혼들을 달래달라는 요청을 여러 번 받았다. 한 불교 승려는 '귀신 문제'에 관해 유명한 언론에 기사를 썼고, 도호쿠 대학의 교수들은 이야기 목록을 만들기 시작했다.[25] 교토에서는 이 문제들이 학술 심포지엄에서 논의되었다.

"종교적인 사람들은 이 모든 것이 죽은 사람들의 영혼인지를 두고 토론했습니다." 가네타는 내게 말했다. "나는 그것은 모릅니다. 왜냐하면 사람들이 그것을 보고 있다는 것이 중요하고, 또 이러한 상황에서, 이러한 재난 뒤에는 그것이 매우 자연스럽기 때문입니다. 너무나 많은 사람이 죽었고, 그것도 한꺼번에요. 파도가 밀려왔고 집에서, 직장에서, 학교에서 그들은 사라졌어요. 죽은 사람들은 준비할 시간이 없었어요. 뒤에 남겨진 사람들은 작별인사를 할 시간이 없었어요. 가족을 잃은 사람들과 죽은 사람들은 강한 애착감을 지니고 있어요. 죽은 사람들은 산 사람들과 연결돼 있고, 그들을 잃은 사람들은 죽은 사람들과 연결돼 있어요. 유령이 있는 것은 피할 수 없죠."

그는 말했다. "그토록 많은 사람이 이러한 경험을 하고 있어요. 그들이 누구이고 모두 어디에 있는지는 알 수 없어요. 그렇지만 그러한 사람이 셀 수 없이 많고, 그 숫자는 점점 증가하고 있습니다. 그리고 우리가 하는 일은 이 증상들을 다루는 것입니다."

여론조사에서 '당신은 얼마나 종교적이십니까?'라고 묻는다면, 일본인들은 세계에서 가장 비종교적인 사람들에 속한다. 이러한 자기 평가가 얼마나 잘못된 것인지 알기까지 나는 엄청난 곤란을 겪어야만 했다. 조직화된 종교인 불교나 신도가 개인이나 국가적 삶에 매우 적은 영향을 미친다는 것은 사실이다. 그렇지만 수 세기 동안 이 둘은 일본의 진정한 신앙으로 합쳐졌다. 바로 조상 숭배였다.[26]

나는 아직도 대부분의 집에서 볼 수 있는 가족 제단 혹은 *부츠단*에 대해 알고 있는데, 그 위에는 죽은 조상의 위패인 *이하이*가 놓여 있다. *부츠단*은 래커와 금박 칠을 한 장식장으로 꽃과 나무가 세공돼 있다. *이하이*는 검은색 래커를 칠한 나무의 수직 명패인데, 세로로 금색으로 새겨져 있다. 꽃과 향, 음식, 과일, 술 같은 제물이 그 앞에 놓여 있다. 여름에 열리는 '죽은 사람들의 축제'에서 가족들은 조상신을 집으로 맞기 위해 등을 켠다. 나는 이 신기한 관습을 서구 사람들이 종교 예전禮典의 언어를 문자적으로 믿지 않고도 기독교 장례식에 참석하는 것같이 그저 상징주의와 관습의 문제라고 여겼다. 그렇지만 일본에서 영적 믿음은 신앙의 표현이라기보다 단순한 상식으로 여겨지고 있으며, 매우 가볍고 캐주얼하게 이뤄져서 그것들을 완전히 놓치기 쉽다. '죽은 사람들은 그곳 일본에서는 우리 서구 사회에서 그러한 것처럼 죽은 것이 아니다'[27]라고 종교학자 허먼 옴즈는 썼다. 역사적으로 거슬러 올라가보면, 죽음을 우리보다 훨씬 더 살아 있는 것처럼 대하는, 심지어 삶의 부정이 아니라 변이로 여겨질 정도로 대하는 것은 일본에서는 당연한 일이었다.

조상 숭배의 핵심은 계약이다. 후손들이 바치는 음식과 술, 기도, 의례가 망자를 만족시키면 그들은 반대급부로 살아 있는 사람들에게 행운을 선사한다. 가족들이 이러한 의식을 진지하게 받아들이는 정도는 다양하다. 그렇지만 가장 규칙을 지키지 않는 사람들이라 해도 죽은 사람들은 그들의 가정적 삶에서 계속 역할을 하고 있다. 대부분의 시간 동안 그들의 지위는 가족의 중심이 될 수는 없지만 중요한 행사에는 포함되곤 하는, 귀먹고 살짝 정신이 나갔지만 사랑받는 노인 같은 것이다. 중요한 입학시험에 합격하거나 직장을 구하거나 행복한 결혼식을 올린 젊은 사람들은 *부츠단* 앞에 무릎 꿇고 그들의 성공을 보고한다. 중요한 법률 소송에서의 승소나 패소도 같은 식으로 조상들과 공유된다.

슬픔이 생생할 때, 죽은 사람의 존재는 압도적이다. 쓰나미로 자녀를 잃은 가정에서는 30분 동안의 차와 담소 후에 죽은 아들과 딸을 '만나고' 싶은지 질문받는 것이 흔한 일이 되었다. 나는 액자에 담긴 사진과 장난감, 좋아하는 음료수와 과자, 편지, 그림, 학교 연습장으로 가득 찬 제단으로 안내된다. 한 엄마는 자녀 사진을 예쁜 포토샵 작업으로 의뢰해서, 살아 있다면 그렇게 됐을 모습을 보여줬다. 초등학교에서 죽은 소년이 고등학교 교복을 입고 자랑스럽게 웃고 있고, 여덟 살 소녀가 성년식에서 기모노를 입은 모습이었다. 다른 엄마는 딸이 살아서 10대가 됐다면 사용했을 메이크업과 인조 손톱으로 제단을 장식했다. 매일 아침 그들은 마치 장거리 전화로 통화하는 것처럼 무의식적으로, 사랑과 미안한 마음에 울면서 죽은 자녀들과 대화하며 하루를 시작한다.

쓰나미는 조상신 종교에 끔찍한 폭력을 가했다.

쓰나미는 담장과 지붕, 그리고 사람들과 함께 가정 제단, 기념패, 가족사진을 휩쓸고 갔다. 납골당은 파도에 의해 찢어졌고, 망자의 뼛가루가 흩어졌다. 사원들이 파괴됐고, 여러 세대 조상들의 이름을 나열한 추모서도 마찬가지였다. "기념패의 중요성은 과장해서 말하기 어렵습니다." 가네타의 동료 승려인 다니야마 요조가 말했다. "화재나 지진이 일어나면 많은 사람이 돈이나 서류보다 가장 먼저 챙기는 것이 *이하이*입니다. 나는 사람들이 *이하이* 때문에 다시 집으로 돌아가는 바람에 쓰나미 속에서 죽었다고 생각합니다. 그것은 생명, 조상들의 생명입니다. 그것은 돌아가신 선친의 생명을 구하는 것과 같습니다."

사람들이 분노나 고통 속에서 무참히 혹은 너무 이른 나이에 죽었을 때, 그들은 세상을 떠돌며 저주와 재해를 퍼뜨리는 '배고픈 귀신'인 *가키*가 될 위험에 처한다. 불운한 영혼을 달래는 의식들이 있는데, 재난의 여파로 이를 거행할 수 있는 가족이 거의 없게 됐다. 그리고 살아 있는 모든 후손을 파도에 잃은 조상들이 있었다. 그들의 사후 복지는 전적으로 살아 있는 가족들의 숭배에 달려 있었는데, 바로 이것이 영원히, 그리고 돌이킬 수 없이 중단됐다. 그들의 상황은 고아가 된 아이들처럼 속수무책이었다.

쓰나미는 어느 곳에서든 재산을 파괴하고 살아 있는 사람들을 죽인다. 그러나 일본에서 그들은 죽은 자에 대한, 독특하고 보이지 않는 제3의 피해를 입힌다. 일거에 수천의 영혼들이 생명에서 죽음으로 옮겨갔다. 수없이 많은 다른 영혼들은 사후의 의지처로부터 관계가 끊겼다. 그들 모두는 어떻게 보살핌받을 수 있을까? 누가 살아 있는 사람과 죽은 사람의 계약을 계속 존중할 것인가? 그러한 상황에서 어떻게 수많은 귀신이 되지 않을 수 있을까?

히라츠카 나오미가 죽은 딸 고하루와 이야기하기 시작한 것은 쓰나미 이후의 여름철이었다. 그녀가 알았던 대부분의 사람과 달리, 처음에 그녀는 망설였다. 샤머니즘과 다양한 영매 신앙이 도호쿠에 깊숙이 뿌리박혀 있었고, 많은 유가족이 이를 수행하는 사람들에게 의존하고 있었다. 나오미는 그러한 능력의 존재를 의심했었다. 무엇보다 일부 사람들, 특히 언론이 비극 속에서 으스스한 볼거리를 짜내려고 노력하며 이러한 주제들을 다루는 방식을 싫어했다. 특히 그녀는 유령을 만나기 위해 밤중에 오카와 초등학교 터를 방문하라고 서로를 부추기는 10대들에 관한 일본 잡지 기사에 염증이 났다.

하지만 고하루와 다른 실종 어린이 수색은 아주 상황이 좋지 않아서 진짜 진창 속과 관료적 복잡성의 늪에 빠졌다. 나오미는 직접 수색을 담당하고 있는 경찰 부대와 긴밀히 접촉했고, 그 지휘관들을 알게 됐다. 어느 날 그들은 당시 그녀를 깜짝 놀라게 한 제안을 했는데, 특별히 수색대를 보낼 특정 장소에 대해 조언을 줄 만한 영매나 심령술사를 알고 있다면 알려달라는 것이었다.

한 친구가 그녀에게 죽은 사람을 보고 들을 수 있는 능력을 지녔다는 20대 남자를 소개해줬다. 사람들이 말하길 최근에 그는 후지 호수 옆의 빽빽한 대나무 숲에서 한 목소리를 들었다고 했다. 그곳을 수색하자 실제로 뼈들이 발견됐고, 실종된 여성의 유해로 확인됐다. 나오미는 그 젊은 심령술사를 어느 늦은 저녁에 학교 잔해에서 만나기로 했다. 별의 축제인 '다나바타 여름 축제' 때였는데, 사람들이 나무에 손으로 쓴 시구와 기도, 색종이 테이프, 지갑, 새, 인형 같은 섬세한 종이 장식들을 달아놓곤 했다. 그들은 습한 어둠 속에서 학교의 뼈대와 그 뒤에 있는 산 사이를 나란히 걸었다. 산 위에 있는 작은 신사에서 나오미는 대나무 주위에 장식물들을 묶었고, 고하루의 귀환을 기도했다. 무덥고 바람이 없는 밤이었지만 색색의 종이들이 춤을 췄고, 움직이지 않는 대기 속에서 기이하게 흔들렸다. "아이들이 장식들을 움직이는 겁니다." 심령술사가 말했다. "아이들이 그것 때문에 기뻐합니다."

그들은 거대한 무덤처럼 쌓아 올려진 긴 돌무더기 줄을 지나 걸었다. 이 좁은 지역에서 수백 명이 죽었다. 그 더미 속에 시체들이 아직도 묻혀 있을 수 있었다. 심령술사는 "목소리가 들려요, 아이가 아니라 여자 목소리 같아요"라고 말했다. 나오미도 귀를 기울이니 비록 너무 작게 들려 단어들을 분간할 수 없긴 했지만 목소리가 들렸다. "그저 평범한 목소리였어요." 그녀는 말했다. "일상적 대화를 하고 있는 것같이 들렸어요. 하지만 주변을 둘러보니 아무도 없었어요."

"나는 그러한 일들을 믿지 않았어요. 그리고 전에는 그런 경험을 해본 적이 없었어요. 하지만 그 재난을 겪고서는 아마도 그러한 목소리를 듣게 된 것이 아주 자연스러웠어요."

그녀는 그 젊은 남자와 긴 시간을 보냈다. 그들은 너른 학교 주변을, 후지 호수 주변과 반대편 나가츠우라 늪에 이르기까지 함께 몇 시간 동안 걸었다. 그는 나오미에게 긴 끈에 달린 수정을 줬는데, 그녀는 고하루가 있는 곳을 점치려고 그것을 대축척 지도 위에 놓고 흔들었다. 그녀는 돌무덤에서 들은 목소리에 대해 경찰에게 말했다. 그리고 그곳은 샅샅이 살펴졌다. 그렇지만 사람의 유해는 발견되지 않았다.

오랜 산책을 하면서, 젊은 심령술사는 나오미에게 그들을 둘러싼 보이지 않는 광경에 대해 묘사했을 것이다. 죽음 이후의 삶에 대한 긍정적인 묘사를 기대했을지도 모르지만, 그가 묘사한 환영은 무시무시했다. 나오미는 그것을 유명한 일본 공포 영화 〈링〉에 비유했는데, 그 영화는 중세 미술의 지옥 이미지를 차용했었다. "그는 그 영화에 나오는 유령들처럼 창백한 인물들이 있는데, 그들 중 다수가 땅 위를 기고 있다고 말했어요. 몇몇은 물속에 빠져 진흙투성이가 되어서 끔찍한 고통 속에 더러운 물을 삼키고 있고 몇몇은 갇혀서 빠져나오려 하고 있다고 했어요. 그러나 그는 그들 중 어느 것이 이미 발견된 사람들의 영혼이고, 어느 것이 내 딸처럼 아직 실종된 영혼인지 구분하지 못했어요."

나오미는 죽은 사람들에게 도달하는 다른 방법을 찾기 시작했다. 소개를 쉽게 받을 수 있었다. 많은 오카와 학교 엄마들이 이런저런 심령술사와 상담하고 있었다. 회의론자로 시작했지만 그녀는 어느새 자신이 고하루와 직접 대화를 하게 됐다.

수미라는 이름의 영매는 도시에서 작은 커피숍을 운영했다. 종종 나오미와 신이치로는 그녀를 직접 만나러 가기도 했다. 때로는 고하루가 하는 말이 전화로, 그리고 이메일과 문자로도 전달됐다. 나오미는 그 말들이 진짜라고 금방 믿게 됐다. 수미는 고하루의 목소리와 성격을 완벽하게 전달해서, 가족들은 막 10대가 되려는 한 소녀의 수다스러움, 위세 떨기와 다정함을 기억했다. 수미를 통해 고하루는 자신의 이름으로 가족들에게 줬을 상세한 선물 목록—오빠를 위한 특정 종류의 화첩과 연필, 여동생을 위한 분홍색 가방—을 받아쓰게 했다. 그녀는 나오미에게 자신이 항상 좋아했던 녹차 파우더 사탕을 가족들에게 주라고 말했다. 하지만 확실히 어린애 같은 면 외에도, 그녀의 말 속에는 예상 밖의 성숙함이 있었다. 그것은 영매의 것이었는지도 모르지만, 비록 어린 나이라 해도 죽음을 통과한 사람들이 지니는 권위 같기도 했다.

고하루는 가족들, 특히 형제자매의 안부를 아주 자세하게 물었고, 엄마의 직업에 대해 깊은 걱정을 표했다. "그 애는 아기인 사이는 괜찮다고 생각한 것 같았어요"라고 나오미는 말했다. "더 나이가 많은 도마에게 내가 훨씬 더 많은 관심을 갖기를 원했어요. 그리고 그 애는 내가 출산 휴가를 마치고 일터로 복귀하길 원했어요. 이 모든 것이 도움이 됐어요. 죽음 후에도 일상적 삶을 계속해갈 수 있도록 우리를 많이 도왔어요. 무척 고마운 일이었죠."

영매와 영혼 모두 말할 수 없어 보였던 것은 나오미가 가장 알고 싶어 했던 것, 즉 고하루, 아니 그녀의 유해가 안식하고 있는 곳이었다. "수미는 우리에게 유해를 찾는 것이 전부가 아니라고 말했어요. 그녀는 '당신들은 아이들이 부모가 자신을 찾길 바라고, 집에 돌아가고 싶어 할 것이라고 생각하겠지만 아이들은 이미 집에 있다'고 말했어요. 아이들은 이미 아주 좋은 곳에 있다고요. 그래서 우리가 수색에 몰두하면 할수록 더욱 절망적이 될 거라는 것이었죠."

나오미의 친구인 미호는 다른 영매를 방문했고, 실종된 딸 하나와의 대화를 통해 깊은 위안을 얻었다. "딸에게 이야기하는 것 같았어요." 미호는 말했다. "하나가 거기에, 내 옆에 서 있는 것 같았어요. 그 애는 자신이 천국에 있다고, 아주 행복하다고 말했어요. 영매는 우리의 일상에 대해, 하나가 어떻게 말하는지, 그 애가 썼던 표현들을 모두 알고 있었어요. 아이가 고통스럽다고 말했다면, 도와달라고 소리치고 있었다면, '엄마, 여기서 나를 꺼내줘요!'라고 말했다면, 나는 참을 수 없었을 거예요. 그렇지만 내가 들은 말은 언제나 나를 더 평안하게 해줬어요."

때때로 죽은 자들의 메시지는 서로 간에 모순되었다. 하나가 미호에게 처음 했던 말은 자신이 학교 선생님들에 대한 비난이나 분노를 갖고 있지 않다는 것이었다. 아이는 영매를 통해 "선생님들이 하늘에서 울고 있어요. 그래서 우리도 힘들어요"라고 말했다. "그들은 고통스러워하고 있어요. 그분들을 보는 것은 우리 아이들을 슬프게 해요." 하지만 다른 때 다른 심령술사는 미호에게 반대로 말했다. 아이들은 자신들을 그렇게 쓸데없이 죽게 만들고, 안전과 생존이 분명한 장소로 안내하지 못한 선생님들에 대해 억울해하고 화가 났다는 것이었다.

어떻게 된 일인가

히라츠카 나오미에게 수정을 줬던 그 젊은 남자, 그러니까 진흙 속에서 몸부림치는 영화 같은 귀신에 대해 묘사했던 심령술사는 그녀에게 말했다. "아이는 꿈속에서 당신에게 올 겁니다. 당신에게 자신이 발견될 장소의 이미지를 보여줄 겁니다. 당신 마음속의 슬라이드 같은 것입니다." 그렇지만 그녀가 아이를 발견했을 때, 그런 식으로 찾은 것은 아니었다.

아이들 수색에 관한 나오미의 생각은 수시로 변했다. 초자연적 현상에 대한 믿음은 약해졌다. 대신 그녀는 굴착기와 그 진흙투성이 노란색 팔에 믿음을 걸었다. 딸과의 대화는 위안이 되었지만 수미는 고하루로부터 으스스한 메시지들을 전달할 수는 있을지언정 아이의 시신 위치에 대해 물으면 말을 흐리곤 했다. "우리 중 많은 사람들이 심령술사나 그러한 능력을 지닌 사람들에게 상담을 받고 있었어요." 나오미는 말했다. "그리고 우리는 모두 다른 이야기를 듣고 있었어요. 우리가 이에 대해 생각할 때 누군가는 아주 많은 돈을 벌고 있음이 분명했어요."

나오미는 고하루의 옛 교실 방문하기에 마음을 붙였다. 그들이 그곳에서 보낸 몇 주 후에 자위대 사람들이 학교에 이례적이고 심지어 충격적일 정도의 질서를 복구했다. 창문과 문들은 여전히 부서져 있었지만 교실은 청소로 거의 다 정리됐고, 파도가 쌓아놓은 진흙 침전물은 진흙 먼지 얼룩 정도로 줄어들었다. 물에 불어 뒤틀린 교과서들은 한데 쌓여 선반 위에 올려졌다. 흠뻑 젖은 놀이용 의상들─빨간색 가발, 천사 날개 같은 것─은 상자 속에 넣어졌다. 고하루의 사물함 위에는 그녀 이름 세 글자가 아직도 보였다. 나오미는 거기에 사탕과 음료들을 넣었다. 딸이 그곳에 돌아오도록 하기 위해서였다. 그리고 교실이 깨끗해질수록 그녀는 더 슬퍼졌다.

여러 손가락 모양의 반도─암석과 소나무, 갈매기들의 지역인─는 오가츠와 오파만 사이의 바다로 뻗어 나갔다. 나부리 마을은 도로 끝에 있었고, 50채의 집이 산을 뒤로한 좁은 삼각형 땅 위에 있었다. 콘크리트 부두에 작은 항구가 있었다. 사람이 없는 바위섬이 만에서 보였다. 180명이 그곳에 살았고, 대부분은 70세가 넘었다. 일본에는 이렇게 고립된 나이 든 인구와, 멋지고 혹독한 자연의 아름다움 외에는 다른 것이 별로 없는 장소가 수없이 많았다. 이러한 곳은 젊은 사람들에게는 아무것도 제공할 것이 없는 데다, 습관이나 체념 혹은 낚시와 바다에 대한 강한 사랑이 아니라면 어느 누구도 머물 이유가 없는 곳이었다.

파도는 이곳에서 35미터 높이에 달했다.[28] 이는 11층 빌딩 높이로, 라디오에서 예측했던 쓰나미의 4배에 가까웠다. 그렇지만 지진을 감지하자마자 가미야마 유이치로라는 이름의 늙은 어부는 자신의 보트를 정박시키고 집들을 다니며 마을 사람들을 서둘러 높은 산 위에 오르게 했다. 그곳에서 그들은 파도가 항구에서 쓸려 나갔다가 막을 수 없이 다시 돌아와 처음에는 방파제를 넘어 도로를, 이어서 양쪽에 목조 가옥들로 나뉜 길을 휩쓰는 것을 봤다. 파도는 집들을 들어 올렸다가 거품 이는 표면 위에서 회전하게 했다. 그리고 놀라서 말문이 막힌 마을 사람들이 지켜보고 있는 지점을 향해, 산비탈 위의 소나무 사이까지 왔다. 그들이 웅크리고 있는 곳의 몇 미터 아래에서 파도는 늦춰졌고 물러갔다.

이러한 광경은 가미야마에게 죽은 사람의 여름 축제를 떠오르게 했다. 그 축제에서는 죽은 사람들의 영혼을 먼 세계로 돌아가도록 안내하기 위해 환한 종이 등이 물 위에 떠 있었다. "집들이 한꺼번에 바다와 함께 멀어졌어요." 그는 말했다. "그들은 축제 등처럼 모두 한 줄로 방조제 위로 흘러가고 있었어요. 그들 사이에 전선이 달린 전신주들도 그랬어요. 그 줄들은 아주 튼튼해서 끊기지 않았어요. 모두 하나도 상하지 않은 채 바다로 물러나고 있었어요. 이렇게 말하면 안 되겠지만, 아름다웠어요."

나부리에는 아무것도 남지 않았다. "마치 시간이 뒤로 간 것 같았어요." 가미야마는 말했다. "인간이 오기 전의 고대 시대의 장소 같았어요." 마을 전체에서 2명만이 사망했는데 그들 모두 대피 중에 잊고 온 귀중품을 찾으러 산에서 내려온 후에 사망했다. "쓰나미와 같은 일에서는 결정이 아주 빠르게 이뤄져야 합니다. 필요한 것은 결단력을 쥔 사람에 의한 신속한 행동이지요. 회의를 할 시간이 없어요. 누군가 '산으로 가요!'라고 의심이나 주저 없이 말한다면, 사람들은 갈 겁니다."

5개월이 지난 8월에 어부들은 새로운 그물과 보트를 사서 다시 바다로 나가기 시작했다. 어느 이른 아침에 그들은 항구에서 9미터쯤 떨어진 곳에서 갈매기들 사이에 소란이 일어나는 것을 봤다. 새들은 소리치며 무언가의 주위를 돌면서 물속에 들어가 쪼아 먹고 있었다. 보트 하나가 보러 갔고 이어 경찰을 불렀다. 경찰관 셋이 순찰차를 타고 도착해 어부들과 함께 물속의 물체를 수거하러 나갔다. "계절 중 가장 평온한 날이었어요"라고 가미야마는 기억했다. "파도는 아주 잔잔했고 맑았어요. 그들은 이곳 선창으로 여자아이를 데려왔는데 머리 위로 갈매기들이 날고 있었어요. 우리는 그 새들에 대해 나쁘게 생각하지는 말아야 합니다. 아이의 살을 뜯어 먹는 것도 상상하지 말아야 합니다. 그 애가 있는 곳을 알려줘서 엄마와 아빠를 다시 보게 해줬으니 갈매기들에게 감사해야지요. 아이는 죽었지만 바다에 의해 보호되고 있었어요."

나오미는 센다이에 있는 어머니 집에 있었다. 그녀는 후에 그 소식이 전해졌을 때 굴착기 조종실에서 작업을 하며 학교에 있지 못했다는 데 약간의 실패감을 느꼈다. 경찰서에서 문자 메시지가 왔다. 나부리에서 또 다른 유해가 발견됐다는 것이었다. 20세에서 40세 사이의 여성으로 잠정적으로 확인됐지만 시신은 온전하지 않다고 묘사됐다. 나오미는 이제는 아주 잘 알게 된 지역 경찰서장에게 전화해서 자세한 정보를 요청했다. 그는 옷이 대부분 없어지긴 했지만 미확인 여성이 속옷 위에 두꺼운 보온용 속바지를 입고 있다고 했다. 그 바지는 분홍색이었고 하얀색 하트 장식이 있었다. 이로써 나오미는 곧바로 고하루가 발견됐음을 알았다. 3월 11일의 기상 예보는 추운 날씨를 예상했고 눈이 올지도 모른다고 했다. 그래서 나오미는 쓰나미가 오기 몇 시간 전에 딸에게 그 따뜻한 속옷을 입혔다.

그녀는 남편과 함께 경찰서에 갔고 자신의 눈으로 옷을 살펴봤다. "나는 곧바로 그것이 그 애의 것임을 알았어요." 그녀는 말했다. "그 사람들이 성인일 것이라고 생각한 것도 당연했어요. 고하루는 나이보다 키가 컸으니까요. 그렇지만 그때 그들은 계속해서 내게 물었어요. '확실한가요? 이것이 그 아이의 것이라는 게 확실한가요? 다른 사람이 비슷한 옷을 입었을 가능성은 없을까요?' 그러니나도 확신하기 어려웠어요."

나오미는 자신의 눈으로 유해를 보게 해달라고 부탁했다. 경찰관들은 머뭇거리며 서로를 바라봤다. 진흙 속에서 보낸 수개월 동안 나오미는 다양한 상태의 시체를 수없이 봤다. 4월에 봤던 마지막 시체는 친구의 열두 살 딸이었다. "그 애는 허리띠와 함께 진을 입고 있었어요." 나오미는 기억했다. "물론 정상적 상태가 아니었어요. 머리카락은 거의 없어졌어요. 그렇지만 알아볼 수는 있었어요. 그래서 대충 예상할 수는 있었어요. 시간이 흐르면 인간의 몸이 어떻게 변하는지, 얼마나 그들을 알아보기 어려운지 알고 있었어요. 그렇지만 나는 일종의 영적인 이해, 그러니까 아이 몸의 일부를 보면서 내 딸을 보고 있다는 인식을 하게 되리라는 기대를 갖고 고하루를 보게 해달라고 요청했어요."

"경찰은 계속 '확실해요? 괜찮겠어요?'라고 물었어요. 나는 그렇다고 말했어요." 그들은 나오미를 안으로 들여보냈고, 탁자 위의 물체에서 시트를 벗겼다. 그녀는 시트 아래 누워 있는 것을 바라보았고, 그것을 응시했다. "그렇지만 그것은 그저 무슨 덩어리일 뿐이었어요." 그녀는 말했다. "팔도 없고, 다리도 없고, 머리도 없었어요. 그리고 이것이 내 딸, 내 어린 딸이었어요. 나는 그 애를 본 것을 후회하지 않아요. 그렇지만 내가 가졌던 희망, 그 애를 알아보리라는 희망은 실현되지 않았어요."

그것은 나오미가 지난 수개월간 기도해왔던 순간, 확신과 만남의 순간이었다. 그러면 꽥꽥거리며 날개를 퍼덕이던 새가 갑자기 조용해지듯 죽음이 잠시 동안 그녀의 손바닥 위로 살며시 내려앉았어야 할 것이었다. 하지만 전혀 그렇지 않았다. 히라츠카 부부와 경찰관들에게 이 유해가 고하루라는 것은 의심의 여지가 없었다. 그렇지만 분명한 신원 확인이 되지 않아서 그들은 수개월 걸리는 DNA 테스트 결과를 기다려야 했다.

나오미와 신이치로는 멍해져서 차가 있는 곳으로 걸어 나왔다. 차에 타려 할 때 나오미는 등에 갑작스러운 통증을 경험했다. 다리도 마비됐다. 움직일 수가 없었다. "이런 일이 전에는 없었어요." 그녀는 말했다. "고하루가 나를 그곳에 붙잡아두려고 하는 것이 분명하다고 생각했어요."

그녀는 남편에게 수미에게 전화하고 싶다고 말했다. 영매는 즉시 전화를 받았다. 일어난 일에 대해 듣자마자 그녀는 말했다. "그것은 고하루예요." 주차장에서 벌어진 나오미의 마비와 영매의 말은 경찰로서는 다음 날 시체를 양도하기에 충분했다.

히라츠카 부부는 2011년 8월 11일 고하루를 화장했다. 쓰나미가 일어난 지 153일 만이었다. 일주일 뒤에 나오미는 굴착기를 끌고 학교로 돌아가, 아직도 시신이 발견되지 않은 고하루의 네 친구—나가누마 고토, 스즈키 하나, 스즈키 유토, 다케야마 유이—를 수색했다.

"우리는 우리가 아이들을 양육하고 있다고 생각했어요." 시토 사요미는 말했다. "그러나 그때서야 우리는 아이들에 의해 키워진 것은 바로 우리, 부모들이라는 것을 깨달았어요. 우리는 아이들이 우리 가운데 가장 약하고, 그래서 우리가 그 애들을 보호한다고 생각했어요. 그러나 그 애들이야말로 주춧돌이었어요. 다른 모든 조각은 그 위에 의존하고 있었어요. 그들이 사라졌을 때, 우리는 처음으로 이 사실을 깨달았어요. 우리가 그 애들을 돌보고 있다고 생각했지만 아이들이야말로 우리를 지지했던 거지요."

나는 사요미가 생각해낸 이미지를 그렸다. 아치 모양의 석조 다리가 무너졌고, 벽돌이 강 위로 부딪쳤다. 그녀는 계속했다. "어떤 것도 그 상황을 바꿀 수 없어요. 시간의 흐름에 관한 것이 아니에요. 친절한 말에 관한 것도 아니에요. 심리적 지원에 관한 것도 아니고, 돈에 관한 것도 아니에요. 그것들은 아무것도 바꿀 수 없어요. 텅 비어서 절대로 채워지지 않을 공간이 생겼어요."

재난 생존자들에게 정부는 실용적이고 경제적인 다양한 종류의 지원을 제공했다. 그렇지만 공식적인 카운슬링이나 정신건강 치료 같은 방법은 거의 없었다. 사람들이 본능적으로 의존했던 제도들—마을, 가족, 직장—도 파도에 의해 파괴됐다. 그러나 산산조각으로 파괴된 마을과 임시 주택에서 새로운 형태의 공동체가 생겨났고, 이는 외로움과 고통, 실제적인 필요에 의해 강화됐다. 후쿠지에서는 특히 강력하고 잘 조직된 친구 모임이 시토 사요미와 다카히로 주위에 형성됐다.

어느 날 저녁, 나는 사요미의 초대로 그들을 만나러 갔다. 그들은 모두 오카와 초등학교에서 사망한 아이들의 부모였다. 그들은 교장과 그의 동료들을 못살게 구는 사람들로서는 의례와 관습의 위배자였지만, 개인적으로는 따스하고 예의 바르고 인내심 깊은 사람들이었고, 에고나 공격성의 뚜렷한 상흔도 보이지 않았다. 그들의 중심에는 시토 부부와 그들의 이웃인 사토 가츠라와 도시로 부부—그들의 딸 미즈호는 지사토의 놀이친구였다—가 있었다. 고노 히토미와 사토 가즈타카—그들의 아들 다이스케와 유키는 5학년에서 가장 친한 친구였다—도 그 그룹의 구성원이었다. 그리고 세 번째 사토 부부인 도모코와 미츠히로는 겐타라는 이름의 열 살 난 외아들을 잃었다. 이 친구들은 일주일에 한 번 이상 만났다. 매일 전화, 이메일과 문자로 소통했다. 그들이 서로 알게 된 것은 슬픔을 통해서였다. 그렇지만 슬픔 그 자체는 그들을 결합시키지 못했다. 그들의 슬픔의 힘에 형체를 부여해서 강의 제방처럼 흐르게 한 것은 분노였다.

나는 손에는 노트북을 들고, 테이블 위에는 디지털 녹음기를 놓고서 쓰나미 유가족들과 여러 날을 보냈다. 나의 질문들 혹은 그에 대한 답변들은 때때로 그들을 울게 만들었다. 나는 나 자신에게 묻곤 했다. 나는 여기서 무엇을 하고 있는 것인가? 왜 이 사람들이 내게 말해야 하는가? 사요미와 그녀의 친구들도 울었다. 그렇지만 그들의 분노가 그것을 정당화해주었다. 그 대화는 그 자체로 앞으로 뒤로, 돌고 돌고, 계속 나아가고 나아갔다. 나는 거의 질문하지 않아야 했다.

　　고노 히토미는 말했다. "매일 나는 내 아이들에 대해서, 그리고 그 애들이 여기에 있다면 어떠했을까 생각해요. 예를 들면 오늘은 생일이었다거나, 이번 달에 한 애는 입학시험을 치렀다거나. 내 마음속에서 아이들은 여전히 자라고 있어요. 그렇지만 나는 그 애들이 자라는 걸 볼 수가 없어요."

　　사토 미츠히로는 말했다. "아이가 살아 있다면 이런저런 일을 하고 있었을 거라는 생각은 나를 훨씬 더 절망하게 만들었어요. 우리의 아이는 우리의 꿈이었어요. 그리고 이제 그 꿈은 영원히 이뤄지지 않을 거예요."

　　시토 다카히로는 말했다. "아이는 삶의 중심입니다. 아이가 자라면 부모도 함께 자라지요. 생일, 성장, 학교, 취업, 결혼, 그 모든 것에서 그들은 우리의 중심이지요."

　　사요미는 "이러한 느낌은 다른 사람들이 이해할 수 없을 거예요"라고 말했다. "사람들은 '이제 오래 지났잖아요'라고 말하죠. 그러나 우리는 그렇게 말할 수 없어요."

미츠히로의 부인 도모코는 말했다. "간절히 아이를 보고 싶지만 다시는 볼 수 없다는 기분은 점점 더 강해지고 있어요. 그들이 어디에 있는지, 우리가 잠깐이라도, 아주 잠깐이라도 그 애들을 볼 수만 있다면, 그것으로도 충분할 거예요. 아들을 보고, 껴안고, 만지고 싶은 마음은 점점 더 커지고 있어요."

침묵이 흐르다 한숨 소리가 들렸다. 이어 사토 가즈타카가 말했다. 그는 40대 중반의 창백한 남자로 짧고 숱이 많은 머리와 지친 듯한 얼굴을 지녔다. 그는 테이블 옆에 앉아 있었고, 가끔씩 고개를 끄덕이며 조용히 듣고 있다가 말했다. "그 애들이 어떻게 죽었느냐의 문제입니다."

그는 조용히, 거의 무미건조하게 분노나 고통을 드러내지 않은 채 말했다. "우리가 더 많이 조사할수록, 우리는 더 많이 알게 됩니다. 그리고 이 애들은 구할 수 있었던 생명임을 더 잘 알게 됩니다. 쓰나미는 엄청난 재난이었어요. 그렇지만 아이들이 이렇게 목숨을 잃은 학교는 오로지 한 학교, 이 나라에서 한 학교뿐입니다. 바로 오카와 초등학교입니다. 그것은 사실이고, 그 사실은 실패, 아이들의 목숨을 구하지 못한 학교의 실패로만 설명될 수 있습니다. 그들은 실패했습니다. 사과를 하지 않았고 충분한 설명도 주지 않았습니다. 쓰나미의 피해는 엄청났고, 우리 모두는 그것으로부터 고통받고 있습니다. 하지만 그것 외에 우리는 이러한 식으로 아이들을 잃은 고통을 겪어야 합니다. 결국 그렇게 된 것입니다. 바로 이 일이 이렇게 된 것입니다. 아이들이 어떻게 죽었느냐에 관한 것입니다."

쓰나미 속에서 무슨 일이 일어났는지에 관한 진실은 쓰나미와는 정반대 그 자체였다. 웅장한 클라이맥스도 없었고 요란한 파도도, 땅의 우르릉거림도 없었다. 사실들은 눈물방울과 방울 속에서 나타났는데, 이 중 몇몇은 자연스럽게 떨어졌고, 몇몇은 손으로 비벼 짜내졌다. 살아남은 아이의 오락가락하는 말들은 알려지지 않은 실패를 밝혔다. 문서에서는 공식적인 설명의 모순이 드러났다. 공식적 설명 그 자체가 오락가락했고 방향이 틀렸다. 몇 달마다 새로운 '임시회의'가 열렸고, 그때마다 이시노마키 교육청 공무원들은 학부모들의 분노를 감수해야 했다. 주저하고 두려워하며 사람들은 자신의 이야기를 말하러 나왔다. 프리랜서 기자인 이케가미 마사키는 시 당국 문서에 대해 '정보 공개의 자유'를 요구하고 문서를 면밀히 검토해 모순점을 찾아내는 끈질긴 작업을 했다.

　살아남은 교사인 엔도가 했던 설명은 처음에는 분명하고 믿을 만해 보였다. 학생들은 교실에서 운동장으로 대피해 줄을 섰고 인원수가 확인됐다. 몇몇 부모들이 와서 자녀들을 데려갔다. 질서 있는 대피가 시작됐다. 그리고 그것이 진행 중일 때 파도가 들이닥쳤다. 엔도의 말은 교사들이 긴급하고 신속하게 행동했다는 느낌을 줬다. 전문성 있는 남자와 여자들이 양심적으로 절차를 따랐지만 힘없이, 하지만 비난할 데 없이 파도에 휩쓸려 갔다는 것이었다. 이것은 15분이나 20분, 심지어 30분의 시간 간격 안에서는 말이 될지 모른다. 그렇지만 지진은 오후 2시 46분에 일어났다. 학교의 시곗바늘은 3시 37분에 멈춰 있었고, 그때 건물의 전기가 불어난 물로 꺼졌다. 이것이 오카와 비극의 가장 중요한 의문이었다. 첫 번째 사건과 두 번째 사건 사이에 정확히 무슨 일이 일어났는가? 오카와 학교가 존재했던 마지막 51분 동안 그 학교에서는 무슨 일이 일어나고 있었는가?

3
오카와에서 무슨 일이 일어났는가

옛 세상의 마지막 시간

다다노 데츠야는 바싹 자른 머리에 부드럽고 즐거운 장난기가 가득한, 다부진 체격의 열한 살 소년이었다. 가족의 집은 가마야 뒤쪽에 있는 작은 촌락의 논 맞은편에 있었다. 매일 아침 소년은 아홉 살 난 여동생 미나와 함께 강둑을 따라 학교까지 20분을 걸어갔다. 3월 11일은 엄마인 시로에의 마흔 살 생일이었고, 저녁에 집에서 작은 파티를 열 계획이었다. 그 밖에는 특이할 것이 없는 금요일 오후였다.

그날 점심시간에 아이들은 안쪽 운동장에서 외바퀴 자전거를 탔고, 가장자리에서 네잎클로버를 찾았다. 추운 날이었고, 살을 에는 바람이 강에서 불어왔다. 데츠야와 친구들은 손을 주머니에 넣고 한 줄로 서서, 등을 돌려 얼굴에 찬바람 맞는 것을 피했다. 길 건너편 중학교에서 가족들이 졸업파티를 하고 있었다. 시토 사요미는 그곳에 와서, 나중에 그녀가 묘사한 고요와 불안의 기이한 순간을 경험했다. 오후 2시 45분에 오카와 학교 버스는 엔진을 켜고 주차장에서 기다리고 있었다.[29] 몇몇 어린 학생들이 이미 올라타 있었다. 그렇지만 아이들 대부분은 아직 교실에서 그 주의 마지막 학교 일과를 마무리하고 있었다.

1분 후, 6학년 학급이 반 친구인 마노라는 이름의 소녀에게 '생일 축하합니다' 노래를 부르고 있었다. 이 노래의 중간 부분에서 지진이 일어났다. "좌우로 아주 느리게 흔들렸어요"[30]라고 6학년 사토 소마가 말했다. "작고 빠른 진동이 아니었어요. 어마어마하게 느껴졌어요. 선생님들은 위아래로 뛰어다니며 '책상을 꽉 잡아'라고 말했어요."

도서관에서 스즈키 신이치라는 남자가 그날 일찍부터 아파서 양호실에 있는 아들을 기다리고 있었다. 그는 학교 수조 안의 물이 양쪽으로 파도치며 출렁이는 것을 지켜봤다. 데츠야의 교실에서 5학년생들은 집으로 갈 준비를 하고 있었다. 데츠야는 "처음에 지진이 일어났을 때, 우리는 모두 책상 아래로 숨었어요"라고 말했다. "진동이 더 심해지자 모두들 '와, 이건 엄청나다. 너 괜찮아?' 같은 말을 했어요. 지진이 멈추자 선생님은 즉시 '나를 따라 밖으로 나가자'라고 말씀하셨어요. 그래서 우리 모두는 헬멧을 쓰고 밖으로 나갔어요."

학교 건물은 모범적인 속도로 비워졌다. 책상 아래에 웅크리고 있은 지 5분이 채 안 되어 아이들은 각자의 사물함에 보관됐던 플라스틱 헬멧을 쓰고 운동장에 학급별로 줄을 섰다. 이틀 전에 그들은 똑같은 훈련을 했었다. 그렇지만 수요일의 지진에 비해 이번 것은 몇 배나 더 무서웠다. 나중에 시 당국은 살아남은 목격자와의 인

터뷰에 근거해 분 단위로 그날 오후의 사건들을 편집했다.³¹ 그것은
대지진 후의 흥분과 체념, 가벼운 마음과 공포의 분위기를 전하고
있다.

학생: 모든 사람이 앉아 있었고 출석이 불렸어요. 저학년 여자애들
이 울고 있었어요. 시로타 선생님과 고노 선생님은 그 애들의 머리
를 만지며 "괜찮아"라고 말했어요. 6학년 남자애 한 명이 "집에 있
는 게임 콘솔이 괜찮은지 궁금해요"라고 말했어요.

학생: 저학년 아이들은 느긋했어요. 뛰어다니고 있었어요.

학생: 일종의 '지진 구토'가 분명했어요. 어린애들이 토하고 있었거
든요.

학생: 내 친구가 "쓰나미가 올지도 몰라"라고 말했어요.

계속되는 여진의 흔들림 때문에 저학년 아이들은 다시 놀랐다.
2차 지진들이 오후 2시 51분, 2시 54분, 2시 55분, 2시 58분에 일어
났다. 2시 49분에 본진의 진동이 북일본 및 동일본 쪽 바깥으로 흔
들리고 있는 동안, 기상청은 6미터 높이의 쓰나미가 예상되며 일본
동북부 해안가의 모든 사람은 높은 곳으로 대피하라는 경보를 발령
했다.
11명의 성인이 운동장에 있었다. 6명의 담임선생님, 특수교사

스즈키 씨, 양호 선생님 고노 씨, 교직원 가와바타 씨, 그리고 교학 부장인 엔도 준지 씨였다. 가시바 데루유키 교장이 없어서 수석 교사는 54세의 교감인 이시자카 도시야였다. 쓰나미 경보가 계속 방송되고 있는 건전지식 라디오를 듣고 있었던 사람은 이시자카였다. 운동장에서 기다리고 있는 사람들의 운명이 그에게 달렸다.

많은 사람들은 이시자카가 이미 죽었음에도 그를 용서할 수 없었다. 그렇지만 그를 잘 알고 있던 사람들은 그를 사랑의 마음으로 기억했다. 그는 내륙에서 자랐다. 그가 세 살 때 일어났던 칠레 지진은 그에게는 그저 이야기에 불과했을 것이다. 그는 부드럽고 예민한 남자였고 어린 학생들과 깊은 우애를 쌓아 그들이 다 자라난 후에도 계속 이어갔다. "그분은 분명 잘생긴 남자는 아니었어요." 나는 26년 전에 내륙에 있는 다른 학교에서 이시자카에게 배웠던 한 여성의 이야기를 들었다. "약간 작고, 뚱뚱하지는 않지만 통통했어요. 항상 웃고 있었어요. 내게 떠오르는 것은 그분의 미소였어요. 술을 마시거나 담배를 피우지 않았는데, 그 당시 남자로서는 흔치 않은 일이었어요."

그녀는 여름밤에 이시자카가 학생들을 데리고 나가 하늘을 관찰하고 별자리의 이름을 가르쳤던 일과, 어느 주말에 학생 30명 전원을 자신의 어머니 집으로 초대했던 일에 대해 말했다. "그분은 우리를 기차에 태웠고, 자신은 철도를 따라 차를 운전했어요. 기차와 평행을 유지하면서 우리에게 손을 흔들고 있었어요. 우리는 무척 흥분했지요! 그분은 학생들 간의 우애를 중시했고, 모든 사람이 함께 공부하고 행동하게끔 하셨어요. 제 모든 학창 시절 중에서 그분과의 2년은 가장 기억에 남고 중요한 시간이었어요."

몇몇 오카와 학부모들은 다른 느낌을 말했다. 그의 친절함과 따스함, 상냥함에는 동의했다. 모두들 그의 진실되고 잦은 인사와 정중한 말씨에 대해 이야기했다. 그렇지만 형식인 예의를 존중하는 사회에서도 교감의 행동이 바람직한 매너에 대한 요구 수준을 넘어섰고, 존경과 아부 사이의 선을 넘었음을 넌지시 비치고 있었다.

오후 3시 3분, 3시 6분, 그리고 3시 12분에 여진이 더 있었다. 3시 14분에 기상청은 경고를 업데이트해서 10미터 높이의 쓰나미가 예상된다고 했다.

운동장에서 교사들은 벚꽃 나무 아래에 옹기종기 모여서 낮은 목소리로 토론을 했다.

일본의 많은 기관들처럼 오카와 초등학교의 운영은 매뉴얼에 의해서 이뤄졌다. 교직원인 가와바타 씨가 자신의 사무실에서 운동장으로 갖고 나온 문서들 중에는 분명 매뉴얼 사본이 있었을 것이다. 소위 '교육 계획'[32]은 매년 점검되었고, 도덕적, 윤리적 원칙에서부터 체육대회 날, 학부모 회의, 졸업식 식순에 이르기까지 모든 것을 다루고 있었다. 한 부분은 화재, 홍수와 전염병을 포함하는 비상사태에 할애돼 있었다. 거기에는 가족들이 작성해서 제출해야 하는 양식이 있었는데, 부모, 보호자, 학교에서 아이를 데려가도 되는 사람들의 성명, 전화번호, 주소를 적는 것이었다. 이러한 정보는 매년 업데이트되어야 했다. 가시바 교장은 이것을 하지 않았는데, 이것은 재난 대응에 있어서 약간의 부주의를 시사하고 있었다.

교육 계획은 각 학교의 상황에 맞게 만들어진 템플릿에 기반하고 있었다. 예를 들어 일본에서도 몇몇 학교를 빼고는 화산 폭발에 대비할 필요가 없었다. 내륙에 위치한 학교들은 자신 있게 쓰나미에 관한 부분을 지울 수 있었다. 가시바의 감독하에 매뉴얼을 개정했던 이시자카는 그것을 유지하기로 정했지만 템플릿의 일반적인 문구를 고치지 않았다.

주요 대피 장소: 학교 운동장
쓰나미 발생 시의 2차 대피 장소: 학교 근처의 공터 혹은 공원 등

이렇게 모호한 문구는 도움이 되지 못했다. '공원 등'을 언급한 것은 밭과 산은 있지만 공원 같은 것이 없는 이러한 시골에서는 전혀 들어맞지 않았다. '공터'에 대해서도 그런 곳이 엄청나게 많았다. 문제는 '어디에?'였다.

학교 버스는 주차장에서 기다리고 있었다. 45인승이었다. 빽빽하게 태워 두 번만 왔다 갔다 하면 전체 학생와 직원들을 오가츠산 정상에 옮길 수 있었다. 마을의 동쪽 끝에는 산으로 오르는 두 개의 도로가 더 있었고, 그중 하나는 산림 개간지 안에 있는 산상의 신사로 향하는 것이었다. 그렇지만 훨씬 더 가깝고 분명한 안전지대가 있었다.

세 개의 지형이 삼각형 비슷한 모양으로 가마야 마을을 두르고 있었다. 북서쪽으로는 강, 동쪽으로는 논, 그리고 남쪽으로는 최고

높이 220미터의 이름 없는 울창한 산이었다. 산을 오르려면 곳곳으로 가파른 덤불을 지나, 힘들고 때로는 위험한 등산을 해야 했다. 하지만 한 지점에는 완만하고 접근하기 쉬운 길이 있었고, 학교의 모든 사람들에게 익숙했다. 몇 년 전까지 아이들은 과학 수업의 일환으로 그곳에 올라가 표고버섯을 재배했다. 가장 작은 학생들도 쉽게 할 수 있는 등산이었다. 교실에서 대피하는 데 들었던 5분이라는 시간 이내에, 학교 전체가 해면에서 수십 미터 위로 올라갈 수 있었다. 쓰나미가 닿을 수 있는 거리를 벗어나는 높이였다.

그렇지만 교육 계획에는 학교생활의 다른 부분에 대해 아주 상세하게 기술됐지만 대피 장소에 대해서는 명확한 규정이 없었다. 엔도 준지가 근무했던 아이카와를 포함하는 바닷가 마을에서는 선생님과 아이들이 주저 없이 비탈진 길과 가파른 계단을 올라가고 있었다. 오카와에서 이시자카 교감은 운동장에서 서서 '학교 근처 공터 혹은 공원 등'이라는 단어들을 골똘히 생각하고 있었다.

학교는 중대한 피해를 입은 것 같지 않았다. 그렇지만 여진이 계속되는 동안, 안으로 다시 들어가는 것은 신중치 못한 일로 판단됐다. 하지만 현재 서열 2위의 교사 엔도 준지는 이런저런 일로 학교 건물 안팎을 뛰어다녔다. 다른 담임교사들은 학생들을 지켜보면서 무슨 일을 해야 할지를 상의했다. 확인 점호 결과, 3학년 여학생이 없는 것이 밝혀졌다. 엔도는 다시 안으로 들어가 그 애가 화장실에서 웅크리고 있는 것을 발견했다. 많은 학생들이 추워했다. 그들의 코트와 장갑을 가져오고, 또 학생들이 안정이 필요할 때 운동장

모서리로 데려간 사람은 엔도였다. 그렇게 바빠서 그는 다른 교사들과 활발한 대화를 하는 데 별 시간을 쓰지 않았다. 그렇지만 엔도가 어떤 행동방침을 선호했는지, 그가 책임자였다면 무슨 일이 일어났을지는 분명했다.

"교감 선생님이 책임을 쥐고 있었고, 담임교사들은 자신의 학급에 매달려 있었어요"라고 후일 그는 썼다. "나는 여기저기 뛰어다니고 있었어요. 그래서 그들이 무엇을 이야기하고 있는지 몰랐어요." 그는 학교 안에 낙오된 학생을 살핀 후에 이시자카와 했던 짧은 대화를 회상했다. "저는 '어떻게 해야 할까요? 산으로 달려가야 하지 않나요?'라고 물었어요. 하지만 진동 때문에 그것은 불가능하다는 답을 들었죠."

하지만 생존자 중 한 명인 6학년생 우키츠 아마네는 훨씬 더 적극적인 간섭을 기억했다. 그 여자애는 엔도가 학교에서 나오며 큰소리로 "산으로! 산으로! 산으로 뛰어!"라고 외쳤다고 말했다.

그의 경고를 히토미의 아들인 다이스케와 그의 친구인 사토 유키가 받아들여서, 그들은 6학년 선생님인 사사키 다카시에게 호소했다.

선생님, 우리는 산으로 올라가야 해요.

여기 머물면 땅이 갈라져서 우리를 삼킬지도 몰라요.

여기 있으면 죽을 거예요!

그 소년들은 표고버섯밭 쪽으로 달려가기 시작했다고 아마네는 기억했다. 그렇지만 엔도는 제지되었고, 소년들도 돌아와서 조용히 하라고 지시받았다. 그들은 순순히 자신들의 반으로 돌아왔다.

서로 다른 두 개 그룹의 사람들이 학교에 모여들고 있었다. 첫 번째 그룹은 부모와 조부모들로 차나 도보로 도착해서 자녀들을 데려갔다. 두 번째 그룹은 마을의 지역 주민들이었다. 문제가 더욱 복잡하게 되었는데, 오카와 초등학교는 가마야의 공식적인 대피 장소로 지정돼 있었다. 공공연한 갈등의 시기에 종종 나타나는 극적인 의견 차이는 두 그룹의 태도에서 잘 드러났다.

대체로 학부모들은 가능한 한 아이들을 데려가고 싶어 했다. "차들이 도착하는 것을 계속 지켜보면서 엄마도 올까 궁금했어요"[33]라고 사토 소마의 쌍둥이 자매인 후카가 말했다. "많이 두려웠어요. 엄마가 나타났을 때 울어버렸죠. 엄마도 계속 울었어요." 최소한 한 명의 교사, 사사키 다카시는 가족들이 학교를 떠나는 것을 적극적으로 막았다. "선생님은 여기가 안전할 거라고 말했어요"라고 소마는 기억했다. "엄마는 '우리 집은 높은 곳에 있어요. 그곳이 더 안전할 거예요'라고 말했어요."

다음은 교육청 기록이다.

학생: 엄마가 저를 데리러 오셨어요. 그래서 다카시 선생님에게 나는 집으로 갈 거라고 말했어요. 하지만 "지금 집으로 가는 것은 위험할 겁니다. 학교에 머무는 게 나을 거예요"라는 말을 들었어요.

학부모: 라디오에서 10미터 쓰나미가 오고 있다고 방송하고 있다고 다카시 선생님에게 말했어요. "산으로 도망치세요!"라고 말하며 산을 가리켰죠. 그런데 "어머니, 진정하세요"라는 말을 들었죠.

지역 주민들 역시 위험을 얕보았다. 가마야 마을 회장인 다카하시 도시오는 특히 그 주제에 대해 거침없이 말했다. 토론의 중심에 있던 사람들은 모두 죽었다. 그렇지만 생존자들이 제공한 단편적 기억에 따르면, 교감을 압박해 적극적으로 아이들을 운동장에 있게 한 노력이 있었음은 분명했다.

학생: 산으로 피하자고 말한 선생님들이 있었어요. 그러나 학교가 더 안전하다고 말했던 선생님들과 지역 주민들도 있었어요.

학부모: 교감은 지역 주민들과 상의하고 있었는데, 그들 중 네다섯 명은 70대 이상이었어요. "뒤에서 산이 무너질까? 저는 애들을 산에 오르게 하고 싶어요. 불가능할까요?"

학생: 교감 선생님은 산으로 가는 것이 나을 것이라고 말씀하셨지만, 가마야에서 온 누군가가 "그냥 여기서 괜찮을 겁니다"라고 말했어요. 그들은 서로 다투고 있는 것 같았어요.

학생: 교감과 가마야 마을 회장은 서로 말다툼하고 있었어요. 교감 선생님이 말했죠. "아이들을 산으로 오르게 합시다." 마을 회장은 말했죠. "쓰나미가 이렇게 멀리까지 오지 않을 겁니다. 그러니 교통섬으로 갑시다."

"교사들은 패닉 상태였어요"라고 한 학부모가 말했다. 다른 학부모는 그날 추운 날씨에도 불구하고 땀에 젖은 이시자카의 머리카락과 옷이 머리와 몸에 어떻게 달라붙어 있었는지를 묘사했다. 하지만 또 다른 학부모는 교사들이 침착하지는 않았지만 그렇다고 해서 패닉 상태는 아니었다고 생각한다고 말했다. 이러한 긴장과 우유부단한 분위기로 그곳에 있는 사람들은 혼란스러웠다. 다다노 데츠야와 그의 여동생 미나는 엄마인 시로에를 보자 안심이 되었다. "엄마는 우리와 함께 더 높은 곳으로 대피하고 싶어 했어요." 데츠야는 말했다. "그렇지만 모든 부모와 보호자들은 그저 서 있었어요. 엄마는 '잠시만 기다려, 집에서 뭔가를 가져와야 해'라고 말했어요. 그래서 저는 엄마에게 책가방을 주고 거기에 머물렀어요."

그날은 주중의 오후였고, 가마야의 일하는 사람들은 상점, 공장, 사무실에 나가고 없었다. 학교에 온 학부모 대부분은 전업주부와 엄마들이었다. 의견을 제시했던 마을 사람들 대부분은 은퇴한 나이 든 남자들이었다. 그것은 수세기 전 시구에 쓰인, 여성이 간청하는 목소리로 말하면 늙은 남자가 안중에도 두지 않고 고압적으로 묵살하는, 과거의 대화를 또다시 재현하는 것이었다.

오이카와 도시노부는 하얀색 셔츠와 회색 슈트를 입은 40대 후반의 남자로 이시노마키시 정부의 지역부서에서 근무했다. 지진이 일어났을 때 그는 강의 북쪽 제방에 있는 학교로부터 다리 건너편에 있는 사무실에 있었다. 5분 이내에 지진청으로부터 6미터 높이의 첫 번째 쓰나미 경보를 접수했다. 마을 청사는 백업용 발전기가 있었지만 나머지 지역은 전기가 두절되어 시청에서 중요한 발표를 방송하는 다수의 확성기가 작동되지 않았다. 15분 이내에 오이카와와 동료 5명은 루프탑 스피커가 장착된 세 대의 차에 올라탔고, 직접 경보를 전달하기 시작했다.

그들이 운전해 간 도로는 균열로 갈라져 있었다. 곳곳에서 흙과 돌들이 위쪽 산비탈에서 그들에게 쏟아지고 있었다. 그들은 기타카미 대교를 건넜고, 가마야를 지나 대부분 쓰나미로 위험에 처한 마을들, 나카츠우라 늪 근처의 바다에서 가장 가까운 마을로 갔다. 그들은 가마야의 외곽 변두리로 운전해 가고 있었는데, 그때 오이카와는 3.2킬로미터 앞에서, 바다와 육지가 만나는 지점에서 이상한 일이 일어나고 있음을 알게 됐다.

그 장소는 논과 모래가 만나는 마츠바라라는 곳인데 띠 모양의 소나무 숲이 해안가를 따라 자라나고 있었다. 2만 그루의 나무가 있었다. 소나무들은 100년이나 되었고, 그중 많은 나무들이 18미터 이상이었다. 그리고 지금 오이카와가 본 바에 따르면, 바다가 그들을 휩쓸어 나무의 녹색 끝부분을 삼키고, 거품 이는 파도가 숲을 갈기갈기 찢고 있었다. "파도의 흰 부분이 나무 위에서 거품을 일으키는 것을 볼 수 있었습니다." 그는 말했다. "마치 폭포처럼 그 위에서 떨어지고 있었습니다. 내 눈으로 직접 볼 수 있었죠. 반대 방향에서 오는 차들이 있었는데 운전자들은 우리에게 '쓰나미가 오고 있어요. 도망쳐요! 도망쳐요!'라고 소리치고 있었어요. 우리는 즉시 유턴을 했고, 왔던 길로 돌아갔어요."

몇 초 만에 그들은 다시 가마야를 통과하고 있었다. 더 많은 여진이 일어나고 있었다. 마치 마을 전체가 마법에 걸려 무너지고 있는 것 같았다.

오이카와의 동료인 사토는 차량 확성기로 외쳐댔다. "슈퍼 쓰나미가 마츠바라에 도달했습니다. 대피하세요. 높은 지대로 대피하세요." 일본에서 지방자치 방송은 보통 나른하고 침착한 톤으로 발표된다. 그러나 살아남은 사람들은 이 방송이 애원하듯, 거의 미친 듯했다고 기억했다. "길거리에는 일고여덟 명의 사람들이 이야기하며 서 있었어요." 오이카와는 기억했다. "그들은 우리에게 관심을 두지 않았어요. 나는 순찰차가 마을 경찰초소 앞에 주차된 것을 봤어요. 그렇지만 경찰관은 경보를 전달하지 않았고, 자신도 대피하려 하지 않았어요. 우리는 학교를 지나갔어요. 빠르게 운전하고 있었고 멈추지 않았기 때문에 운동장을 분명하게 볼 수 없었지만, 그들도 우리의 메시지를 분명히 들었을 겁니다. 학교 버스는 거기에 서 있었어요."

가마야의 노인들은 자신이 바닷가에 산다고 생각하지 않았다.

쓰나미는 해안 지역의 위험이며 해변과 항구, 어촌 마을, 즉 파도와 맞대고 사는 장소의 문제였을 뿐이었다. 가마야는 농촌 마을이었고 다른 세상이었다. 오카와 초등학교와 마츠바라 해안은 직선거리로 3.6킬로미터 떨어져 있었다. 가마야의 집과 상점들로 가려져 바다는 들리지도 보이지도 않았다. 마을의 한 여성은 다른 많은 충격 가운데 인간의 구조물이 모두 사라지고 난 뒤, 이전에 가마야였던 곳에서 내다본 놀라움을 내게 말했다. "그것을 깨달은 것은 집들이 사라지고 난 뒤였어요. 우리는 항상 강가를 따라 내륙에 살고 있다고 생각했었지요. 하지만 집들이 사라지니 갑자기 바다가 있었어요."

기타카미는 쓰나미가 육지로 들어오게 해주는 입구 역할을 했다. 강은 쓰나미를 담아 모았고, 더 단단하고 강하게 담아뒀다가 약한 제방 너머로 흘려보냈다.

지진 후 가마야에서 사람들은 늘 하던 것처럼 깨끗하게 치우는 일을 하고 있었다. 그들 중 나가노 와이치라는 60대 농부는 들판 밖 커다란 집에서 살았다. "나는 모든 경고를 들었어요." 그는 말했다. "마을 청사의 확성기 차가 위아래로 다니며 '슈퍼 쓰나미가 곧 옵니다! 대피하세요, 대피하세요!'라고 말하고 있었어요. 사이렌 소리도 많았어요. 모든 마을 사람이 그 소리를 들었을 겁니다. 그러나 우리는 심각하게 생각하지 않았죠."

나가노는 이 땅에 정착하여 농사를 지은 5대째 사람이었다. 그의 가족과 같은 모든 가족들은 개인적 기억, 역사적 일화, 그리고 마을의 구전지식으로 이뤄진, 조상 전래의 사고를 지니고 있었다. 그렇게 세습된 경험의 창고 어디에도 쓰나미에 대한 기억은 없었다. "그때까지 가마야는 어떤 쓰나미 피해도 입지 않았어요"라고 나가노는 말했다. "우리는 오가츠의 사람들이 한 번 쓰나미를 겪은 걸알았고, 또 칠레 지진에 대해서도 알았어요. 그렇지만 쓰나미는 이마을에 아주 작은 영향도 미치지 않았어요. 그래서 사람들은 쓰나미가 이곳으로 올 수 있으리라고 생각하지 못했고, 안전하다고 느꼈어요."

세대를 이어온 경험, 조상들에 대한 확신이 "대피하세요! 대피하세요!"라고 시끄럽게 외치는 확성기 차의 목소리보다 훨씬 더 크게 혈관에서 고동치고 있었다.

나가노는 부인이 집 앞쪽에서 그를 불렀을 때 헛간에서 흩어진 농기구들을 모으고 있었다. 그곳에서 그는 0.5킬로미터 떨어진 제방 위로 쓰나미가 몰려와 앞에 있는 건물들에 부딪치는 것을 봤다. 그는 안으로 들어가 딸과 손녀에게 소리쳤다. 그들 넷은 두 대의 차에 올라타 도로 위를 주행하기 시작했다. 나가노의 부인이 갑자기 차문을 열며 "내 백요, 핸드백을 두고 왔어요"라고 말했다. "안돼! 안 돼!"라고 나가노는 소리쳤다. "제발 차 안으로 돌아가요." 산으로 가는 오르막까지는 182미터 거리였다. 그곳에 도착한 지 몇 초만에 파도가 그들 뒤에서 밀려왔다.

나가노가 산에서 뒤돌아보니 논 안의 그의 집, 그리고 그 뒤로 가마야가 바다에 휩쓸리는 것이 보였다. 몇 초 만에 그 집은 부서져 사라졌다. 그가 처음 쓰나미를 언뜻 본 때로부터 지금 숨을 헐떡이며 집과 논, 마을, 그리고 5대째 내려온 유산들이 파괴되는 현장을 내려다보기까지는 1분이 채 지나지 않았다. "그것은 지옥의 모습이었어요." 나가노는 말했다. "지옥이었어요. 마치 꿈속에 있는 것 같았어요. 일어나고 있는 일을 믿을 수가 없었어요."

운동장에서 아이들은 불안해지기 시작했다. 지루한 체념의 분위기가 생겨났다. 각 학급별로 서 있던 반듯한 줄들이 흩어져 운동장에 둥그렇게 펼쳐져 있었다. 마을에서 온 지역 주민들은 집에서 가져온 매트와 쿠션 위에 펼쳐져 있었다. 날씨가 추웠다. 사람들은 담요와 손난로를 나눴고, 교사들은 창고에서 뚜껑 열린 드럼통 두 개를 가져와 그 안에 불을 땔 수 있었다. 무슨 일이 많이 일어나고 있거나 금세 일어날 것 같은 느낌은 없었다.

아이들은 부모들과 함께 떠나기 시작했고, 친구들과 선생님에게 작별인사를 했다. 방과 후 활동은 취소됐다. 6학년 친구들이 마노의 생일 축하를 계속하려던 계획도 연기됐다. "마노 짱은 바로 내 옆에 있었어요"[34]라고 한 소녀가 말했다. "나는 그 애에게 농구 연습 후에 생일 선물을 주겠다고 약속했었어요. 나는 '결국 너에게 주지 못할 것 같아. 미안해'라고 말했더니 그 애는 '괜찮아'라고 말했어요."

가마야의 모든 사람이 경보에 무관심했던 것은 아니었다. 교육청이 제작한 시간 일지에 따르면, 지역 주민 몇 명은 대피할 것을 계속 재촉했다. 공식 기록에 그들은 그저 대문자로만 표시돼 있었다. 그들이 어떻게 되었는지는 확실하지 않다.

학부모: F(지역민)는 "도망쳐요! 쓰나미가 오고 있어요"라고 소리 지르며 뛰어다녔어요. 내가 알지 못하는 누군가가 "뭐라고? 그거 약간 무서운데, 그렇지 않니?"라고 말했어요.

학부모: D에게서 "쓰나미는 3시 30분에 올 거예요"라는 말을 들었어요. 그는 내게 핸드폰을 보여주며 "겨우 20분 남았어요"라고 말했어요.

학부모: 자전거 보관소 옆에 있던 한 남자가 산을 가리키며 큰 소리로 "쓰나미가 오고 있으니 높은 곳으로 올라가요!"라고 말했어요. 학교 직원이 그의 말을 들었는지는 모르겠어요.

오후 3시 25분 오이카와와 세 대의 확성기 차량이 지나가며 필사적으로 경보를 요란하게 울려댔다. 학교 운동장에서 교사들은 아이들을 따뜻하게 하기 위해 기름 드럼통에 나무를 땔 준비를 하고 있었다.

3시 30분에 다카하시 가즈오라는 이름의 노인[35]이 강 옆에 있는 집으로 갔다. 그 또한 바다가 집 옆의 제방 위로 넘쳐오는 것을 갑자기 알게 되기 전까지 경보를 무시했다. 그것은 땅 아래서, 그리고 땅을 넘어서 오고 있는 것 같았다. 도로 위 맨홀 뚜껑이 불어난 물에 의해 위로 솟구쳤다. 지진으로 벌어진 도로의 틈에서 진흙이 뿜어져 나오고 있었다. 다카하시는 분명히 가장 가까운 대피 장소, 즉 학교 뒤에 있는 산으로 차를 몰았다. 가마야의 주도로 위에서 그는 친구들과 지인들이 서서 잡담하는 것을 봤다. 그는 창문을 내리고 그들에게 소리쳤다. "쓰나미가 오고 있어요. 도망쳐요!" 그는 사촌과 그 부인을 지나치면서도 똑같이 경고했다. 그들은 손을 흔들고 미소 지었으나 그를 무시했다.

다카하시는 학교에서 가까운 마을 주민센터 옆에 차를 주차했다. 대피를 극구 반대한 마을 촌장인 또 다른 다카하시가 고맙게도 차들을 정리해줬다. 다카하시 가즈오는 산으로 올라갔을 때 수많은 아이들이 학교에서 급히 나오고 있는 것을 보았다.

그들 중에는 다다노 데츠야도 있었다. 그는 반 친구들과 운동장에 남아 있었다. 엄마인 시로에는 뭔가 할 일이 있다며 사라진 뒤 돌아오지 않았다. 교감인 이시자카는 운동장에 없었다. 그는 예상치 못한 지시를 갖고 갑자기 다시 나타났다. "쓰나미가 오고 있는 것 같습니다"라고 그는 외쳤다. "빨리. 우리는 교통섬으로 갈 겁니다. 줄을 서세요. 달리지 마세요." 아이들은 고분고분하게 서 있었고 운동장을 줄지어 나갔다. 그들은 반끼리 모여 나갔는데 가장 나이 많은 학생이 맨 앞이었다. 그러나 누군가는 걷고, 누군가는 빠르게 걷고, 다른 누군가는 달리면서 학급들은 금방 뒤섞이고 합쳐졌다.

데츠야와 친구인 고노 다이스케는 그룹의 맨 앞에 있었다. 교통섬은 360여 미터의 거리였고, 도로와 기타카미 대교가 만나는 마을 바깥의 지점에 있었다. 하지만 아이들은 학교 정문을 통과해 가는 대신에 옆쪽으로 인도되어 산기슭을 따라, 이어 마을 도로와 연결된 좁은 길 아래로 내려갔다. 데츠야가 검은 물 덩어리가 앞쪽의 주도로를 따라 몰려오고 있는 것을 본 것은 이 교차로에 막 진입한 때였다.

운동장을 떠난 지 1분이 되지 않아서였다. 그는 으르렁거리는 소리와 검은 물 위의 하얀 물보라를 봤다. 그것은 바로 앞에서, 그러니까 바다 쪽에서 오고 있는 게 아니었다. 왼쪽으로부터, 강으로부터, 그러니까 아이들이 달려가라고 지시받은 방향으로부터 몰려오고 있었다.

줄의 앞쪽에 있던 몇몇 아이들은 파도를 보고는 얼어붙었다. 데츠야와 다이스케를 포함한 다른 아이들은 바로 뒤돌아서, 왔던 곳으로 다시 달려갔다. 나머지 아이들은 주도로를 향해 계속 서두르고 있었다. 뒤쪽에 있던 어린애들은 선배들이 반대방향으로 미친 듯이 질주하는 모습을 보고는 매우 놀랐다.

　길의 끝 쪽에 오니 두 명의 소년은 산기슭에 도착했다. 이 길은 가장 가파르고 숲이 가장 빽빽한 경사지여서 좋을 때도 등산하기가 어려웠다. 어디선가 데츠야는 다이스케가 넘어졌다는 것을 알았고, 친구를 일으키려고 했지만 실패했다. 데츠야는 서둘러 산 위로 올라갔다. 그러면서 어깨 너머로 뒤돌아보니 시커먼 쓰나미가 뒤에서 몰려오고 있었다. 곧이어 그것은 그의 발, 종아리, 엉덩이, 등까지 차올랐다. "쓰나미가 나를 덮쳤을 때 거대한 힘처럼 느껴졌어요." 그는 말했다. "엄청나게 힘센 사람이 밀고 있는 것 같았어요. 숨을 쉴 수 없었고, 숨을 쉬려 애썼어요." 그는 바위와 나무를 발견했고 그 사이에 끼였다. 파도는 주위에서 불어나고 있었다. 그리고 어둠이 그를 집어삼켰다.

오카와 초등학교가 있는 가마야 마을

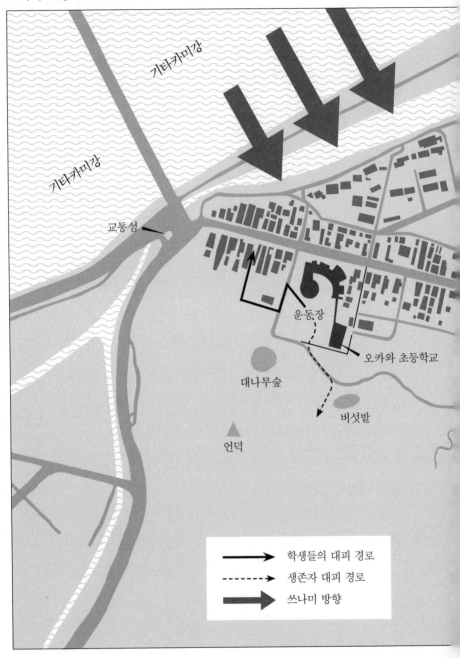

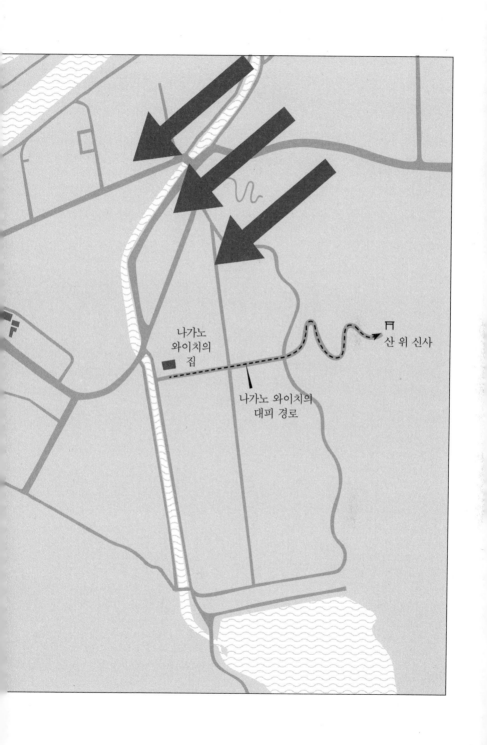

나가노
와이치의
집

나가노 와이치의
대피 경로

산 위 신사

쓰나미의 안쪽에서

　쓰나미를 경험한 모든 사람은 서로 조금씩 다른 것들을 보고 듣고 냄새 맡았다. 그 차이는 자신이 있었던 위치와, 파도와 자신 사이에 놓인 장애물들에 달려 있었다. 어떤 사람들은 그것을 방파제와 강둑 위에서 떨어지는 폭포수라고 묘사했다. 또 다른 사람들에게는 집들 사이로 빠르게 차오르는 파도였는데, 처음에는 믿을 수 없이 조금이어서 경쾌하게 발과 발목으로 올라갔으나 이어 빠르게 다리와 가슴과 어깨를 삼키고 두드렸다. 색깔은 갈색, 회색, 검은색, 흰색으로 묘사됐다. 이 중 가장 닮지 않은 것이 있다면 그것은 전통적인 바다 파도, 즉 호쿠사이의 유명한 목판화에 나오는 녹청색에 거품의 끝이 우아하게 몰아치는 파도였다. 쓰나미는 다른 종류의 것이었다. 더 어둡고, 더 낯설고, 엄청나게 더 강력하고 폭력적이었다. 친절이나 잔인함, 아름다움이나 추함 없이 전적으로 낯선 것이었다. 바다가 육지로 온 것이었고, 바다 자체가 발을 높이 들고 목청을 높여 으르렁대며 공격하는 것이었다.

그것은 소금물과 진흙, 해초 냄새가 났다. 가장 짜증나는 것은 그것이 인간 세상의 물질과 부딪쳐 그것들을 먹어치울 때 내는 소리였다. 나무와 콘크리트, 철과 타일이 으스러지고 쩍쩍거리는 소리였다. 곳곳에서 이상한 먼지들이 그 위에서 자욱하게 피어올랐다. 마치 부서진 건물 위에 떠다니는 가루 물질 구름 같았다. 이웃동네와 마을, 도시 전체가 거대한 압축기의 입속에 들어가 부서지는 것 같았다.

간신히 안전하게 대피한 산 위에서 나가노 와이치와 아내 히데코는 파도가 강둑 위로, 마을과 들판을 넘어서 고동치며 휩쓸 때 그들 아래에서 펼쳐지는 모든 광경을 볼 수 있었다. "거대한 검은 산 같은 파도가 갑자기 몰아쳐 와서는 집들을 파괴했어요"라고 그는 말했다. "그것은 단단한 물질 같았어요. 그리고 이상한 소리가 있었는데 묘사하기 어려웠어요. 바다의 소리 같지 않았어요. 집들이 부서질 때 찌그러지고 신음하는 소리가 섞인 땅의 울음에 더 가까웠어요."

또 다른 미약한 소리가 있었다. "아이들의 목소리였어요." 히데코는 말했다. "'도와주세요! 도와주세요!'라고 외치고 있었어요." 반은 등산을 해서, 반은 물 위에 떠서 올라간 산 위에서 다카하시 가즈오도 그 소리를 들었다. "아이들의 소리를 들었어요." 그는 말했다. "그러나 파도가 소용돌이치고 있었고, 파도와 쓰레기들이 부딪치는 소리가 있었어요. 아이들의 목소리는 점점 약해져갔어요."

쓰나미 속에서 죽는다는 것은 어떤 기분일까? 그 마지막 순간에 드는 생각과 감정은 무엇일까? 이 재난을 깊이 생각했던 사람들은 스스로 이러한 질문을 던졌다. 불꽃 주위의 곤충들처럼, 마음은 그 질문에 쿵쾅거렸다. 어느 날 내가 망설이며 이를 한 지역주민에게 말하자 그는 "진짜로 그 질문에 대한 답을 알고 싶나요?"라고 물었다. "내 친구가 당신에게 답해줄 수 있을 겁니다."

그는 이튿날 저녁 만남을 주선했다. 그의 친구는 고노 데루오였고, 오이카와 도시노부처럼 이시노마키 시청의 지부 사무실에서 일했다. 오이카와는 지방 공무원의 표본이었다. 조용하고 인내심 있고 끈기 있었다. 그렇지만 고노는 상상력이 풍부하고 불안정한 인물이었다. 소년 시절에 그는 도호쿠를 떠나 세계 여행을 하는 꿈을 꿨었다. 그의 부모는 이러한 충동을 잠재우고자 그의 대학 진학을 막았고, 그는 자신이 자라난 곳에서 삶을 보내며 지자체 정부에서 경력을 쌓았다. 2011년 3월, 그는 지역발전과의 부책임자였고 '재난 대응'을 책임지고 있었다.

지진이라는 위협적인 존재와 그것이 기타카미 지역에 미치는 특수한 위협에 대해 더 잘 아는 사람은 거의 없었다. "우리의 가정은 또 다른 대형 지진이 있으리라는 것이었어요." 고노는 말했다. "1896년과 1933년 지진 이후 쓰나미는 한 번도 없었기에, 우리는 쓰나미를 예상했습니다." 시 청사가 위치한 작은 마을은 가마야에서 하류로 800미터 떨어진 강의 입구에 자리 잡아서 쓰나미의 통로가 되리라는 사실은 의심의 여지가 없었다. 고노와 그의 동료들은 자신들이 잘 헤쳐나가리라고 확신하고자 노력을 기울였다.

2층으로 된 지부 사무실은 해수면에서 4.5미터 위 오르막에 지어졌고, 1층은 그보다 3미터 더 올라갔다. 전기와 통신 같은 필수 시설들은 가장 위층에 설치돼 있었다. 벽 위에는 지진이 일어났을 때 진동의 강도*를 기록하는 디지털 판독기가 있었다. 작년 8월에 시 당국은 경찰, 소방서, 지방 관리들이 지진과 쓰나미 발생 시에 자신들의 역할을 수행하도록 하는 훈련을 실시했다.

그 순간이 마침내 왔을 때, 고노는 재난 전문가답게 침착하게 그것을 경험했다.

"그것은 3단계로 왔어요." 그는 내게 말했다. "처음 진동이 시작됐을 때는 강력했지만 느렸어요. 나는 모니터를 쳐다봤어요. 강도 5 이상으로 나타났고 나는 바로 그것임을 알았어요." 흔들림이 계속 이어질 때도 그는 직원들에게 공공 방송을 하도록 명하고 있었다. 그는 곧 쓰나미 경보가 발령되리라는 것을 알고 있었다. "그렇지만 진동이 계속됐어요. 점점 더 강해졌어요. 컴퓨터 모니터들과 서류 파일들이 모두 책상에서 떨어졌어요. 그리고 그때 3단계로 더욱 최악이 되었죠."

고노는 시끄러운 소리들 속에서 책상을 꼭 붙잡았다. 사무실 가구 부품들이 방에서 움직이며 덜거덕덜거덕 부딪치고 있었다. 파일 캐비닛은 파일을 쏟아내고 있었다. 그는 다시 벽에 걸린 지진 강도 판독기를 올려다봤다. 에러 메시지가 뜨고 있을 뿐이었다. 이어

---

*   '강도'는 지진이 땅에 미치는 영향을 가리키며, 진앙지에서부터의 거리에 따라 지역마다 다르다.(반대로, 진도는 지진에 의해 방출된 에너지를 측정하는 하나의 숫자이다.) 일본 기상청은 1에서 7의 척도로 강도를 측정한다. 1은 거의 느낄 수 없는 지진을 묘사한다. 7이면 사람과 물체들이 마구 넘어지고 산사태가 일어나며 많은 건물이 피해를 입어 파괴된다.

서 심장박동이 점차 느려지는 것처럼 진동과 공포가 줄어들었다. 이시노마키 기타카미 지부 사무소의 직원들은 맡은 업무를 하려고 일어났다.

비상 발전기가 우르릉거리며 가동됐고, 그들은 넘어진 텔레비전을 바닥에서 일으켜 세워 다시 연결했다. 그리고 쓰나미 경보가 시청 확성기를 통해 발령됐다. 오이카와와 직원들은 확성기가 작동하지 않는 지역들로 파견됐다. 계획된 대로 경찰과 소방서 대표들이 시의 지부 사무실로 배치됐다. "모든 것이 매우 잘 작동했습니다." 고노는 말했다. "다친 사람도 없었고, 모든 사람은 침착했습니다. 건물에 미세한 피해가 있을 뿐이었습니다. 우리는 이를 대비해 훈련했었습니다. 모든 사람은 누가 무엇을 해야 하는지, 다음에 무엇을 해야 하는지 알았습니다."

곧이어 지부 사무실에는 57명이 있게 됐다. 이 중 31명은 취약한 건물에서 보다 강하고 현대적인 건물 내 안전지대로 대피한 지역민들이었다. 그들 중에는 오카와 초등학교의 맞수로 강 북쪽에 있는 인근 학교에 다니는 아이들 6명과 지역 요양센터에서 온 노인 8명이 있었다. 그중 3명은 휠체어를 타고 있었고, 4명은 들것에 실려 왔다. 자원봉사자들이 앞으로 나가 그들을 2층의 피난소로 안전하고 편안하게 모셨다.

오후 3시 14분, 임박한 쓰나미의 예상 높이가 6미터에서 10미터로 조정됐다. 그런데 어느 시점에 백업용 발전기가 멈췄고, 고노와 동료들은 이 정보를 받지 못했다. 그러나 어쨌든 별 차이는 없었을 것이다.

지면보다 높은 곳에 세워진 그 건물은 내륙을 접하고 있었으며, 뒤쪽으로는 강을, 정문은 아래쪽 작은 마을 위에 있는 산을 접하고 있었다. 자신의 사무실 창문에서 고노가 볼 수 있는 물이란 배수로 수준의 느릿느릿한 갈색 흐름이었는데, 기타카미로 흐르고 있었다. "그것이 내가 처음 본 것이었어요." 그는 말했다. "작은 여울의 물이 하얗게 됐어요. 거세게 휘돌며 거품이 일고 있었고, 다른 방향으로 흐르고 있었어요. 그때 그것이 범람했고 뒤쪽 강으로부터 더 많은 물이 몰려오고 있었고, 집들을 에워싸고 있었어요. 우체국 건물이 위로 올랐다가 물속으로 뒤집히는 것을 봤어요. 몇몇 집들은 부서지고 있었어요. 그렇지만 몇몇은 위로 올라와 떠다니고 있었어요." 이러한 파괴는 신비로운 소리를 동반했다. "나는 그러한 소리를 들어본 적이 없었어요. 그것은 부분적으로 물이 몰려오는 소리였지만 동시에 목재들이 비틀리고 쪼개지는 소리였어요." 5분 만에 80가구의 마을 전체가 물리적으로 뿌리째 뽑혀 까딱거리면서 산이 있는 경계선으로 밀려났다.

고노의 시뮬레이션 및 위험 지도에 있는 것으로는 이러한 것을 준비하지 못했다. "사무실의 사람들은 멍하니 그것을 내려다봤어요. 믿을 수 없었죠. 다른 곳에서 일어나고 있는 일 같았어요. 하지만 그때 나는 '그래, 이거구나. 6미터 쓰나미'라고 생각했어요. 그리고 그것이 끝이라고 생각했어요."

창을 통해 그는 아래쪽 주차장이 검은 물에 휩쓸리는 것을 목격했다. 동시에 엄청난 진동이 건물 전체를 휩쓸었다. 볼 수 없었지만 고노는 무슨 일이 일어났는지 알았다. 1층의 커다란 통유리창이 파도의 압력으로 부서졌고, 파도가 건물의 낮은 부분으로 밀려오고 있었다.

"댐이 터지는 것 같았어요. 책상과 의자, 서류들이 다른 쪽으로 씻겨 사라졌어요. 또 다른 지진이 일어난 것 같았어요. 그것은 다시 건물 전체를 흔들고 있었어요. 천장의 등과 패널이 떨어지고 있었어요."

마을 공무원들과 경찰, 소방수, 학생, 그리고 노인들과 그들의 간호인들은 물이 불어나는 것을 무기력하게 지켜봤다. 고노는 재난 훈련을 기억해내고는 모든 사람에게 건물 내에서 구조적으로 가장 튼튼한 모퉁이 방으로 옮겨 가라고 명했다. 그가 문을 닫았을 때 또 다른 강력한 충격이 있었다. 부하 직원 중 한 명이 달려와 고노에게 무슨 일이 일어났는지 보고했다. 옆에 있는 대형 공회당 지붕이 위로 날아가 지부 사무실과 부딪친 것이었다.

고노는 자신의 책상으로 돌아왔다. 사건들의 속도를 따라잡기 어려웠다. 얼마 전까지 그는 합리적 계획을 수행하는 훈련된 팀을 이끌고 있었다. 이제 그와 그를 둘러싼 모든 사람이 죽음을 직면하고 있었다. 건물 위에 작용하고 있는 힘은 버틸 수 있는 최대치까지 몰고 갔다. 1층은 완전히 물에 잠겼다. 이제 파도는 위층으로 불어 나고 있었다. 검은 물이 엄청난 힘과 함께 주변을 삼키며 부딪쳐오자 고노는 책상 위로 올라갔다. 그때 또 다른 거대한 충격이 있었고 갑자기 그는 밖으로 굴러떨어졌다.

바깥 쪽 세계는 추웠다. 고노는 아주 천천히 떨어지는 느낌이 들었다. 그는 자신이 막 떨어진 곳에서 건물의 모습을 볼 수 있었는데, 모든 창문에서 물이 불어나고 있었다. 그는 또 다른 동료인 아베라는 이름의 남자가 그의 옆쪽 자리로 떨어지고 있는 것을 봤다. 안경 쓴 아베의 놀란 얼굴이 마음속에 새겨졌다. 곧이어 고노는 물속에 잠겼다.

격렬한 안쪽 흐름과 함께 그것은 마구 휘저으며 걷잡을 수 없었다. 고노는 세탁기 안에 있는 것 같았다고 묘사했다. 파도에 꽉 잡혀 움직일 수 없었다. 그는 밑으로 밀려 내려가 아스팔트에 닿은 것을 깨달았다. 주차장 표면이었는데 이제는 그것이 바다 밑이 되었다. 그리고 그는 자신의 생명이 끝나가고 있음을 알았다. "사람들이 말하는 것이 사실이었어요. 가족과 친구들의 얼굴을 보게 된다는 것이 맞았어요. 그게 기억나요. 그 모든 얼굴들요. 마음속의 마지막 말은 '끝이구나. 미안해'였어요. 그것은 두려움과는 다른 감정이었어요. 그저 슬픔과 후회의 솔직한 감정이었죠."

자신의 과거가 흐르는 미술관을 관람하며 고노는 목을, 이어 팔과 다리를 움직일 수 있음을 알게 됐고, 발로 차고 허우적거리면서 앞으로 나아가 수면 위로 올라왔다.

그는 붙잡을 것을 찾았다. 나뭇가지를 손에 쥐게 됐으나 너무 작았다. 그는 그것을 좀 더 두꺼운 나무 목재로 바꿨다. 물 위에서 그는 안경을 쓰지 않은 아베를 알아볼 수 있었는데, 그는 튼튼한 통나무를 붙잡고서 강에서 멀어져 산들을 향해 북쪽으로 흘러가고 있었다. 하지만 고노는 반대 방향으로 돌고 있었는데 한때는 강이었으나 지금은 바다가 된 쪽이었다.

두려워하지 않고 죽음을 대면했었지만 이제는 두려워졌다. "월

풀로 빨려가는 것 같았어요. 계속 아래로 갔어요. 이게 끝이라고 생각했지요. 그런데 그때 왜 그런지 갑자기 풀려났어요. 그리고 나는 느리고 조용한 흐름의 강 중심에 있게 됐어요."

그는 넓은 나무 판을 잡았다. 어느 집의 외벽 부위였는데 회전하는 나뭇가지와 비교하면 안정된 지지대였다. 이것을 잡고서 그는 다시 강둑 쪽으로, 그리고 파도 속에 솟아 있는 산들 쪽으로 계속해서 표류했다. 그는 침수된 제방과 도로가 어디쯤 있는지 대략 알 수 있었다. 얕은 직선 유역에 발을 디디고 안전한 곳으로 헤치며 걷는 것을 상상했다. 하지만 희망이 돌아오려는 즈음에 막 쓰나미가 줄어들기 시작하더니, 몰려오던 파도는 방향을 바꿨다.

고노는 급류에 다시 휩쓸려 강어귀 쪽으로 가고 있음을 깨달았다. 익숙한 랜드마크 건물들이 미친 듯한 속도로 지나갔다. 자신의 사무실 건물 윤곽을 봤는데, 결국 무너지지 않았다. 뗏목을 꼭 붙잡고 고노는 물러가는 물결에 의해 아래쪽으로 흘러가서 강의 벌린 입을 지나 태평양 수평선 쪽으로 떠내려갔다.

그는 시간의 흐름에 대한 감각을 잃었다. 다른 생명체를 보거나 들을 수 없었다. 온 세상이 파도에 굴복해서 자신만이 유일한 생존자인 것 같았다. 그의 방주는 폭 1.8미터에 길이 0.9미터의 목조 벽 조각이었는데, 그는 그것을 반쯤은 붙잡고 반쯤에는 팔다리를 얹고 누웠다. 그것이 그의 생명을 구했다. 조금이라도 더 작고, 조금이라도 덜 튼튼한 지지대였다면 에너지가 금방 소진돼 떨어져 나갔을 것이다. 강에서 바다로 가는 문턱을 넘었음에도 그는 오파만의 넓은 만곡 안에 남아 있었고 계속해서 육지가 보였다. 쓰나미의 첫 번째 거대한 맥박이 그를 뒤로 끌어당긴 후에 다음번에는 위로 불어나 그를 강 위로 다시 끌고 갔다.

고노는 이 여정의 시작점을 지나 전에는 작은 공원이었던 곳으로, 강둑의 높은 지대 아래로 흘러갔다. 파도는 검은색 폭포수처럼 그 위로 쏟아지고 있었다. 그는 위에서 떠다니며 끝에서 불안하게 있었다. 휘몰아치는 폭포수 속에서 의식을 잃을까 두려웠고, 순간적으로 의식을 잃었다. 정신을 차렸을 때 그는 빽빽하게 겹쳐진 쓰레기 더미 위에 매달려 있었다. 그 안에 어느 집의 붉은색 타일 지붕이 있었는데 목재 프레임이 튼튼했고 하나도 상하지 않았다. 그는 그 위로 올라갔고 사무실에서 떨어진 후 처음으로 물 밖으로 나왔다.

그러자 그가 자신의 고난 중에서 가장 무서운 부분이었다고 묘사한 일이 시작됐다. 갑자기 엄청난 추위를 깨닫게 됐다.

"바람이 불기 시작했어요." 그는 말했다. "아주 심한 눈바람이었어요. 너무 추웠죠. 나는 젖은 셔츠만 입었고 재킷이나 신발도 없었어요. 떨기 시작했어요. 산들이 보였어요. 아주 가까웠고 나는 수영을 잘했지만, 너무나 추웠고 거기까지 갈 수 없다는 걸 알았어요. 감각을 느낄 수 없었고, 숫자를 세기 시작했어요. 쓰나미가 돌아와서 나를 다시 바다로 데려가기까지 얼마나 걸릴지 알고 싶었어요. 160까지 세었죠. 그 숫자를 기억해요. 그리고 그때 내가 누워 있던 지붕이 움직이기 시작했어요."

그의 뗏목이 물 위에서 돌고 있을 때 고노는 또다시 의식을 잃기 시작했다. 그러다 잘 안 보이는 시야에도, 그가 잘 알고 있던 장소가 들어왔다. 스즈키 미츠코라는 이름의 노부인의 집이었다. 그녀는 오랜 친구이자 과거에는 지역 간호학교 교사였다. 그녀의 집은 산속 계곡의 비탈 위에 조금 떨어져 지어졌다. 1층은 침수됐지만 2층은 물이 하나도 없었다. 그곳에서 어떤 목소리가 "거기 잘 잡아요!"라고 외치는 것이 들렸다.

스즈키 여사였다. 그녀는 지붕과, 그것을 붙잡고 있는 엎드린 인물을 봤지만 그게 누구인지는 알아보지 못했다. 그리고 이제 그녀의 목소리로 인도되는 것처럼 떠다니는 지붕은 그녀의 집으로 움직여갔다. 곧 멈춰 섰고 그녀의 현관문에 바짝 들러붙었다.

노부인의 얼굴이 그를 내려다봤다. "데루오!"라고 그녀는 말했다. "여기서 뭐하고 있니? 올라와, 올라와!"

"나는 할 수 없어요. 스즈키 아주머니⋯." 고노는 말했다. "힘이 없어요."

"무슨 말을 하는 거니? 힘이 없다고? 그냥 올라와."

파도가 다시 몰려와 지붕을 다시 집에서 끌고 가고 있었다. 그것은 고노의 마지막 기회였다. 그는 자신을 힘껏 위로 올려, 떨어진 전선줄 더미 안으로 들어갔다. "전선줄에 감겼어요"라고 그는 말했다. "나는 그것들을 꼭 붙잡았어요. 그러고는 현관문을 통해 그녀의 집으로 수영해 갔어요. 캄캄했어요. 스즈키 부인은 위층에 있었어요. 그녀는 내 이름을 부르고 있었고 회중전등을 비추고 있었어요. 어떻게 했는지 모르겠어요. 그 모든 기억을 잃었지만 2층에 올라갔어요."

5시가 지나서였다. 고노는 물속에서 2시간 30분 이상을 보냈다. 그는 익사를 면했지만 이제는 저체온증으로 죽어가고 있었다. 그러한 증세와 관련된 광기를 보이기 시작했다. 극심한 탈진에도 불구하고 그녀의 서랍장과 찬장을 당겨 열어 안에 있는 물건들을 바닥으로 내던지고 마른 옷을 찾아 뒤지는 등 그가 얼마나 미친 사람처럼 행동했는지 스즈키 부인은 나중에 말해줬다. 나이 든 선생님은 그를 진정시키고, 옷을 벗기고, 침대에 눕히고, 따뜻하게 문질러줬다. 고노는 이것을 하나도 기억하지 못했다. 그는 자신이 '황금의 손'이라고 부른 것만을 의식했다. "그것은 스즈키 부인의 손이었어요. 하지만 동시에 부처님의 손이었어요. 곡선이었고 부드럽고 따뜻했어요. 나는 그 시간 동안 그녀를 실제로 보지는 못했어요. 눈을 뜰 수 없었어요. 그렇지만 나는 황금의 손과 함께 부드럽고 둥그런 부처를 보았어요."

이튿날 아침 그는 걱정으로 놀라 급하게 일어났다. 스즈키 부인의 창에서 그는 파도가 물러가는 것을 볼 수 있었다. 그녀의 걱정에 찬 간청을 뒤로 한 채 그는 마을 청사로 향했다. 그곳에 대피하고 있는 사람들, 자신이 안전한 방으로 인도했던 그 사람들을 찾고 싶었다. 노부인의 집에서 수백 미터 거리였다. 슬리퍼를 신고서 눈과 쓰레기를 헤치며 걸으니 한 시간이 걸렸다. 그는 사무실이 보이는 곳에서 위로 올라갔고, 곧이어 최악의 일이 일어났음을 알게 됐다.

건물 자체는 떡 벌어진 뼈대였다. 그 주위에 시신들이 흩뿌려져 있었다. 반쯤은 진흙 웅덩이에 잠기고 철책 위에 걸려 있었다. 가장 무서운 것은 완전한 침묵이었다. "그것은 소리가 없는, 어떤 소리도 전혀 없는 세상이었어요." 고노는 말했다. "나는 공포로 떨고 있었어요."

마을 청사의 유일한 생존자는 산으로 떠밀려 올라갔고 안전하게 구조됐다. 다른 모든 사람, 그러니까 경찰관들, 소방수들, 아이들, 그리고 지팡이와 휠체어로 온 노인들은 다 죽었다. 산을 향해 흘러가던 아베는 살아서 도착했다. 그러나 그곳에서 그는 기운이 빠져 밤 동안의 노출로 사망했다.

그토록 많은 사람이 죽은 가운데 무엇이 고노를 살렸을까? 신체적 체력이나 정신적 의지였을까? 아니면 물속으로 뛰어들기 전에 쉰 마지막 깊은 숨이 행운의 타이밍이었을까? 그의 몸은 물속의 물체와 부딪쳐 생긴 멍 자국으로 시커맸지만 얼굴은 멀쩡했다. 가장 심한 부상은 손가락 세 개 골절이었다. 그는 즉시 업무에 복귀해 피난민들을 조직했고 시신들을 확인했고 유가족들을 위로했다.

이러한 일들은 그러한 경험을 겪지 않았던 사람에게도 끔찍하고 힘든 과업이었다. 그러나 고노는 자신이 정신적 고통에 무감하고, 어떠한 종류의 두려움도 없음을 알게 됐다. 삶이든 죽음이든 두려움이 없었다. 위험한 질병에 걸렸다가 미래의 감염에 완전한 면역을 얻고 살아난 사람 같았다. 자신의 죽을 가능성—지금이든, 잠시 후든, 혹은 먼 미래든—은 그에게 전혀 관심사가 아니었다.

삼도천

　다다노 데츠야는 진흙으로 눈이 안 보이고 쓰나미 소리가 귀에 가득한 가운데 산에 도달했다. 쓰레기 잔해와, 그의 위에서 몸무게를 움직이고 있는 다른 무엇, 꿈틀거리고 살아 있는 어떤 것 때문에 팔다리를 움직일 수 없었다. 그것은 다카하시 고헤이였다. 데츠야의 친구이자 5학년 급우였다. 고헤이의 생명은 가정용 냉장고 덕에 구해졌다. 그가 물속에서 허우적거리고 있을 때 냉장고가 문이 열린 채 떠 있었고, 그는 몸부림쳐서 그 위에 보트처럼 올라탔다. 그리고 거기서 자신의 친구 등 위로 던져졌다. "도와줘! 네 밑에 내가 있어"라고 데츠야는 소리쳤다. 고헤이는 그를 끌어 풀어줬다. 가파른 기슭 위에 서서 두 소년은 아래쪽 광경을 바라보았다.

　데츠야에게 처음 든 생각은 자신과 친구가 이미 죽었다는 것이었다. 그는 미친 듯이 격렬한 파도를 삼도천—저승의 강인 스틱스의 일본판—이라고 생각했다. 착하게 산 사람들은 그 강을 다리로 안전하게 건넜다. 악인들은 용이 들끓는 파도 속에 운을 맡겼다. 악

오카와에서 무슨 일이 일어났는가

하지도 선하지도 않은 순수한 아이들은 자비하신 부처에 의지하여 그들의 길을 갔고 마녀와 악마의 약탈로부터 보호받았다.

"나는 죽었다고 생각했어요." 데츠야가 말했다. "죽어서 삼도 천으로. 그러나 그때 기타카미 신대교와 교통섬이 나왔어요. 그리하여 나는 여기가 가마야일지도 모른다고 생각했어요."

물러간 파도가 다시 산 쪽으로 불어나기 시작했다. 두 소년은 비탈 위를 비틀거리며 올랐다. 데츠야의 얼굴은 검게 멍이 들었다. 쓰나미의 격동 속에서 잘 맞지 않는 그의 헬멧 끈이 꼬였고, 그의 눈에 아프게 파고들었다. 그의 시력은 여러 주 동안 영향을 받았고, 그는 아래쪽 물에서 일어나는 일을 희미하게만 볼 수 있었다.

고헤이는 왼쪽 팔목이 부러졌고, 피부는 가시에 찔렸다. 그렇지만 시력은 상하지 않았다. 학교와 친구들의 운명에 대해 보이는 것을 그는 다 봤다. 그는 그것을 공개적으로 말하려 하지 않았다.

데츠야는 고헤이의 얼굴 위에서 멍한 졸린 표정이 흐르는 것을 눈치챘다. "버텨야 해, 내 생각엔 위험해." 데츠야는 말했다. "나를 구한 그를 내 앞에서 죽어가게 할 수 없었어요." 하지만 그의 친구는 이 세상으로부터 점점 멀어져가고 있었다. 데츠야의 마음도 흔들리며 방황하기 시작했다. 심지어 그는 그날이 무슨 날인지 기억하려고 애썼다. 여동생도 학교 운동장에 있었다. 애매한 볼일 때문에 사라진 엄마는 거기 어딘가에 있을 것이다. 그는 일본 자위대 군인에 대해 생각했다. 분명히 지금쯤이면 그들이 오고 있을 것이다. 그는 군인들에게 도와달라고 소리쳤다. "그렇지만 그들은 오지 않았어요"라고 데츠야는 기억했다. "그리고 내가 이 모든 것을 생각하는 동안, 고헤이는 잠들었어요."

　확성기가 대피경보를 요란히 울리는 가운데, 오이카와 도시노부와 마을 청사의 동료들은 가마야에서 나와 대교 반대편의 교통섬으로 올라갔다. 놀랍게도 차들이 반대편 방향에서 마을 쪽으로, 쓰나미가 오는 쪽으로 오고 있었다. 그들은 운전자들을 돌려보내는 검문소를 세우기 위해 도로 옆쪽에 차를 세웠다. 그들이 주차하자마자 파도가 제방 위로 쏟아지기 시작했다.

　"마치 폭포수처럼 우리 위로 떨어졌어요." 오이카와는 말했다. "우리는 도망쳤습니다. 생각할 시간이 없었죠." 유일하게 안전한 장소는 학교 바로 뒤에 있는 산의 가파른 비탈이었다. 그들 중 네 명이 그곳에 도착했고 단 몇 초 만에 계속 기어 올라갔다. 사토 유키노리라는 한 남자가 파도에 잡혔지만 동료들이 잡아서 끌어냈다. 여섯 번째 남자 스가와라 히데유키는 차 안에 갇혔고 파도에 의해 멀리 흘러가 다시는 살아서 보지 못했다.

　산비탈 쪽에서 그들은 쓰나미가 도로와 교통섬을 집어삼키는 것을 봤다. 그곳은 교감인 이시자카가 택했던 대피 장소였다. 교사나 학생 중 누군가가 거기에 도착했다 해도 그곳에서 9미터의 파도 아래 죽었을 것이다. 오이카와는 쓰나미가 소나무 숲에 쏟아진 후 이동했던 거리와 소요된 시간을 계산하여 속도를 계산했다. 시간당 64킬로미터 이상이었다. 파도에 의해 옮겨진 소나무들은 파괴력이 엄청나게 증가해서 만나는 모든 것을 때려 부수는 18미터 길이의 공격용 망치 같았다. 그 나무들은 다리와 만난 곳에서 몸통이 다리 아치에 걸렸고, 그리하여 다리를 일종의 댐으로 만들어 쓰나미의 흐름을 제방 하류 위로, 다시 말해 가마야로 돌렸다. "그로 인해 훨씬 안 좋게 됐어요." 오이카와가 말했다. "물론 다리 아래에는 여전히 물이 있었죠. 그러나 나무 장벽은 물을 뒤로 밀었죠. 마을과 학교 위로요."

제방 건축은 퀄리티가 동일하지 않았다. 곳곳에서 아이의 모래성처럼 제방이 유실됐고 이로 인해 그 뒤에 있는 집들이 완전히 물에 노출됐다. 마가키 읍이 그 운명을 겪었다. "우리와 함께 있었던 사토 씨는 마가키에 살았습니다"라고 오이카와는 기억했다. "그는 자신의 집이 떠내려가는 것을 보았습니다. 부모님, 딸, 손녀가 집 안에 있었지요. 그는 그들 모두를 잃었죠, 그는 '우리 집, 우리 집!'이라고 외치고 비명을 질렀어요."

사토는 비디오카메라를 갖고 있었고, 어느 순간 카메라를 켰다. 118초의 영상[36]이 오카와 지역에 범람한 쓰나미의 유일한 촬영물이었다. 고통받는 카메라맨의 손에서 영상은 검은 강과 다리의 녹색 대들보, 그리고 이미 집 한 채로 줄어든 마가키 사이에서 앞뒤로 옮겨갔다. 갑자기 카메라가 나무와 하늘 위를 가리키고 있었다. 그리고 마른 풀 줄기 사이에서 땅 위가 보였다. 이제 막 가족을 잃은 사토의 목소리가 "학교는 괜찮아요? 학교는 어떤가요?"라고 외치는 것을 그는 들을 수 있었다.

흠뻑 젖은 옷을 입고 떨면서 사토는 자신의 동료 한 사람과 함께 산의 먼 쪽 아래로 내려갔다. 오이카와가 이끄는 나머지 세 명은 생존자들을 찾아 산 위로 올라갔다. 장갑도 끼지 않은 손을 비비며 그들은 나무 사이를 보면서 큰 소리로 외쳤다. 마침내 그들의 외침에 강한 목소리가 대답했다. 대피하던 아이들을 지나 산으로 올라갔던 다카하시 가즈오의 목소리였다.

다카하시는 사납고 화를 잘 내는 노인이었다. 후일 그의 경험을 물으러 방문한 기자들도 쫓겨났다. 그는 그것을 듣는 데 관심이 없었다. 하지만 그는 그날의 영웅 중 한 명이었다. 여섯 명의 생명이 육지와 파도가 만나는 지점에서 그에 의해 구조됐다.

산에 올라갔을 때 쓰나미가 그를 따라잡았다. 그렇지만 그는 힘차게 쓰나미보다 앞서 나갔다. 그는 주변에서 비명소리를 들었고 한 소리는 바로 가까운 곳에서였다. 그곳으로 달려가보니 떠다니는 쓰레기에 갇힌 어린 소녀를 구하려고 하는 한 여성을 발견했다. 다카하시는 자신의 안전한 상황을 뒤로한 채 물 아래로 내려가 소녀를 끌어올렸다. 오카와 초등학교 1학년생인 스즈키 나나로 쓰나미에서 살아남은 아이들 중에서 가장 어렸다. 산 끝자락을 따라 걸으며 다카하시는 다섯 명을 더 안전하게 구했는데 대부분은 노인들이었다.

그는 생존자들을 산 위 빈터로 인도했는데, 그들은 떨면서 그곳에 머물렀다. 담배 라이터를 꺼내 작은 대나무 가지와 조각으로 불을 붙였다. 간혹 사람의 소리가 나무 사이에서 들려왔고 다카하시는 그들을 찾아 행진했다. 오이카와 팀과 합쳐진 후 그들은 데츠야와 고헤이를 찾았고, 소리를 내며 타는 불 주위에 그들을 앉혔다.

모두 합해서 14명이 그곳에 모였다. 이제는 완전히 캄캄하고 눈이 오고 매우 추웠다. 생존자 대부분은 젖은 옷을 입고 있었고, 노인 한 명은 맨발이었다. 아무도 말을 많이 하지 않았다. 그들은 서리가 긴 잔가지로 불을 땠다. 불 가까운 곳에 나뭇가지를 세웠고 젖은 옷가지를 걸쳤다. 눈물이나 히스테리 같은 것은 없었다. 하지만 서로 격려하려는 시도라든지 기운을 차리기 위한 노래 같은 것도 없었다. 산 위에 있는 모든 사람의 마음은 함께하지 못한 사람들, 아직도 저 아래 어딘가에 있을 부모님과 조부모님, 자녀와 손자들, 형제자매와 배우자들에게 향했다.

생존자 중에는 60대 부부가 있었는데 그들은 쓰나미로 흠뻑 젖었다. 그 여성은 오이카와가 화려한 검은 인형이라고 생각했던 물체를 꼭 붙잡고 있었다. 곧이어 그는 그 인형이 힘없이 움직이는 것을 봤다. 그것은 작은 개였는데 하얀색으로 물속에 들어가 고약한 냄새를 풍기는 진흙으로 염색되어 나왔다. "개도 우리가 입은 셔츠와 똑같네요"라고 오이카와가 말했다. "쓰나미 안에서는 모든 하얀 것이 검게 되네요."

여인의 남편은 눈에 보이는 상처는 없었지만, 심각한 내부 부상을 입은 것이 분명했다. 그는 전혀 말을 할 수 없었다. 처음부터 그의 호흡은 얕았고 고통스러웠다. 산 위에 있는 사람 누구도 의료 전문지식이 없었고, 그는 급하게 도움을 필요로 했다. 주도로는 수백 미터 멀리 떨어져 있었다. 이리가마야 마을까지는 1.6킬로미터가 안 되었다. 그러나 장애물들이 흩어져 있고 얼음으로 미끄러운 숲속인 데다 칠흑같이 어두웠다. 산 위의 모든 남자와 여자들은 각자 추위를 이겨내는 데 완전히 몰두해 있었다. 불을 떠난다는 생각은 심하게 부상당한 남자를 위한 도움을 구하러 가기 위해서라 해도 견디기 어려운 것이었다. 그들은 그를 불 옆에 눕히고 따뜻하게 해주려고 했다. 새벽 3시경에 그의 헐떡거림이 갑자기 멈췄다.

"아무도 그 사실에 당황하지 않았어요." 오이카와가 말했다. "심지어 그의 부인조차 많이 슬퍼하지 않았어요. 모두 간신히 살아남은 상황에서는 그러한 일, 그러니까 죽음도 두렵지 않았어요." 눈이 꾸준히 엄청나게 내리고 있었고, 땅은 얼어 있었다. 데츠야와 다른 두 명의 아이들은 차가운 땅 위에서 잠이 들었다. "보통이라면 그러지 못하게 막았을 겁니다." 오이카와가 말했다. "그러한 추위 속에 아이가 잠에 빠지는 것은 막았을 겁니다. 그렇지만 우리는 애들이 잠자게 놔뒀어요."

6시쯤 해가 떴다. 세 명의 아이들과 개, 그리고 살아남은 남자와 여자들은 움직여서 땅에서 일어났다. 파도 최고 수위 선에서 누군가 밀감 한 개와 커스터드 크림 한 통을 발견했고, 아이들이 나눠 먹었다. 아무도 시체를 옮길 힘이 없었고, 시체는 산 위에서 그들 뒤에 있었다. 그들은 도로로 내려가 길을 따라 이리가마야로 갔다. 모든 지역에서 피난민들이 그곳에 모여들고 있었다. 거기서 그들은 또 다른 생존자인 엔도 준지를 만났다. 그는 학교에서 무슨 일이 있었는지 분명 알고 있는, 살아남은 유일한 교사였다.

4

보이지 않는 괴물

거미줄에

내가 도쿄에서 처음 살았던 곳은 태평양 끝부분을 매립한 항구 섬이었다. 그곳에서 지낸 지 2주일이 채 안 됐을 때 내가 겪은 첫 번째 지진이 일어났다. 아직 자고 있었을 때 진동이 지나갔고 나의 의식적인 마음 위에 미약한 흔적을 남겼다. 갑작스러운 불면, 일시적 불안감이 연기처럼 퍼져 나갔다. 나는 그 이유를 알지 못한 채 일어났다. 불을 켜고 앉아야 한다는 긴급한 필요성을 느꼈다. 낯선 도시의 외로운 외국인같이 느껴졌다.

내가 머물고 있는 곳의 일본 가족은 아침 식사를 하며 내게 지진에 대해 말했다. 어젯밤의 진동은 약한 것이지만 일반적이지 않았다고 했다. 단 한 번의 흔들림만 있었기 때문이었다. 보통은 지진이 계속 이어지곤 했는데, 갑작스러운 이번 지진은 지표면의 움직임이 불완전해서 다른 지진이 더 올 것임을 시사했다. 그들은 항상, 최소한 몇 주에 한 번씩 지진이 있다고 말했는데, 일부는 혼동할 여지가 없고 일부는 도시의 일상적인 울림—건설공사, 지나가는 트럭,

지하철의 진동—과 분별하기 어렵다고 했다. 경보가 울렸던 마지막 지진은 6개월 전이었다. 아파트 건물의 모든 연결 부위가 삐걱거렸고, 천장의 등은 미친 듯이 흔들렸고, 이웃들은 놀라서 울부짖었다. 그리고 어느 날 물론 아주 큰 지진이 있을 것이다. 전쟁 전에 도쿄와 요코하마를 뒤흔들고 엄청나게 많은 사람을 죽인 화재를 일으킨 관동 대지진의 복제판일지도 모른다. 도쿄 지진은 일정한 주기로 일어났었고, 다음 번 지진은 이미 기한이 지난 상태였다.

나는 이것을 알고 있었다. 일본에 온 모든 사람은 이러한 정보를 도착한 지 며칠 만에 듣는다. 도쿄에 대해 가장 먼저 알게 되는 것은 이 도시가 아주 오랫동안 계속 그곳에 있지는 않을 것이라는 점이다.

내 친구들은 수다스러운 활기를 띠고 말했다. 이렇게 무서운 정보를 처음 도착한 사람에게 전하는 데는 분명 짓궂은 기쁨이 있었으리라. 그들은 일종의 짜증나는 즐거움으로, 반면 명백한 놀람이나 두려움은 없이 말했다. 지진, 인간 생명의 대형 파괴, 도시의 소멸은 거센 소나기나 대형 폭설보다 더 걱정스러운 주제가 아니었다. 아침식사의 활발한 대화 소재였다.

앞으로 몇 년 후 언젠가는 강력한 지진이 도쿄를 강타해서 도시의 넓은 지역을 파괴하고 수만 명을 죽일 화재와 쓰나미를 일으킬 것이라고 널리 알려져왔다. 근거는 간단하다. 도쿄, 요코하마, 그리고 관서가 하나의 거대도시로 합쳐져 있는 관동 평지는 수세기 동안 60년 혹은 70년마다 거대한 지진에 의해 파괴돼왔다. 14만 명을 죽인 마지막 지진은 1923년에 일어났다. 지진학자들은 사실 이렇게 간단하지는 않다고 지적한다.[38] 과거 도쿄의 지진은 다른 단층에서, 상호 분리되고 중복적인 주기로 일어났으며, 수백 년 동안의 표본만으로는 어쨌든 하나의 패턴을 추출하기엔 부족하다는 것이다. 그들은 저마다 각기 미묘하게 다른 이유를 들며 하나의 결론에 동의한다. 즉, 광범위한 파괴는 불가피하며 지질학적 용어로는 임박했다는 것이다.

자연재해에 대해 이야기할 때 대규모 사상자 숫자는 금방 비현실적 느낌을 갖게 한다. 좀 더 멀리 보자면 두 번의 원자폭탄 피해자들을 생각해보자. 1945년 8월 히로시마에서 7만 명이 한꺼번에 사망했고, 그해 말까지 6만 명이 부상 및 방사능 병으로 더 사망했다. 나가사키 폭탄은 덜 파괴적이어서, 합쳐서 약 7만4000명이 사망했다. 2004년 일본 정부는 도쿄의 지진이 히로시마의 10분의 1인 1만3000명 정도를 죽일 수 있다고 예측했다.[39] 6년 후에 한 단층에서 발생한 진동이 2개의 지진을 유발하는 시나리오를 연구해[40] 결국 전국적으로 나가사키의 3분의 1인 2만4700명이 사망할 수 있다고 결론 내렸다. 도호쿠 재난 이후의 예측은 더 우울하거나 더 현실적이 됐다. 2012년의 새로운 연구는 난카이 해역에서 발생한 지진과 쓰나미[41]로 남중앙 태평양 연안의 32만3000명이 사망하고 62만3000명이 부상을 입을 수 있다고 예측했다.

이것은 괴짜들이나 활동가들의 추측이 아니라, 불필요한 걱정을 본능적으로 싫어하는 아주 신중한 조직인 일본 내각에서 시행한 연구의 결과이다. 이 연구조사는 일본이 개발해온 많은 예방 및 보호대책—튼튼한 건물, 방파제, 그리고 정기적인 대피 훈련—을 고려했다. 이 모든 것에도 불구하고 결론은 아주 무서웠다. 즉, 언제든 일어날 수 있는 난카이 지진은 4개의 원자폭탄보다 더 많은 사람을 죽일 수 있다는 것이었다.

매일의 삶에서 이 같은 지식을 갖고 산다는 것은 어떠할까? 지진 선고를 받고 사는 사람들의 머릿속에는 무엇이 있을까?

며칠에 한 번씩, 때로는 몇 시간마다, 특히 이 도시의 새롭거나 낯선 지역에 있을 때면 반복되는 질문이 떠오른다. 고가도로 위에서 차 안에 앉아 있거나 지하 쇼핑센터를 걸으며 당신은 놀라서라기보다 호기심에서 스스로 묻는다. 대지진이 지금 일어난다면 어떻게 될까? 고가도로 아래의 기둥은 충분히 튼튼한가? 저 통유리창은 견딜까? 오래된 건물 위에 있는 크고 녹슨 물탱크는 어떻게 될까? 주거지를 구하는 것은 아주 분명하게 상황을 결정짓는다. 첫 번째 질문은 이 아파트가 편리한 곳에 위치했고, 설비를 잘 갖추었고, 적당한 가격인지다. 두 번째 질문은 땅이 흔들리기 시작하면 집이 나를 깔려 죽게 할 것인지다.

대부분의 현대 건물의 경우, 답은 '아니다'이다. 2011년 3월 재난의 예기치 못한 영향 중 하나는 지진에 대한 걱정이 줄었다는 것이었다. 진앙지와 가장 가까운 도시인 센다이에서조차 진동 자체가 야기한 피해는 매우 작았다. 건물에 금이 가거나 유리창이 깨졌다. 역의 메인 홀 천장이 일부 떨어졌다. 그리고 도시 외곽에서 오래된 집들, 특히 산 근처에 지어진 집들이 주저앉아 토대 위로 무너졌다.

하지만 대형 화재는 없었다. 붕괴될 뻔한 대형 현대 건물은 없었으며 대부분 심각한 피해를 입지 않았다.

다시 말해 지진이 야기한 재난에서 극소수의 희생자만이 지진 자체로 인해 사망했다. 99퍼센트 이상, 즉 1만8500명 중에서 1만 8400명은 물속에서 사망했다.[42] 그리고 쓰나미에서 살아남기 위해서는 튼튼한 건물 안에 있는 것으로는 충분치 않다. 건물은 또한 높아야 했다. 지진이 일어나는 동안 야외—예를 들어 드넓은 해안가—는 있기에 가장 안전한 장소이다. 하지만 쓰나미의 경우라면 그러한 노출은 치명적이다. 하나의 위협이 줄어들고 또 다른 위협이 나타났을 때 정신적인 재조정이 일어난다. 안전에 관한 전반적인 느낌에는 나아진 것이 없었다. 2011년 3월을 겪은 사람들은 화재와 지진의 직접적 영향에 관한 일련의 상상들을, 익사하여 죽는 새로운 정신적 이미지들로 바꿨을 뿐이었다.

나는 고지대의 튼튼한 건물들에서 살고 일한다. 나의 집과 사무실, 아이들의 학교는 심하게 흔들리면 구조적으로 피해를 입을 수 있고 심지어 사람이 살 수 없게 될지도 모르지만, 무너지거나 침수되지는 않을 것 같다. 일본의 부유함과 발전된 기술은 전 세계 어느 곳보다 재난으로부터 잘 보호해준다. 하지만 한 개인의 안전은 그 순간이 왔을 때 자신이 어디에 있는지에 전적으로 달려 있다.

어느 날 밤 도쿄에서 저녁식사를 하며 나는 친구들과 대형 지진 시 최악의 장소에 대해 토론했다. 우리 중 한 사람이 도쿄 모노레일을 말했다. 철과 콘크리트로 된 얇은 띠 모양이었는데 그 위에서 기차들이 공항에서부터 시의 남쪽 화학 및 오일 탱크 위를 높이

미끄러지듯 운행했다. 다른 누군가는 균열이 일어나고 있는 터널과 암흑 속에서 지하철에 갇히는 상상을 했다. 나의 공포증은 큰 도로를 가로지르는 연약한 인도교였는데, 가끔은 아래의 6차선 도로와 위의 고가 사이에 끼이는 것이었다. 하지만 이야기를 하면서 나는 우리가 앉아 있는 식당에 대해 깨닫게 됐다. 그곳은 오래된 건물의 8층에 있는 어둡고 좁은 방이었다. 카운터 뒤로는 셰프가 30센티미터 높이의 불꽃 기둥이 타오르는 팬에 경쾌하게 오일을 붓고 있었다. 파티션과 문, 우리가 앉아 있는 매트는 나무와 종이, 골풀로 만들어져 있었다.

'자신들이 언제든 산 채로 구워지거나 가스 중독으로 죽거나 산사태 혹은 자신의 집 붕괴로 매장될 수 있다는 사실이 왜 사람들을 더 당혹시키지 않을까?'[43]라고 언론인 피터 팝햄Peter Popham이 물었다. 도쿄 사람들은 전 세계 다른 곳에서 그러는 것과 똑같은 이유로 종종 도시를 떠나거나 미치거나 자살한다. 하지만 아무도 지진에 대해 화내지 않았다. 왜 그럴까? 그러한 위태로움과 함께 존재한다는 것이 무의식에, 혹은 영혼에 무슨 역할을 할까?

처음 일본에 살았을 때 나는 열여덟 살이었다. 나는 진기함과 모험을 찾아 일본에 왔었다. 나는 정확히 지진 같은 흥분을 찾아서 왔다. 그것들 또한 내가 그토록 강렬히 경험하고 있는 도시에 대해 무엇인가를 설명하고 있는 것 같았다. 나는 일본어를 못했고 일본에 아는 사람이 거의 없었다. 거대하고 이해할 수 없는 도쿄는 나의 외로움 안에 있는 무언가에 답을 했다. 나는 도쿄만 외곽에 머물고

있던 일본 가족을 떠나 교외에 방을 구했고 영어 회화 학교에 취업
했다. 아침 열차에서 나는 일본 교과서의 표의문자를 보았다. 저녁
은 문에 붉은 등을 단 바에서 친구들과 보냈다. 그들 대부분은 나처
럼 일시 여행 중이고 속박받지 않는 외국인이었다. 집으로 가는 마
지막 열차에서 나는 일본 소녀들과 미소를 교환했다. 일본 '거품' 경
제의 최고점에 가까운 때였고, 그리하여 도쿄가 잠시 역사상 가장
부유한 도시였던 순간이었다. 돈의 힘은 오랜 이웃동네를 해체해
철과 유리로 다시 짓게 했다. 내가 살았던 도시는 전구 안의 필라멘
트처럼 눈부셨고, 티슈 종이처럼 얇았다. 나의 흥분 속에 도시는 물
리적으로 전율하고 있으며 동시에 어느 순간이라도 무너져 내릴 수
있는 장소처럼 느껴졌다. 이것이 문자 그대로 사실임을 알게 되는
것이 아주 적절해 보였다.

'위험에 둔감하기는커녕,[44] 위험을 강하게 인식하는 것이 도쿄
사람들의 삶에 색조와 활력을 준다'라고 같은 기간 동안 팝햄은 썼
다. 세계 역사상 가장 정교하고 잘 기름 쳐진 기계의 톱니가 된다는
만족감은 그 기계가 깊은 혼돈 위에 위치하고 있음을 앎으로 인해
거의 에로틱한 반전을 가져온다. 그는 도쿄는 스스로를 구할 힘이
없으며, 다른 도시의 핵 악몽을 제외하고는 모든 것을 뛰어넘는 생
명의 파괴와 상실과 아주 깊게 화해했다고 결론지었다.

"나는 이제 거미줄 도시 옥타비아가 어떻게 만들어졌는지 말
하겠다"[45]라고 이탈로 칼비노의 〈보이지 않는 도시들〉*에서 쿠빌라
이 칸은 말한다.

두 개의 가파른 산 사이에 벼랑이 있다. 그 도시는 빈 공간 위에 있고, 로프와 체인, 좁은 통로로 산마루에 묶여 있다. 당신은 작은 나무 끈 위로 걸을 수 있다. 당신의 발이 빈 땅에 닿지 않도록 조심해야 한다. 아니면 당신은 대마 줄에 매달려야 한다. 아래는 수십 미터까지 아무것도 없다. 구름 몇 개가 조용히 지나갈 뿐이다. 더 아래로 당신은 골짜기의 바닥을 얼핏 볼 수 있을 것이다.

이것이 도시의 기초이다. 바로 통로와 버팀대 역할을 하는 그물이다. 모든 나머지는 위로 올라가는 대신에 아래로 펼쳐진다. 줄사다리, 해먹, 자루처럼 만들어진 집, 옷걸이, 곤돌라 같은 테라스, 물의 더께, 가스등, 곳, 끈 달린 바구니, 요리 운반용 승강기, 샤워기, 공중그네, 그리고 아이들 게임용 반지, 케이블카, 샹들리에, 덩굴식물 화병들이다.

혼돈 위에 매달려 있는 옥타비아 주민의 삶은 다른 도시에서보다는 덜 불확실하다. 그들은 그 그물이 잠시 동안 계속되리라는 것을 알고 있다.

지진이 당신의 꿈 안으로 들어온다. 하지만 그 의미는 당신이 나이 들어감에 따라 변한다. 젊었을 때 나는 도쿄의 허무한 분위기는 피할 수 없는 운명의 결과라는 생각에 들떴다. 하지만 모든 것이 무너져 내리는 그러한 느낌, 중심이 계속될 수 없다는 확신은 미숙

---

* 베네치아의 젊은 여행자 마르코 폴로와 황혼기에 접어든 타타르 제국의 황제 쿠빌라이가 나누는 대화를 담은, 1972년 발표된 소설.(옮긴이)

한 생각이다. 사실, 물론 긴장감과 불안감은 도시에서 오는 것이 아니라 내 안에서 오는 것이기 때문이다.

지진은 모든 인간이 직면하는 일, 즉 죽음의 지극히 평범한 불가피성이기도 하다. 우리는 그것이 언제 올지 모른다. 하지만 언젠가 온다는 것을 안다. 우리는 정교하고 기발한 대책에 숨는다. 하지만 결국에는 그 모든 것이 헛되다. 우리가 죽음에 대해 생각하지 않을 때조차도 우리는 죽음을 생각한다. 잠시 후면 그것은 우리가 누구인지를 정의할 것이다. 그것은 나이 든 사람에게 더 자주 오지만, 우리는 그것이 젊은이들 또한 앗아갈 때 그것을 가장 잔인하게 느낀다.

"어떤 사람들은 도저히 말로 표현할 수 없었어요"라고 히라츠카 나오미는 말했다. "그들은 그저 '얼마나 끔찍했겠어요'라고 중얼거렸어요. 그리고 끝이었어요. 그들이 공감을 느끼지 못했기 때문은 아니었어요. 그들은 그저 표현할 방법이 없었어요. 그리고 나는 똑같은 문장을 계속 다시 듣는 데 신물이 났어요. 그런데 그때 그것에 대해 아무것도 알지 못하는 척하는 사람들을 만났어요. 그들에게는 그것을 그저 무시하고 없어지길 희망하는 것이 더 쉬웠죠. 그러한 사람들과 특별히 이야기하고 싶은 것은 아니었어요."

그녀는 잠시 멈추고는 자기들끼리만 아는 농담을 할 때처럼 미소 지었다. "문제는 누군가 그 일을 전혀 언급하지 않는다면, 나는 '왜지?'라고 생각한다는 것입니다. 하지만 그들에게 동정심이 가득한 것도 나는 좋아하지 않습니다. 나는 매일매일 삶을 살아갑니다.

나는 항상 울면서 자신에 대해 연민을 느끼지는 않습니다. 때때로 현장에서 발굴을 할 때도 우리는 뭔가에 대해 수다 떨고 웃습니다. 그리고 우리가 웃는 것을 사람들이 본다는 것을 의식하고 있지요. 나는 그러한 일들을 걱정할 필요가 없어야 합니다. 그렇지요? 하지만 그러기가 매우 어렵습니다."

슬픔을 사소하고 일시적인 것에 대해 마음을 정리하고 본질을 분명하게 해주는, 고상하고 순수한 감정으로 상상하기는 쉽다. 하지만 슬픔은 사실 머리를 한 대 맞거나 심한 병에 걸린 것이 그러하듯이 아무것도 해결할 수 없다. 그것은 스트레스와 문제를 악화시킨다. 걱정과 긴장감을 증폭한다.

쓰나미의 생존자로부터 나는 모든 사람의 슬픔이 다르며, 상실의 상황에 따라 작고 세밀한 방법으로 다르다는 것을 알게 됐다. "첫째는 이것이었어요." 나오미는 말했다. "당신은 자녀를 잃었나요? 아니면 당신의 자녀는 살았나요? 그것이 사람들을 즉시 산 아이들과 죽은 아이들로 나눴어요." 학교의 학생 108명 중에서 34명은 제때 부모가 데리러 왔거나 기적적으로 파도에서 빠져 나온 덕에 살아남았다. 생존에 따른 공포—마을의 파괴, 그토록 많은 친구들의 죽음—는 과소평가될 것은 아니었다. 그렇지만 자녀가 죽은 사람들의 눈에 생존자 가족은 거의 견딜 수 없이 엄청난 행운의 수혜자들이었다.

"자녀를 잃은 사람들 중 몇몇은 자녀가 생존한 사람들과 대화할 수 없었어요." 나오미는 말했다. "어떤 면에서 가까운 사람들이 더 힘들어요." 나오미는 학교에서 자녀들을 데리고 간 덕에 아이들이 무사했던 한 엄마를 알았다. 그녀의 이웃은 그렇지 못했고 그 자녀들은 사망했다. "그래서 그 이웃이 그녀에게 '왜? 왜 내 아이들도 데려오지 않았나요?'라고 말했죠. 물론, 그렇게 될 수 없었어요. 학교는 규칙이 있고, 그것은 허락되지 않았을 거예요. 그러나 그러한 것이 한번 말해지면, 그 우정은 끝납니다."

유가족 중에서도 슬픔의 농도가 달랐다. 바깥쪽에 있는 색이 잘 구별되지 않는 검은색 스펙트럼같이 말이다. 그것은 결국 냉정한 질문이 됐다. 파도가 물러갔을 때 당신에게는 얼마나 남았는가? 시토 사요미는 사랑하는 딸 지사토를 잃었다. 지사토의 언니와 오빠 두 명, 남편, 대가족, 그리고 그녀의 집은 하나도 피해를 입지 않고 그대로였다. 다른 사람들은 사요미의 상황과, 그리고 그것이 자신들과 다른 정도를 정확히 아주 잘 알고 있다. 예를 들어 나오미는 세 명의 자녀 중 하나만 잃었고 그녀의 집, 남편, 나머지 가족은 살아남았다. 하지만 사요미는 지사토를 빨리 찾아서 묻을 수 있었던 반면, 나오미는 고하루의 유해를 찾아 오랜 고통을 겪었다.

게다가 훨씬 더 안 좋은 사람들, 그러니까 자녀 전부는 아니라 해도 여러 자녀와 집 전체를 잃은 사람들도 있다. 그리고 훨씬 더 가엾은 사람들은 집과 가족 전체를 잃었다. 그리고 이러한 그룹, 고통받는 사람 중 가장 가엾은 사람들 사이에도 엄청난 차이가 있다. 예를 들어 고노 히토미는 아들과 두 딸을 잃었지만 곧 그들의 시체를 찾아 화장했다. 여기서 그녀는 스즈키 미호보다 나은 편이다. 그녀는 아들은 찾았지만 5년이 지나서도 아직 딸 하나를 찾고 있다.

사람들이 대재앙으로 합쳐질 수 있다는 것은 사실이며, 이것을 위로라고 여기는 것이 인간적이다. 그러나 재난의 균형은 절대로 긍정적이지 않다. 새로운 인간적 유대가 쓰나미 후에 만들어졌고, 옛것은 더 강해졌다. 자기를 돌보지 않는 이타심과 자기희생이 수없이 많이 발휘됐다. 이들을 우리는 기억하고 기념한다. 하지만 우리는 우정과 신뢰의 파괴, 사이 나빠진 이웃들, 친구와 친척들의 적대감 같은 흔한 일들은 외면한다. 쓰나미는 도로와 다리, 집들에 했던 일을 똑같이 인간적인 연결에도 했다. 오카와에서, 그리고 쓰나미 지역의 모든 곳에서 사람들은 싸움과 비난을 하기 시작했고, 불의와 시기의 고통을 느꼈고, 정나미가 떨어졌다.

히라츠카 나오미와 시토 사요미는 재난 전에는 가볍게 인사하는 사이 이상이 아니었다. 재난 후에 그들은 서로를 미워하게 됐다. 그들은 모든 오카와 엄마들 중에서 내가 가장 잘 알게 된 사람들이었고, 그들의 적대감은 뚜렷했다. 때때로 나는 나오미를 만나고 나서 사요미의 집을 방문하거나 그 반대로 했었다. 지나치게 무심한 어조와 옅은 미소를 띠며 사요미는 나오미의 안부를 물었고, 방 안의 분위기는 추워지는 것 같았다.

그들의 반감은 그들이 그토록 힘들여 추진했던 서로 다른 일들로 인한 것이었다. 나오미가 굴착기에 앉아 땅을 파고 있을 때, 그날 저녁 내가 만났던 사요미와 그녀의 남편과 친구들은 학교에서 무슨 일이 있었는지에 대한 진실을 체계적으로 조사하고 있었다. 엄중한 서신이 이시노마키 시청에 발송됐다. 목격자들을 찾아 그들의 진술을 편집했다. 그 그룹은 기자회견을 열고 엔도 준지가 그들 앞에 다시 나와 그의 이야기 속 불합리한 점을 설명할 것을 촉구했다. 그리고 변호사들과도 상담했다.

사요미에게 이들 두 가지 과업—실제 진흙과 관료주의적 진흙을 파 올리는 것—은 상호보완적이었다. 나오미의 경멸이 그녀는 당황스러웠다. "무슨 일이 일어났는지 문제를 추궁함으로써, 당국이 책임지도록 강요함으로써, 그들로 하여금 수색을 하게 할 겁니다"라고 그녀는 말했다. "우리는 미디어에 압력을 계속 가해달라고 이야기했어요. 대중의 관심이 사라지지 않도록 하기 위해서요. 나오미가 굴착기 면허를 따는 것에는 간섭하지도 않았어요. 그녀를 비판한 적이 없어요. 그래서 왜 히라츠카 부인 같은 사람들이 우리더러 자신들의 방식으로 하라고 하는지 궁금해요."

하지만 나오미에게 후쿠지 그룹의 활동은 사회적인 창피이자 실질적인 방해였다. 사요미와 그 친구들은 너무나 거침없이 말해서, 많은 외부인들은 그들이 오카와 학부모의 리더로서 전체를 대표한다고 여겼다. 그렇지만 그들의 부끄러워하지 않는 솔직함은 일본 기준에 따르면 명백한 공격에 해당했고, 많은 사람을 화나고 당황하게 했다. 공개회의에서 시 공무원을 야유하는 것은 용서할 수 없이 나쁜 매너로 여겨졌다. 그들이 교육청을 맹렬히 비난함에 따라 굴착기, 연료, 수색을 계속하기 위해 필요한 허가를 시 정부의 호의에 의존했던 나오미로서는 그간 구축해온 정교한 관계망이 위협받았다. "나도 교육청에 전혀 만족하지 않습니다"라고 나오미는 내게 말했다. "그러나 우리는 그들이 필요해요. 그저 우리가 해야 할 일을 하기 위해 그들의 협조가 필요합니다."

나오미가 지적했듯이 다른 것들도 사요미와 이러한 캠페인을 벌이고 있는 후쿠지 부모들을 나눠놨다. 모두가 자녀들의 시체를 빨리, 가장 길어야 2주 안에 찾았다. "처음부터 그것은 아이를 찾았느냐 아니냐에 달려 있었어요." 나오미는 말했다. "아이가 집으로 돌아왔을 때, 장례를 치렀을 때, 그러면 당연히 다음 질문으로 나아갑니다. 왜 이러한 일이 일어났는가? 그리고 그런 다음에 분노가 시작될 수 있지요. 하지만 아이가 아직도 저기 밖에 있다면, 생각할 수 있는 것이란 아이의 얼굴이지요. 마음속 유일한 것은 아이를 찾는 것, 그 애를 찾는 것입니다."

"문제는 진실을 찾는 목적이 무엇이냐는 것입니다. 당신은 무엇을 얻을 거라고 예상하나요? 그 사람들—그녀는 사요미를 의미했다—은 '그 일이 왜 일어났는가? 다른 학교는 괜찮은데 왜 오카와에서만 그러한 일이 일어났는가?'라고 말합니다. 하지만 그 모든 것을 안다면 그 다음에는? 그들은 '미래를 위해서, 다른 아이들을 위해서이다. 우리는 교훈을 얻고 싶다. 우리 아이들의 죽음이 헛되지 않도록'이라고 말합니다. 하지만 그것이 진짜 전부일까요? 아니면 그들은 단순히 비난을 하고 있는 것일까요? 어떤 일이 일어났는지 정확히 알 때, 더 잘 살게 되나요? 당신이 손 안에 진실을 쥔다 해서 그것으로 무엇을 할 수가 있나요?"

진실이 무슨 소용인가

　죽은 아이들의 가족을 대하는 데 있어 이시노마키 교육청 관료들은 침착하고 세심하게 예의를 갖췄다. 1년에 여러 차례 개최된 설명회에서 그들은 검은 양복을 입고 한 줄로 앉아, 머리를 기울이고 산란한 부모들에게 인내심을 갖고 집중했다. 그들은 천천히 그리고 깊숙이 고개 숙여 인사했다. 가장 격식 있는 언어를 사용해 깊고 진실한 위로를 표했다. 하지만 시 정부가 오카와 초등학교의 비극을 다루는 데는 질 나쁜 야비함이 있었고, 숨겨진 공포와 은폐의 냄새가 났다. 그것은 때때로 의도적인 음모 못지않게 무능의 문제 같기도 했다. 하지만 몇 주 간격으로 흐리멍덩함과 기량 부족이라는 새로운 예들이 나타났다.

　초기에 교육청은 가시바 데루유키 교장과 인터뷰를 실시했었다. 이 대화의 서면 기록에는 분명한, 그리고 이해할 수 없는 불가능한 일들이 포함돼 있었다. 예를 들어 가시바는 재난 즉시 내륙에 있는 집에서 기타카미강의 어느 지점으로 두 시간 만에 갔다고 주장했다.[46] 불가능하게 빠른 속도였다. 그는 그날 그를 본 기억이 없는 사람들을 만났다고 말했고, 당시 수심 1.5미터 아래에 있었던 장소를 방문했다고 말했다.

또한 살아남은 아이들과의 인터뷰도 있었다. 그들은 끔찍한 트라우마를 겪었고, 그들의 심리 상태는 그저 상상만 할 수 있을 뿐이었다. 그러나 비록 일부이더라도, 이러한 인터뷰에 동반한 부모는 없었고, 인터뷰가 있을 것이라는 사전 통보도 없었다. 다다노 데츠야가 질문을 받았을 때 질문자는 아버지의 허락을 구하려는 노력도 없이 무작정 그의 새 학교에 나타났다.

인터뷰에 동반했던 부모들은 어떤 세부 내용들이 인터뷰의 서면 요약에서 설명도 없이 누락됐음을 나중에 깨달았다. 이 중 가장 중요한 것은 두 명의 6학년 소년, 사토 유키와 고노 다이스케의 말이었다. 이들은 선생님들에게 산으로 도망치게 해달라고 요청했으나 거절되었고 모두 파도 속에서 죽었다. 수많은 살아남은 아이들이 이러한 대화에 대해 이야기했다. 공무원 중 한 사람인 가토 시게미는 학부모들과의 초기 미팅에서 이 사실을 언급했다. 그로서는 이것은 의도치 않은 잘못된 실수였음이 분명해졌다. 그 뒤로 쭉 이에 대해 질문을 받자 교육청 사람들은 살아남은 아이들 중 누구도 자신들에게 그러한 말을 하지 않았다고 부인했다. "나는 딸이 인터뷰 중에 자신의 친구가 '산으로 도망가요'라고 말했다고 말하는 걸 들었어요"라고 한 엄마가 미팅에서 말했다. "하지만 그것은 하나도 기록되지 않았어요."

인터뷰 내용을 요약한 메모들은 모두 똑같이 쓰여 있었다. 마치 잘라서 다른 것에 붙인 것처럼 말이다. 오디오 녹음도 기록되지 않았다. 인터뷰를 진행한 사람들의 이름조차 표시되지 않았다. 부모들이 당시 적힌 서면 기록을 보게 해달라고 요청했을 때, 그들은 가토 시게미가 없애버렸다는 말을 들었다.

이후 회의에서 가토는 산으로 올라가려 했던 소년들에 관해 말하라고 크게 압박을 받았다. 이러한 언쟁 중에 그의 상사인 야마다 모토가 가토를 바라보며 말을 막으려는 듯이 자신의 입에 손을 올리는 모습이 포착됐다. 제스처는 그 회의의 비디오 영상에서 볼 수 있었다. 야마다는 세 번이나 '쉿' 하는 동작을 했다.

그리고 이어서, 살아남은 교사 엔도 준지의 문제가 있었다.

엔도의 증언에서 수많은 허위 중 가장 이해할 수 없는 것은 나무들에 관한 그의 끈질긴 진술이었다. 지진 후의 사건을 진술하며 그는 일관되게 지진과 여진으로 넘어진, 학교 뒤 산기슭 위의 소나무 모습을 이야기했다. 그는 자신이 두 그루의 삼나무에 갇힌 것과, 불어난 쓰나미가 어떻게 그들을 떠오르게 하여 기적적으로 자신을 풀어줬는지 회상했다. 그의 설명은 나무들이 무너지며 산이 흔들릴 때 웅크리면서 파도 속에서 간신히 죽음을 면한, 공포에 떠는 생존자에 대한 생생한 인상을 전했다.

하지만 무너진 나무들은 없었다. 재난이 일어나고 몇 주 후에 많은 사람이 산을 여기저기 걸었지만 한 그루도 발견되지 않았다. 나무들은 약한 몸통과 가지를 지녀 지진 에너지를 효과적으로 소진시킨다. 흔들리고 굽을지도 모르지만, 뒤집히는 일은 거의 없다. 재난 후의 풍경을 보면 소나무들이 흩뿌려져 있었지만, 이들은 해안가 숲에서 왔으며 지진이 아니라 쓰나미에 뿌리째 뽑힌 것이었다.

"대지진 탓에 그토록 많은 나무가 쓰러졌다면,[47] 집들도 다 무너졌을 겁니다." 사토 가즈타카가 말했다. "엔도 씨는 자연 애호가였습니다. 그는 분명 그것을 알고 있을 겁니다."

엔도가 한 증언의 세부 내용은 유가족 집단 밖으로도 흘러나가 일반 커뮤니티에 서서히 알려졌다. 그것을 처음 비난한 사람은 지바 마사히코라는 자동차 정비공이었다. 그의 집은 학교에서 산 건너편 높은 지대에 있어서 안전하게 보호받았다. 강과 가까운 다른 집들은 쓰나미에서 무사하지 못했다. 곧이어 대부분 물에 젖고 일부는 부상당한 생존자들이 그 집에 모이고 있었다. 그중에는 엔도 준지와 그와 함께 도망갔던 어린 야마모토 세이나가 있었다.

둘은 그날 오후 늦게 도착했다. 지바의 아내는 그들을 처음 본 사람이었다. 양복을 입은 남자와 아직도 하얀색 플라스틱 헬멧을 쓴 소년이 산에서 머뭇머뭇 내려오고 있었다. "양복을 입은 남자가 '나는 한 명만 구할 수 있을 뿐이었어요'라고 말했어요." 지바 부인은 회상했다. "그것이 그가 처음 한 말이었어요. 나는 그 사람이 오카와 학교에 대해 말했다고 생각합니다. 하지만 생각할 게 많았던지라 자세히 듣지는 않았어요."

그녀는 소년의 구두와 양말이 젖었지만 엔도의 옷은 말라 있었다고 기억했다. 그는 구두를 신고 있었고 안에 들어올 때는 벗었다. "선생님들이 입는 전형적인 회갈색의 허름한 체크 양복을 입고 있었어요"[48]라고 그녀는 말했다. "하지만 깨끗했고 젖지 않았어요. 나는 이것을 확실하게 기억합니다."

그 집에 머문 피난민 중에 잘 걷지 못하는 노인이 있었다. 이튿날 아침 엔도는 그를 등에 업어 집에서 대기 차량으로 옮겼다. 건강한 성인만이 할 수 있는 일이었다. 엔도가 부상을 입었다는 징후는 없었다.

후일 지바 부부는 그날 오후에 관한 엔도 자신의 설명을 읽었다. 자신이 어떻게 쓰나미에 갇혀 거의 익사할 뻔했는지, 어떻게 신발을 잃고 어둠 속에 산에서 내려왔는지, 어떻게 어깨가 탈구됐는지에 대해서였다. 그들은 당황했고 놀랐다. "엔도, 그 교사의 설명은 거짓말이에요." 지바 마사히코는 말했다. "90퍼센트는 거짓말입니다. 하지만 그가 왜 거짓말을 하는지 나는 모릅니다."

쓰나미 후 3개월이 지난 6월에 엔도는 두 통의 편지를 썼다.[49] 한 통은 가시바 교장에게 쓴 것이고, 또 다른 한 통은 자녀를 잃은 부모들 전체에게 보내졌다. 편지는 가족들과 교육청의 회의 하루 전에 팩스로 보내졌다. 의심스럽고 이해할 수 없는 교육청의 여러 결정 중 또 한 가지 사례는, 이 문서들을 6개월이 지나서야 공개했다는 점이다. 그 편지에서 엔도가 자신이 직접 했던 설명에 더 추가한 것은 거의 없었지만, 자신의 고통스러운 심리 상태를 아주 상세하게 기술했다. "당시 일어난 일을 기억하는 것은 끔찍합니다"라고 그는 썼다. "그 일을 생각할 때면 완전히 창백해집니다. 지금 글을 쓰는 제 손이 떨리고 있습니다. 제 몸과 마음에 이상이 있습니다. 제가 이기적이라는 것을 압니다. 죄송합니다. 하지만 당분간은 저를 홀로 놔둘 수 있으신지요? 전화가 울리면 두렵습니다."

엔도를 만나려는 가족들의 모든 요구는 똑같은 대답을 받았다. 그의 의사로부터 온 편지였는데, 그가 외상 후 스트레스 장애에서 회복 중이며 너무도 괴로워하기 때문에 일어난 일에 대해 말할 수 없다고 설명하는 내용이었다. 그러한 진단을 무시하기란 불가능했다. 하지만 몇 개월이 몇 년으로 흘렀어도 대답은 똑같았다. "나는 핑계라고 봅니다." 가족들의 자문 변호사인 요시오카 가즈히로가 말했다. "의사의 모든 노트는 마지막 노트의 복사본 같은 내용입니다. 그는 항상 단지 3개월이 더 필요하다고 말합니다. 그리고 그가 먹고 있는 약물은 불면증에 처방하는 약 수준입니다."

"엔도는 나타나고 싶지 않을지도 모릅니다. 하지만 교육청은 책임을 피하기 위해 사실을 왜곡합니다. 아마도 그들은 그에게 가서 '당신은 뒤에 있으세요. 아무것도 말하지 마세요. 우리가 이 문제를 다룰게요'라고 말하는지도 모릅니다."

이시노마키시 정부의 사람들은 악당이 아니었다.[50] 많은 면에서 그들은 영웅적으로 행동했다. 그들은 작은 소도시의 지방 공무원들이었다. 이론적으로는 자연재해의 위협에 대해 잘 알고 있었지만, 개인적 혹은 직업적 경험 중 어느 것에서도 그러한 크기와 공포의 사건에 대해 준비되어 있지 않았다. 그들도 희생자였다. 많은 사람들이 자신의 집이 침수되거나 떠내려가는 것을 봤다. 일부는 친구와 친척을 잃었다. 그들은 충격을 입었고 혼란스러웠다. 그러나 자신의 공적 의무감을 잃지 않았고, 엄청난 실제적 장애물 속에서도 행정력이 계속 작동하게끔 했다.

전화도, 주 전원도, 연료도 없었다. 시청 자체가 1.5미터 높이의 파도에 침수됐다. 자동차들도 주차장에 발이 묶였다. 직원들은 진흙으로 끈적거리는 1층을 떠나 2층 사무실에서 손전등을 켜고 일했다. 그것은 단순히 휴가를 취소하는 문제가 아니었다. 시 공무원들은 24시간 계속해서 근무해야 했다. 단계적으로 그들은 파괴된 시 전체로 동원됐고, 처음에는 파괴된 시 중심부에 이어 외곽 마을들로, 자전거와 도보, 고무보트로 논과 산, 숲속을 돌아다녔다. 시의 학교, 어린이집과 유치원 15곳이 침수되거나 불타거나 다른 식으로 재난 피해를 입었다. 다른 곳들은 수만 명의 난민을 위한 대피 장소 역할을 하고 있었다. 교육청은 학생과 교사들의 후생, 난민을 위한 식사 배급을 포함해 학교 상태에 대한 정보를 일 단위로 취합했다.

개인으로서 그들은 쉬지 않았고 자기희생적이었다. 그들이 없었다면 절박한 상황은 훨씬 더 나빠졌을 것이다. 하지만 오카와 초등학교에서 그러했듯 자신들의 실수와 직면하자, 개인적 온정이나 공감은 집단의 본능, 그러니까 외부의 공격으로부터 조직을 보호하려는 본능에 지배됐다. 대답할 수 없는 비난을 받자 교육청 안으로 뒷걸음쳐서 격식의 구조와 관료주의의 마수 뒤에 숨었다. 교육청을 구성했던 친절하고 성실한 지방 남자와 여자들의 얼굴은 사라졌다. 그들의 충성심은 공적 의무나 개인적 품위를 넘는, 더 높은 대의에 대한 것이었다. 조직의 명성에 대한 더 이상의 피해로부터, 그리고 무엇보다 법정에서의 법률적 공격으로부터 조직을 보호하는 것이었다.

시 공무원들이 꿈쩍하지 않고, 가족들의 슬픔에 인간적으로 반응하기를 거부하는 것은 처음에는 인성과 리더십의 집단적 실패 같았다. 하지만 시간이 흐르자 사요미와 다카히로, 그리고 후쿠지 그룹의 다른 부모들은 또 다른 동기, 즉 책임을 인정하는 것으로 여겨지는 일을 회피하려는 강박관념을 의심하기 시작했다. 공무원들이 하는 여러 말에는 법적 조언의 차가운 냄새가 났다. 그들은 기꺼이 슬픔과 위로를 표했고, 일반적인 언어로 자신들의 부족함을 강조하며 저자세를 취했다. 하지만 아무도 개인 차원의 특정한 부주의나 시스템적, 조직적 실수를 인정하려 하지 않았다.

그리고 쓰나미 후 첫 겨울에 그들은 일종의 희생물을 제공했다. 오카와 초등학교 교장인 가시바 데루유키는 서명한 사과문을 가족들에게 보냈다.[51] "이러한 치유할 수 없는 상황은 교장으로서의 부주의 때문에 일어났다"고 그는 말했다. 이어서 "제가 아무리 사과한다고 해도 적절한 위기 매뉴얼을 갖추지 못했고 직원들의 위기에 대한 인식을 제고시키지 못한 것은 용서받을 수 없을 것입니다"라고 했다. 2개월 후에 그는 조기 퇴직했다.

표면적으로 그것은 중요한 양보처럼 보였다. 하지만 사과의 뉘앙스를 세밀하게 살펴본 후쿠지 부모들에게 그 사과에는, 즉 '부주의'라는 단어에는 회피의 낌새가 보이는 무엇인가가 있었다. 그들은 몇 달 후 가시바가 참석한 회의에서 그것을 시험대에 올렸다.

사요미의 남편 시토 다카히로는 모인 학부모들 앞에 앉은, 이제는 은퇴한 교장에게 물었다. 그는 가시바가 사과문에서 부적절했다고 인정했던 학교의 비상 매뉴얼에 대한 질문으로 그를 압박했다. "지금 사과문을 곰곰 생각해보며 나는 당신이 말한 '부주의'라는 단어가 무엇을 의미했는지 당신에게서 직접 듣고 싶습니다."

"간단히 말하자면 그것을 철저하게 확인하지 않았던 것은 부주의했습니다"라고 가시바는 말했다.

일본어에서 '부주의'에 해당하는 단어는 *다이만*이다. 시토는 보다 강력한 또 다른 단어인 *가시츠*, 즉 '과실'을 이끌어내려 하고 있었다.

"당신은 이러한 부주의가 과실에 해당한다고 생각하지 않나요?" 그는 물었다.

가시바의 바로 왼쪽에는 교육청의 부청장인 시시도 게네츠라는 남자가 앉아 있었다. 아마도 지나치게 더운 방의 온도나 건강 상태의 영향이었을지도 모른다. 원인이 무엇이었든지 간에 시시도는 가시바와 다카히로 시토의 설전 중에 극심한 신체적 불편의 징후를 보였다. 그는 의자에 가만히 앉아 있지 못했다. 손수건으로 계속해서 얼굴과 손을 닦았다. *가시츠*라는 단어가 언급되자 그는 앞뒤로 기울었고, 책상 위 문서에 손을 얹고 무엇인가를 가리키는 것 같았다. 거의 알아보기 힘들게 그는 입으로 가시바에게 뭔가를 중얼거렸다. 이어 다시 손과 얼굴을 손수건으로 비볐고, 목 뒤를 닦고, 오른쪽 귀의 가려움을 처리했다.

아무도 말하지 않는 침묵이 흐른 후에 시토가 "교장 선생님?"이라고 말했다.

가시바는 시시도 부청장에게 곁눈질을 던졌다. "그에 관한…" 그는 앞에 놓인 책상 위 문서들을 바라보며 "저는 개인적으로 그렇게 생각하지 않습니다"라고 말했다.

"그렇게 생각하지 않는다고요?"

"비록 제가 어떤 일들을 간과했는지 모르겠지만, 저는 해야 할 일을 했습니다. 그래서 저는 그것이 과실이라고 생각하지 않습니다. 나는 스스로 그렇게 말하지 않을 겁니다."

시시도는 다시 얼굴을 닦았다. 나중에 이것은 땀을 닦기 위한 행동이 아니라 가시바에게 중얼거리는 말을 가리기 위한 것으로 밝혀졌다.

"우리는 시시도 씨가 당신에게 말하는 것을 들을 수 없습니다" 라고 시토는 말했다. 자신의 이름이 거론되자 시시도는 놀란 듯한 순진한 표정으로 갑자기 위를 쳐다봤다.

"그에게서 떨어지세요." 다른 누군가가 소리쳤다. 시시도는 부루퉁해서 의자를 왼쪽으로 몇 센티미터 옮겼다.

이어서 시토의 이웃인 사토 가츠라가 일어나 말했다. 가츠라는 이시노마키시의 고등학교에서 미술을 가르쳤다. 개인적 경험을 통해 그녀는 위기에 대비해 교사들이 해야 하는 준비에 대해 알고 있었다. "그러한 일들이 하나도 되지 않았어요"라고 그녀는 가시바에게 말했다. "하지만 여전히 교장으로서 당신은 교육청에 그 일들을 했다고 말했어요. 우리가 알았다면 학교로 가서 아이들을 데려왔을 겁니다. 모두가 갔다면 더 많은 아이들이 구조됐을 겁니다. 당신의 '부주의' 때문에 그 모든 애들이 죽었습니다. 그것은 과실입니다. 과실! 얼마나 오랫동안 책임 인정을 미루려고 합니까? 74명의 아이들이 죽었고, 당신은 여전히 그것을 인정하지 않아요."

시시도는 가시바에게 입가로 뭔가를 중얼거렸다. 가시바는 잠시 멈췄다가 말했다. "진심으로, 74명의 아이들과 10명의 교사들의 생명을 보호할 수 없었다는 데 저는 깊이 죄송하게 생각합니다."

"당신은 그렇게 *생각합니다*"라고 가츠라는 말했다. "하지만 당신은 그것에 대해 아무것도 *하지* 않았어요! 그렇죠? 그것은 과실입니다. 그것은 과실입니다."

시시도는 계속 손수건으로 얼굴을 닦았고 들리지 않는 말을 전했다.

"제가 74명의 아이들과 10명의 교사들을 구할 수 없었다는 사실에 대해 사과합니다." 가시바가 말했다.

"직무상 과실을 인정할 건가요?"

시시도는 입을 닦고서 곁눈질하는 중얼거림을 계속했다.

"죄송합니다." 가시바는 말했다. "하지만…"

사토 가츠라는 거의 소리 질렀다. "당신은 *과실을 인정하나요?*"

"저는 그러한 판단을 할 수 없습니다."

"누가 그러한 판단을 할 것인가요? *대답하세요!*"

가시바가 시시도를 바라보고 있었다. 시시도는 그에게 뭔가를 말하고 있었다.

"죄송합니다"라고 가시바는 말했다. "하지만 저는 진심으로 죄송하다고만 말할 수 있으며 사과드립니다."

쓰나미 후 23개월이 흘러 이시노마키시 정부는 이른바 오카와 초등학교 사건 진상규명위원회의 설립을 발표했다. 그 조직은 변호사들과 사회학, 심리학, 행동과학 대학 교수들을 포함하는 10명의 저명인사 위원들로 구성됐다. 위원회는 서류를 검토하고 인터뷰를 하며 1년을 보냈다. 결과물은 2014년 2월에 200페이지 리포트로 발간됐다.[52]

위원회는 시에서 5700만 엔(약 5억2500만 원)의 재정 지원을 받았다. 위원회의 임무인 진상 규명은 특정하고 제한된 범위였음이 밝혀졌다.[53] 일어난 사건의 사실과 원인을 규명하되, 절대로 개인적 책임을 부과하지 않는 것이었다. 보고서는 운동장 대피가 지연됐고, 궁극적으로는 아이들과 교사들이 쓰나미에서 멀어지는 쪽이 아니라 그쪽을 향해 대피했기 때문에 사망했다고 결론지었다.

학교와 교육청, 시 정부는 그러한 자연재해에 부적절하게 준비되어 있었다고 보고서는 밝혔다. 쓰나미에 취약한 해안지대를 표시한 시의 위험지도에는 가마야가 포함되지 않았다. 쓰나미 가능성을 학교 재난 매뉴얼에 포함하는 것을 고려하지 않았고, 그리하여 쓰나미 대피 훈련은 없었다. 시 정부의 어느 누구도 학교가 하는 대비책을 확인하지 않았다. 학교에 있는 교사들은 임박한 위험을 직면하고 있다고 심리적으로 받아들일 수 없었다고 보고서는 기술했다.

이러한 실수 중 어느 하나라도 일어나지 않았다면 비극을 피할 수 있었을 것이라고 위원회는 결론지었다. 또 "이러한 상황은 오카와 초등학교에만 있을 수 있는 것이 아니며 어느 학교에서도 일어날 수 있었다"고 보고서는 말했다. 이러한 사건은 어느 학교에서도 일어날 수 있었다. 처음에 이것은 강력하고 충격적인 결론으로

서 나라 전체에 대한 경고인 것 같았다. 하지만 그 영향은 어떠한 개인적인 책임이나 비난을 공기 중으로 흩어버리는 것이었다. 끔찍한 일이 일어났다는 데는 위원회도 동의하고 있었다. 하지만 그것은 다른 어디에서도, 그리고 누구에게도 일어날 수 있었다.

산으로 대피하고 싶었던 소년들을 말 못하게 한 것과 같은, 이 사건의 가장 논쟁적인 측면은 무시되거나 회피됐다. 후쿠지 부모들에게 위원회의 결론은 지난 2년 동안 명백했던 사실을 비싼 돈 들여 다시 반복하는 것일 뿐이었다. 그들은 결론짓기를, 그러한 활동의 진짜 목적은 죄인들에게 가벼운 비난을 가하되 그들의 커리어와 평판을 구해주는 뜨뜻미지근한 보고서를 작성하도록 '독립적인' 전문가들에게 주문함으로써 비극에 관한 의견 불일치를 차단하는 것이라고 했다.

이시노마키시나 교육청 직원 중 어느 누구도 오카와 초등학교의 사망 사고로 파면되거나 징계받거나 공식적으로 문책받지 않았다. 살아남은 아이들의 인터뷰 문장을 삭제했던 가토 시게미[54]는 다음 해에 시의 초등학교 교장직으로 승진했다.

위원회의 보고서는 쓰나미 후 거의 3년 만인 2014년 2월 마지막 주에 발표됐다. 쓰나미 참사 3주기 전날인 3월 10일, 놀라운 뉴스가 보도됐다. 오카와에서 사망한 23명 아이들의 가족이 센다이 법원에 이시노마키시와 미야기현을 고소했다. 그들은 이들을 과실로 고소했고, 사망자 1명당 1억 엔(약 11억4500만 원)의 보상금을 요구했다. 재난 발생 후 2년 364일째였고, 법적으로 소송을 제기할 수 있는 마지막 순간이었다. 그것은 그들이 함께 비밀스레 준비해온 행동이었다.

쓰나미는 물이 아니다

쓰나미는 원자폭탄 여러 개의 힘을 가졌지만 가장 인상적인 것, 그러니까 어떤 면에서 파괴의 광경보다 더 놀라운 것은 살아남은 사람들의 행동이었다. 몇 시간 내에 수십만 명의 사람들이 학교와 주민센터와 절, 신사에 몰려들었고 교실, 운동장, 통로와 복도, 누비이불을 펼칠 공간이 있는 곳 어디에나 옹기종기 모였다. 그들은 두려웠고, 슬퍼했고, 충격에 빠졌다. 그들 중에는 100세 넘은 노인과 신생아, 그리고 이 둘 사이의 모든 사람이 있었다. 처음 며칠 동안에는 공식적 지원이 거의 없었다. 살아남은 사람들은 스스로를 도와야 했으며, 최고의 규율과 효율성으로 그렇게 했다.

자연스럽게, 보이지 않게, 수선이나 과장 없이, 대피소의 혼란 속에서도 질서가 잡혔다. 공간이 할당됐고, 침구가 즉시 만들어졌고, 음식이 모이고 준비되고 배급됐다. 물건을 가져오고 고치고, 청소하고, 음식을 하는 당번표가 빠르게 만들어졌고 채워졌다. 지저분하거나 이기적이거나 반사회적이라고 여겨지는 것에 대한 일본인의 본능적 혐오로 인해 모든 것이 손쉽게 이뤄졌다. 그리고 그 모든 것이 쾌활한 기분과 관대함의 분위기 속에 이뤄졌고, 때로는 우스꽝스러움에 가까울 정도였다.

외국 언론인으로서 도호쿠에서 취재하며 근무하는 일의 어려움 중에는 다음 며칠 혹은 심지어 몇 시간 동안 먹을 음식만 있는, 집 잃은 피난민들이 주는 음식 선물—사탕, 주먹밥, 초콜릿 비스킷, 어묵—을 계속 거절해야 하는 일도 있었다. 최근에 집을 잃은 사람들이 고통스러운 진심을 담아, 부족한 환대에 대해 사과했다. 심각한 부당이득이 없었다. 가스부터 화장실 휴지까지 모든 것이 부족했지만 아무도 물자 부족을 가격 인상의 기회로 삼지 않았다. 나는 싸움이나 다툼, 의견 불일치를 한 번도 보지 못했다. 그 모든 것 가운데 가장 두드러진 것은 자기 연민이 전혀 없다는 것이었다.

정신적인 비교를 하지 않을 수 없었다. 나는 수백 명의 사람들이 말 그대로 머리에서 발끝까지 맞대고 살며 잠을 자는 영국 동북부—일본 동북부가 아니라—의 학교 체육관을 상상해봤다. 이쯤이면 그들은 서로를 살해하고 있을 것이다.

초기 몇 주 동안 재난 지역을 방문했던 모든 외국인은 여기에 놀랐다. 그것은 분명히 끔찍한 경험을 격려하는 경험으로 바꿔놓았다. 무섭고 두려운 광경, 끝없는 고통이 많았다. 하지만 공포는 희생자들의 회복과 품위로 상쇄되어 거의 사라졌다. 당시 내게는 이것이 최고의 일본, 최고의 휴머니티, 그리고 내가 이 나라에 대해 가장 사랑하고 감탄했던 것이었다. 바로 공동체의 실질적이고 유난스럽지 않으면서도 억누를 수 없는 힘이었다. 그리고 나는 역사에 대해,

이런저런 종류의 국가적 충격이 일본을 자극하여 역동적인 새 시대의 시작을 알리는 전조가 된 순간들에 대해 생각하게 됐다.

19세기 중반에 미국 군함이 이 봉건국가의 문호를 강제적으로 개방시켰다. 1945년의 대재앙적 패전이 있었다. 당시로서 두 사건은 돌이킬 수 없는 굴욕감을 준 순간이었다. 하지만 이들 순간 뒤에는 재기와 번영의 시대가 이어졌다. 2011년까지 팽창적이고 야심찬 낙관주의 분위기가 20년간 계속되었다. 1990년 초 경제 버블이 터지면서 일본은 표류했고, 잃어버린 번영과 너무도 희미하고 불확실해 붙잡을 수 없는 미래 사이에 멈춰 섰다. 경제는 움츠러들거나 침체됐다. 회사들은 더 이상 종신 고용의 안정을 약속하지 않았다. 반세기 동안 일본을 이끌었던 오래된 여당은 아이디어와 인물이 결핍됐다. 그를 대체해 선출된 야당 정치인들은 소심했고 서툴렀다. 그래서 이 새로운 재난이야말로 일본이 빠져든 정치적, 경제적 혼란으로부터 일본을 끌어낼 힘이 될지도 모른다고 생각했던 것은 나 혼자만이 아니었다.

수많은 사람들이 단번에 죽었다. 원자로는 독극물을 대기로 뿜어내고 있었다. 어느 나라에서든 분명 이러한 사건들은 시위와 행동, 변화를 향한 분노에 찬 운동의 촉매제일 것이다. "일본 사람들은 우리의 근본적인 힘을 이용하여 2차 세계대전의 잿더미 위에서 일어나 놀라운 회복과 오늘날의 번영을 이루었습니다"[55]라고 당시 수상이었던 간 나오토가 말했다. "저는 일본이 이 위기를 극복하고, 재난의 후유증에서 회복하고, 이전보다 더 강하게 될 것이며, 미래 세대를 위해 더 활기차고 더 좋은 일본을 건설하리라는 것을 조금도 의심하지 않습니다."

이러한 종류의 일은 일어나지 않았다. 대피소에서 보인 재생의 약속은 완전하게 실현되지 않을 것이다.

일본은 쓰나미 이후 몇 년간 여러 면에서 변화했지만, 힘과 확신을 얻었다기보다 잃어버렸다. 이것은 부분적으로 동아시아의 늘어나는 불안감—북한의 맹렬한 호전성, 중국의 거만한 주장—과도 관련이 있었다. 하지만 그 중심에는 일본의 리더와 그늘이 대표해야 하는 시민들 사이의 훨씬 커진 단절이 있었다.

당시 권력을 쥔 간 나오토와 중도주의 정치인들은 쓰나미 전에 실각했다. 그들은 절대 다수석을 차지한 최초의 일본 야당이었다. 그들의 경험 부족과 형편없는 판단력은 권력을 잡은 날부터 분명히 드러났다. 2009년 그들은 일본 선거에서 가장 큰 승리를 거뒀지만, 3년 후에는 네 번째로 최악인 패배를 했다. 야당 시절을 거치며 젊어진 옛 자민당은 과거 57년 중 53년간 그러했듯 다시 정권을 잡았다. 여당의 승리한 리더인 아베 신조는 전후 가장 국수주의적인 수상이었다.

그는 일본 평화주의 헌법의 개정을 지지했고, 군대를 동원할 수 있는 새로운 힘을 쥐었다. 제국군대에 의해 자행된 잔혹 행위에 대한 역사적 설명을 외면했다. 또한 그는 교수형을 받은 A급 전범들이 신으로 추앙되는 야스쿠니 신사의 참배자였다. 후쿠시마에 대한 전국적인 우려에도 불구하고 그는 일본의 원자로를 유지하는 데 아주 확고했다. 여론조사 결과에 따르면 그의 일본 경제 계획은 광범

위하게 지지받고 있었다. 하지만 원자력과 전시 역사에 대한 그의 견해, 그리고 이들이 아시아 이웃 국가에 야기한 분노가 깊은 불안의 원인이었다.

단합된 리더십을 가장 필요로 하는 순간에, 일본은 민주주의의 위기에 직면했다. 한 정당은 전반적인 무능을 심판받았다. 다른 정당은 국민 대부분의 본능과는 전혀 조화되지 못하는 사상을 지닌 사람이 이끌고 있었다. 아베 신조에게 투표한 다수의 사람들은 그를 좋아하거나 승인하지는 않았다. 하지만 그는 결단력과 일관성이 있었으며, 일본의 경제 복지를 회복시키기 위한 계획―다른 사람들보다 설득력 있는―을 가지고 있었다. 야당의 무능이 너무도 심해 많은 일본인들은 선택의 여지가 없다고 생각했었다.

정부 내에서도 아베는 원자로 재가동, 일본 군인의 해외 파병을 허용하려는 계획, 사악한 새 국가보안법에 대한 반대에 부딪쳤다. 나는 이러한 시위를 취재했고 시위대에게 이야기했었다. 그리고 항상 아베에 대한 반대가 아주 강렬한 데 놀랐다. 아베의 국수주의적 성향에 대한 것만이 아니었다. 그의 성격상 무엇인가가 시위대에게서 깊은, 개인적 혐오를 자극했다. 아베가 거대 기업과 강력한 원자력 산업의 하수인이라는 데 그들은 동의했다. 그리고 일본을 다시 전쟁으로 이끌 수도 있는 군국주의자였다. 일본인들은 욕설을 잘 하지 않으며 심지어 정치인에게도 그렇다. 하지만 수많은 슬로건들이 그를 파시스트로 비난했다. 일부 포스터에서는 아베를 아돌프 히틀러의 콧수염으로 그렸다.

한 나이 든 시위자는 자신이 전쟁과 그것이 가져온 비참함을 겪었다고 나에게 말했다. 그는 도쿄의 소이탄 폭격을 기억했다. 젊은 징집병이었던 그의 사촌은 히로시마의 원자폭탄 투하로 사망했다. 그리고 이제 그는 방사능 낙진이 다시 땅 위 곳곳에 떠다니는 나라에서 국민을 다시 군국주의로 슬슬 이끌고 있는 수상과 함께 있게 됐다. "역사가 거꾸로 가는 것같이 느껴집니다"라고 그는 말했다. "누가 그러한 일이 일어나도록 가만히 서서 볼 수 있겠습니까?"

우리가 시위대 끝으로 걸어가자 우리 근처에 장애물이 세워졌다. 젊고 늙은 사람들 모두 동의하며 고개를 끄덕였다. 우리 뒤에는 강력한 확성기를 통해 슬로건들이 외쳐지고 있었다. "아베 정부 반대!" "전쟁 반대!"

나는 그 노인에게 그렇게 아베를 반대한다면 누구를 선호하느냐고 물었다. 현명하고 책임감 있는 리더는 어디에 있었는가? 누가 일본을 이끌어야 하는가?

그의 얼굴에 얼떨떨함에 이어 놀라움이, 그리고 마침내 당혹감이 나타났다. 우리 주위에 서 있던 시위대는 조용히 서로를 쳐다봤다. 몇몇 사람은 멋쩍게 웃었고, 한 남자는 낄낄 웃었다. 나는 간 나오토의 후계자—패배하여 이제는 야당이 된 중도주의 당의 카리스마 부족한 리더—의 이름을 댔다. 사람들은 넌더리를 내며 머리를 흔들었다. "다른 사람이 있다 보다"라고 나는 말했다. 하지만 다른 이름은 제시되지 않았다. 나는 일본에서 가장 정치적으로 활동적인 사람들 사이에 서 있었다. 아베 신조는 그들에게 혐오 대상이었고 거의 부기맨 수준이었다. 하지만 그들은 그를 대신할 단 한 사람도 대지 못했다.

이러한 민주적 결핍, 활동적인 정치를 생성하지 못하는 정치 시스템의 이러한 실패는 무엇을 말하는가? 그것은 현대 일본의 미스터리 중 하나이다.

엄밀히 말하면, 없는 것은 없었다. 모든 구성요소가 다 있다. 일본은 분명하게 제정된 헌법, 독립적인 사법부와 자유 언론이 있다. 다수의 정치 정당이 있다. 선거는 강요나 부패로 얼룩지지 않았다. 하지만 일본의 정치적 생명에는 확신이 침체되고 부재했다. 북미와 유럽에도 혐오스럽고 무능한 리더들이 차고 넘친다. 하지만 창조적 마찰과 발전, 그리고 정치 시장—이곳에서는 인기가 적고 덜 효율적인 아이디어와 개인들이 시간이 흐르면 목적에 더 적합하다고 증명된 사람들에게 패배하며, 비록 잘못된 곳을 따라 막다른 곳에 다다르기도 하지만 최소한 정치는 끊임없이 움직인다—에 대한 감각이 있다. 일본에서는 이러한 일이 없다. 심지어 전후 70년에도 진정으로 경쟁적인 다당제 시스템은 아직 확립되지 않았다.

쓰나미가 집을 파괴한 후 생존자들은 집결해 조직하고 자신들의 운명을 통제했다. 그들은 이를 본능적으로 수행했다. 왜냐하면 그것이 해야 하는 자연스럽고 도덕적인 일 같았기 때문이다. 그들은 또한 공식적 도움을 기대할 수 없었기 때문에 그렇게 했다. 비슷한 재난이 서구에서 일어났다면 희생자들은 재빨리 그리고 날카롭게 '정부는 어디에 있느냐'고 요구했을 것이다. 2011년 일본에서는 거의 들어볼 수 없는 질문이었다.

당시에 그러한 낮은 기대감은 일종의 자산으로 회복과 자립의 원동력이 되었다. 하지만 낮은 기대감은 민주주의 제도를 좀먹는다.

그것은 보편적인 사실은 아니어서, 일본에도 깊고 의식적으로 정치에 개입하고 있는 사람들이 많이 있다. 하지만 무관심, 불신, 그리고 무엇보다 무기력한 체념과 부딪치는 것은 의회정치를 논하는 데 흔한 일이다. 우리의 지도자가 끔찍하다고 사람들은 말하고 있는 듯하지만 우리는 그것에 대해 무엇을 할 수 있을까? 그것은 마치 정치 자체가 자연재해 내지는 보통 사람들이 통제할 수 없는 비개인적 불운이어서 그 안에서 일본인들은 무기력한 희생자가 되어 그저 받아들이고 인내할 수 있을 뿐인 것 같았다.

전 세계 활화산의 10분의 1은 일본에 있다. 사실 일본 열도 전체가 바다에서 튀어나온 거대한 화산 구역으로 구성돼 있다. 매년 늦은 여름마다, 태풍이 북서 태평양에서 휘몰아치고 일본의 긴 해안가에 머문다. 태풍이 몰고 온 비는 땅을 무르게 하고, 이는 다시 가파른 산비탈을 진흙 강으로 무너지게 한다. 지리학적 용어로 일본은 무시무시한 상태에 있고, 하나가 아니라 두 개의 이른바 삼중합점—지구의 텍토닉 플레이트*가 서로 부딪치는 지점— 위에 있다. 화재, 바람, 홍수, 산사태, 지진, 그리고 쓰나미가 있는, 강하고 광폭한 폭력의 나라이다. 거친 자연환경은 때로 국민성을 나타내는 특성을 낳는다. 러시아인들의 음울한 운명론, 미국 개척자들의 선구적 강인함 같은 것 말이다. 일본인들은 인내, 참을성, 끈기로 번역될 수 있는 *닌타이* 혹은 *가만*의 미덕을 자신 안에서 찾는다. 이 재난을

---

* 판상(板狀)을 이루어 움직이는 지각의 표층.(옮긴이)

취재했던 외국인 기자들은 생존자들의 금욕주의를 언급하기를 좋아했다. 하지만 일본의 *가만*은 철학적 개념이 아니다. 일반적인 번역으로는 바로 그 개념이 담고 있는 수동성과 자제심을 전하지 못한다. 종종 *가만*이 자기존중의 집단적 부족과 구별되지 않을 정도이다. 재난 초기에 *가만*은 놀란 피난민들을 단합시킨 힘이었다. 하지만 그것은 동시에 정치를 무력화하고, 일본인들이 국가적 상황에 대해 개인적 힘과 책임이 없다고 느끼도록 만든 것이기도 했다.

마침 나는 아베 신조를 당선시킨 선거 운동 기간에 오카와를 방문했다. 내가 만난 누구도 선거에 대한 궁금증, 심지어 선거가 있다는 사실 자체에 대한 인식을 보이지 않았다. 그것은 동떨어진 차원—평범한 사람들이 갈 수 있는 차원과 평행하지만 그들에게 보이지 않는—에서 일어나고 있었다.

길가의 포스터들은 경쟁 정당들의 슬로건과 후보자들의 사진을 담고 있었다. 확성기를 단 밴들이 마을을 통과하며, 그들의 이름을 요란스럽게 말하고 있었다. 오이카와 씨와 시 청사의 사람들이 비슷한 장비로 똑같은 길을 운전하면서 쓰나미가 오고 있음을 방송했고 똑같이 무시됐던 것을 떠올리지 않을 수 없었다.

"나는 그들이 폭동을 일으켜야 한다고 생각하지 않으며, *가만*이나 *닌타이* 같은 특성은 재난 직후에 분명히 긍정적 역할을 했습니다." 도호쿠 문화의 학계 전문가인 아카사카 노리오가 말했다. "하지만 사람들은 모든 종류의 요구와 불평, 불만이 있었습니다. 그들은 국가 정부에, 원자력발전소 운영자에게 말했어야 했습니다. 그들은 불평하지 않았습니다. 그들은 인내심과 참을성을 통해 그러한 일들을 마음속에 담았습니다. 그것은 나쁜 일이었습니다."

나는 때때로 일본에서 그것이 하나의 명제로 요약되지 않나 궁금하다. 즉, 당신은 어느 정도의 흐트러짐과 다툼, 무질서, 심지어 약간의 부당이득과 폭리를 참을 것인가? 만일 그러한 이기심이 평범한 사람들 입장에서는 투쟁하고 권위를 해체하고 자신들이 선출한 사람들에게 책임을 요구하고자 하는 의도를 동반해야 한다면 말이다.

그 당시 어디에나 존재했던 또 다른 일본어 슬로건이 있었다. *간바로*는 어려움과 역경을 극복하자는 권고였다. 가장 단순한 영어 번역은 '버티다' '끈기있게 하다' '최선을 다하다'일 것이다. *간바로*는 시험공부를 하는 자녀나 토너먼트에서 경쟁하는 운동선수에게 하는 말이다. *간바로 도호쿠!*라고 쓰인 배너가 종종 역이나 공공건물에서 보였다. 그것은 개인적으로 재난의 영향을 받지 않은 사람들, 절대 다수의 일본인에 의한 연대심의 발로였다. 하지만 위로는 차치하고 공감의 표현으로서 그것은 좀 이상한 표현이었다.

막 집을 잃고 가족을 잃은 사람들에게, 마라톤 선수처럼 참고 견디라는 말이 진정한 위로가 될까? 언제나 내게 *간바로*는 고통받는 사람들에 대한 공감 대신에, 그들이 겪고 있는 일이 궁극적으로는 그들에게 선이 될 것임을 암시하는 단어 같았다.

도호쿠 사람들은 특유의 *가만*으로 유명했다. 그것은 몇 세기 동안 추위와 가난, 불안정한 수확 속에서 그들을 강하게 만들었다. 하지만 동시에 딸을 팔고, 아들을 제국의 전쟁에 총알받이로 팔아

온, 일본의 학대받는 자로서의 역사적 역할을 수용하게끔 만들었다고 나는 생각한다. 사람들은 향수에 젖어 옛 일본의 레퍼토리로 도호쿠에 대해 이야기한다. 그들에게 옛 일본이란 느리고 점잖은 시골 생활, 도시의 추함과 탐욕과 상업주의의 악덕에 오염되지 않는 촌락 사회를 의미했다. 하지만 이렇게 겉으로 드러난 단순성은 깊은 보수성—즉 희생자에게 깊숙이 내면화되어 상식으로 여겨져온 억압—을 가렸다. 옛 일본의 사람들은 입을 다물고 앞으로 나아갔다. 여기서 입을 다물었다는 것이 중요한 요소였다. 그들은 자신들이 일어나서 논쟁한다면 다른 사람들이 어떻게 생각할지 심각하게 걱정했다. 그들은 변화와, 변화에 대한 노력을 거부했다. 이상화된 마을에서 갈등, 심지어 부조화조차 비도덕이었고 일종의 폭력이었다.

그것은 숨겨진 세계였고, 나는 그저 흘끗 볼 수 있을 뿐이었다. 당연히 사회 관습에 의해 말이 막힌 사람들은 외부인에게 그것에 대해 말하지 않는다. 나는 공개적으로 발언한 사람들의 이야기를 통해 그것을 접했다. 히라츠카 나오미 같은 사람들인데, 그녀의 시아버지는 슬픔을 나약함의 표현이라고 여겼다. 그리고 쓰나미의 가능성을 믿지 않았던 가마야의 노인들 이야기에서였다. 이들 중 가장 말이 많은 사람은 지바 마사히코라는 자동차 정비공으로, 그의 집에는 엔도 준지와 수십 명의 다른 피난민들이 재난 당일 오후에 비틀거리며 들어왔다.

이후 사흘 동안 100명이 넘는 낯선 사람들이 지바 부부의 2층 집에 모여 먹고 입고 보호받았다. 지역 사람들, 지나가는 운전자, 지방 정부 공무원, 그리고 오카와 초등학교에서 살아남은 어린 다다노 데츠야와 수십 명의 생존자들이었다. 지바 부부는 비축된 식량을 다 썼고, 자신들과 자녀 및 손자들의 옷을 모두 나눠 줬다. 나중에 오카와 학생들을 포함해 그들이 구했던 많은 사람들은 다시 돌아와서 지바와 그의 부인에게 감사를 표했다. 그중에 엔도 준지는 없었다. 지방 공무원들도 없었다. 지바는 자신이 엔도의 이야기에 나타난 불일치에 대해 공개적으로 말한 뒤, 눈에 보이지 않는 반감과 비난의 힘을 느끼기 시작했다고 내게 말했다.

놀랄 일이 아니었다. "촌락 사회에서 당신이 드러내놓고 말한다면 당신은 소외될 것입니다." 그는 말했다. "너무 많이 말하거나 논쟁적인 일을 하면, 당국의 도움을 받을 수 없으리라는 것은 일반적인 생각입니다. 그들은 당신 집 옆 도로를 수리하지 않을 것입니다. 공적 서비스 혜택을 제공하지 않을 것입니다. 사람들은 그렇게 생각하죠. 우리는 운이 좋았어요. 집과 직장이 살아남았으니까요. 그래서 그들의 도움이 필요 없었으니까요. 하지만 주변의 수많은 사람이 가족과 집, 직업을 잃었습니다. 그들 같은 사람들은 드러내놓고 말하거나 지방 정부를 비난하지 않을 겁니다."

그것은 아주 미묘했다. 아무도 드러내놓고 화내거나 비난하는 말을 하지 않았다. 자기 자신을 위해서라도 침묵을 지키라고 주의를 준 것은 지바 부부의 친구들이었다. 그 지역에서 운영되던 자동차 수리 센터 열한 곳 중에서 그들의 것을 포함해 오로지 두 곳만 쓰나미에서 살아남았다. 그리고 몇 개월이 지나는 동안 지바는 지역 정부 사무소와 그 직원들의 공적 서비스가 계속해서 자신의 라이벌이 되는 것을 봤다.

"아이들은 보이지 않는 괴물에게 살해당했어요." 시토 사요미가 언젠가 말했다. "우리는 그것에 분노를 터뜨렸지만 반응이 없습니다. 그것은 마치 검은 그림자 같아요. 인간적인 온기가 없어요.[56] 쓰나미는 눈에 보이는 괴물이었어요. 그렇지만 보이지 않는 괴물은 영원히 계속될 거예요."

"눈에 보이지 않는 괴물이 누구죠?" 나는 물었다.

"나도 그게 무엇인지 궁금해요." 사요미는 말했다. "사물의 표면만을 중요시하는 일본인의 독특한 특성이지요. 그리고 절대로 미안하다고 말하지 않는 사람들의 자만심에 있는 것이지요."

나는 시토 가족의 큰 목조 가옥에서 사요미와 다카히로와 함께 앉아 있었다. 늦은 밤이었고, 우리는 어두워질 무렵부터 그곳에 앉아 있었다. 나는 노트북에 있는 모든 질문을 건넸다. 이제 우리의 대화는 다른 특성을 띠게 됐다. 특수한 것과 일반적인 것, 분노와 슬픔 사이에서 왔다 갔다 하며 두서없이 이뤄졌고, 말을 바꿨다가 멀리 갔다가 침묵하기도 했다.

사요미의 가족은 이 마을 후쿠지에서 500년간 살았다. 그녀의 조상 중 한 명은 일본에서 가장 아름답고 속물스러운 도시인, 멀리 있는 교토의 동북부 끝으로 여행했던 사무라이였다. 10대 시절 사요미는 거대한 옛 가족의 일부가 된다는 압박이 싫어졌고 탈출과 독립을 간절히 바랐다. 하지만 두 언니들이 재빨리 남편을 만나 집을 떠났고, 남자 형제들이 없었다. 그래서 사요미가 다카히로와 결혼했을 때 다카히로는 법적으로 그녀의 부모에게 아들로 입양됐다. 남자아이가 없는 가족에게 흔한 일이었다. 그래서 사요미는 자신이 반항했던 가족의 중심으로 다시 끌려왔고, 집안의 후계자이자 후견인이 되었다.

기타카미 제방은 도시의 세련됨과는 거리가 멀었지만 사요미의 조상들은 바다와 강, 늪, 들과 숲에서 풍성한 수확을 얻었다. 산들이 마을을 나눠놨지만 물은 그들을 연결시켰다. 심지어 지금도 물이 땅보다 오래되었고, 마지못해 포기한 땅에 대한 소유권을 주장할 권리가 있다는 생각이 있었다. 그것은 바다와 뚜렷한 관련이 없이 몇 킬로미터 내륙에 있는 장소들의 이름에 나타나 있었다. 오카와 초등학교가 지어진 땅은 *니라지마*-차이브섬-라고 불렸다. 후쿠지와 가까운 곳은 *시오덴*, 즉 소금밭이었다. 사요미는 아이였을 때, 과거에는 바다 아래 있었을 논에서 오래된 조개껍질을 파냈다. 유일하게 남아 있는 고대의 장소들은 석조 기념비와 신사 사원이었다. 이들은 거의 언제나 고지대에 위치해 있었다.

"그 논들은 한때 바다였어요." 사요미가 말했다. "이제 다시 바다가 되었죠. 물에 관한 것이에요. 물은 언제나 진실을 말하죠. 논쟁이 있을 필요가 없어요. 물은 가야 할 곳으로 자유롭게 갑니다."

다카히로가 말했다. "인간이 만든 모든 것은 결국 자연에 의해 파괴될 것입니다. 산과 강, 자연의 창조물이 남게 되겠죠. 인간적인 모든 것은 사라질 것입니다. 우리는 자연에 대한 존경심을 다시 생각해봐야 합니다."

그 후 여러 달, 여러 해 동안, 다카히로는 오카와의 비극에 관심 있는 사람들에게 강연을 해달라는 초청을 전국에서 받았다. 그는 의무감에서 승낙했다. 인간이 야기한 재난의 요소를 경계하며 비슷한 재난의 희생자가 될 가능성을 줄이는 방법을 배우려는 사람들을 만날 것이라고 생각했다. "하지만 그들의 인식 수준이 얼마나 낮은지, 저는 충격을 받았습니다"라고 그는 말했다. 청중은 그 재난에 대한 공감과 정중한 두려움을 표했지만, 망원경의 다른 끝을 통해 바라봤고, 자신의 삶과는 먼, 작고 신기한 일로 여기는 것 같았다. "그들에게 그것은 다른 누군가의 문제였습니다." 그는 말했다. "그들은 그것이 미래에 다시 일어날 수 있으며, 심지어 그들에게 일어날 수 있는 일이라고 인식하지 않았습니다. 아마 원자력도 똑같을 겁니다. 모든 사람이 그동안 위험을 경시했고, 그 결과는 이처럼 갑작스럽고 무서운 상황이었습니다. 오카와 학교에서도 교사들은 모든 것을 경시했고, 어떤 것도 심각하게 생각하지 않았습니다."

다카히로는 40대의 튼튼하고 건강한 남자였다. 그는 침착하게 말했다. 그의 어조에서는 어떤 것도 그가 강렬한 감정에 사로잡혀 있음을 암시하지 않았다. 하지만 그가 계속 이야기할 때 나는 그의 손이 떨리고 있음을 볼 수 있었다.

그는 말했다. "그토록 많은 사람이 죽은 지금에도 이 기회를 이용하지 않는다면, 그들의 생각이나 행동 방식이 변할 것을 기대할 순 없을 겁니다. 그것이 우리가 비극의 진짜 원인을 찾는 이유입니다. 만일 그들이 이 재난에 대해 생각하더라도 그 핵심을 보기를 거부한다면 똑같은 비극은 반복될 수 있습니다. 하지만 그것이 일본이 작동하는 방식이기 때문에, 정부는 변화시킬 수 있는 것이 아무것도 없습니다."

여기서, 그리고 내가 오카와에서 했던 많은 대화 속에서, '그들'이 누구인지는 내게 완전하게 확실하지 않았다. 내가 질문을 하려는데 다카히로가 말했다. "이 나라의 시민으로서 나는 그것이 부끄럽습니다. 나는 그것을 당황스럽다고 생각합니다. 하지만 그것은 내가 말해야 하는 것이지요. 이 이야기를 함으로써 비록 내가 그것을 창피해하더라도 아마 우리는 상황을 변화시킬 수 있을 겁니다."

시토 부부는 희생자였다. 하지만 부끄러움 또한 그들의 것이었다. 그들은 우리를 의미했고, 모두를 의미했다. 쓰나미는 문제가 아니었다. 일본이 문제였다.

"나는 그들에게 쓰나미는 단순한 물이 아니라고 말했어요"라고 다카히로가 급히 말했다. "쓰나미는 당신을 즉시 죽일 수 있는 치명적인 무기입니다. 그것을 물이라고 생각하지 마세요. 쓰나미가 덮친 첫 번째 물체는 바다에서 바람을 막아주는 나무였습니다. 그 나무들은 휩쓸려가지요. 집들을 부순 것이 바로 그 나무들이고, 이어서 집들의 잔해가 사람들과 부딪칩니다. 그리고 이내 모든 것이 사라져요. 나무들, 집들, 잔해들, 사람들, 모든 것이요. 그것이 쓰나미가 공격하는 방식입니다. 쓰나미는 물이 아닙니다."

숙명

    내심 히라츠카 나오미는 실종된 아이들을 찾는 일을 얼마나 오래 지속할 수 있을지 때때로 의문이 들곤 했다. 하지만 그 일을 왜 하는지에 대해서는 추호도 의심이 없었다.

    2011년 8월 딸 고하루의 유해가 발견된 후에도 네 사람은 여전히 실종 상태였다. 일곱 살이었던 다케야마 유이는 학교에서 그의 누이, 어머니와 나란히 죽음을 당했다. 살아남은 그의 아버지는 슬픔에 휩싸이고 직장 일에 얽매여서 연장된 수색 작업에 참여하지 못했다. 열두 살 소년 스즈키 유토는 파도가 몰려왔을 때 아파서 결석했고 집에서 가족들의 간호를 받고 있었다. 그래서 그를 학교 비극의 희생자로 헤아려야 할지 논란이 있었다. 일곱 살 고토의 아버지 나가누마 마사루 씨는 수색자들 중 가장 불굴의 모습을 보였는데, 할 수 있는 한 홀로 수색에 나가 굴착기와 보트로 바다와 늪과 육지에서 아들을 찾아 헤맸다. 그렇지만 나오미와 가장 친밀해진 희생자 부모는 소녀들 중 유일하게 여전히 실종 상태인 아홉 살 스즈키 하나의 어머니 미호였다.

미호는 쓰나미에 휩쓸려 완전히 파괴된 공동체 중 하나인 나가츠우라 늪 근처에서 아들, 딸과 함께 살았다. 그녀와 남편 요시아키는 둘 다 그날 오후에 내륙에서 일하고 있었다. 미호의 늙은 시부모님은 함께 살던 집에서 돌아가셨다. 그녀의 두 아이는 모두 학교에서 사망했다. 둘 중 손위인 아들의 사체가 8일 후에 발견됐다. 미호와 나오미는 하나와 고하루를 찾기 위해 몇 달을 함께 보내면서 곧 자매처럼 서로 친밀하고 편한 사이가 되었다. 둘 중에 나이가 적은 나오미는 집중을 잘 하고 단호했으며, 조직적인 교사로서 문서작업을 처리하고 관료사회에서 처신하는 데 능숙했다. 그래서 중장비면허증을 따서 진창에서 굴착기를 직접 운전했다. 나이가 더 많고 더 온화하며 자기주장을 덜 하는 편인 미호는 수건과 다과를 들고 주변에서 대기하며 지원했다. 필요할 때마다 긴 부츠를 신고 걸어가 굴착기로 뒤집어서 찾게 된 사물들을 집어낼 준비가 돼 있었다. 2012년에 늪을 수색하던 경찰이 침수된 차량에서 노인 부부의 사체를 들어 올렸고 그해 후반부에는 실종된 젊은 여성의 머리가 근처에서 발견됐다. 그렇지만 2011년 고하루를 찾은 이래로 오카와 학교 학생들은 더 이상 발견되지 않았다. 미호가 떨리는 손으로 진흙에서 뼈를 꺼내면 항상 닭뼈와 돼지뼈임이 밝혀졌다.

미호는 그림 그리는 것을 좋아했다. 하나와 함께 열심히 했었다. 별과 눈물과 무지개가 반짝이는 큰 눈과 입을 그리는 일본 만화 특유의 얼굴을 그리는 데 몇 시간씩 보냈다. 미호가 상담했던 영매는 하나가 내세에서도 여전히 그림 그리느라 바쁘다는, 위안이 되는 소식을 전해주었다.

학교 앞의 제단에는 펠트펜으로 쓰고 색칠된, 만화 얼굴이 그려진 편지 세 통이 놓여 있었다. 미호가 그리고 쓴, 딸에게 보내는 것이었다. 첫 편지는 햇빛에 바래고 비와 진흙이 튀어 지저분해졌는데, '사랑하는 하나에게'로 시작한다.

엄마와 아빠는 할아버지 댁으로 이사했단다. 거기에 네 오빠와 네가 가지고 놀던 것들이 너무 많이 있어서 너희 둘을 기억하며 내내 운단다. 네 오빠와 네게 '울지 마'라고 말하곤 했는데, 이제는 엄마가 어떤 일에서든지 그렇게 쉽게 운단다. 미안해….
오늘 할머니와 엄마는 널 보고 싶고 그저 너와 같은 공기를 호흡하기 위해 다시 여기에 왔단다. 좀 도움이 되네. 그렇지만 항상 엄마는 네 목소리가 듣고 싶고 네 미소를 보고 싶구나. 엄마는 너와 함께 있고 싶다.

두 번째 편지는 햇볕에 바랜 것이 덜했고 하트 모양으로 오려진 종잇조각에 사연이 적혀 있었다.

사랑하는 하나에게.
너를 찾을 수 없어 미안하다. 네가 보고 싶어서 매일 온다. 네가 여기 근처에 분명히 있을 텐데. 너를 찾을 수 없어 너무 미안하다, 하나야. 네가 우리 꿈에 나타나지 않아 아빠, 엄마, 할아버지, 할머니가 슬프구나. 너를 위해 할 수 있는 게 아무것도 없어 미안하다. 미안하다. 내 꿈에서 널 볼 수만 있다면 너를 꼭 안아줄 텐데.

세 번째 편지는 내가 처음 본 날 꽤 빳빳했던 걸 보면 그날 아침
에 남겨두고 온 것 같았다.

사랑하고 사랑하는 하나에게.

너의 장례식*은 마음에 들었니? 꽃다발 안에 사분음표와 무지개를
그린 데생으로 장식했어. 너와 오빠가 그것들을 보고 기뻐했기를
바란다. 그게 아빠와 엄마가 너희를 위해 해줄 수 있는 유일한 일이
었다.

엄마는 네가 결혼식에서 입을 옷을 많이 준비하고 싶었어. 심지어
옛날 신부처럼 소매가 긴 검은 전통의상 기모노도 말이야. 그렇지
만 엄마와 아빠의 꿈은 이제 단지 꿈일 뿐이네.

네가 이 편지를 읽을 수 있으면 엄마와 아빠에게 돌아오렴, 하나야.

집과 마을과 아이들과 시부모를 잃은 후 미호는 이시노마키 외
곽의 철제 '임시 주택'에서 4년을 보냈다. 그 마을에서는 아무도 그
녀와 남편 요시아키를 알지 못했고 아무도 그들의 사정에 대해 묻
지 않았다. 이것이 그들이 원했던 바였다.

미호의 상황은 한마디로, 아이들을 잃은 엄마들과 어울리는 것

---

* 사랑하는 사람들의 유해를 수습하지 못한 다른 가족들처럼 스즈키 부부는 절에서
딸을 위해 장례식을 치렀다.

조차 견디기 어려운 정도였다. 그녀가 소외감을 느끼지 않는 유일한 사람들은 나오미와 그들의 공통된 친구 아케미였다. 그 두 사람은 자신들의 딸을 찾아 긴 몇 주를 보냈다. "그들이 내가 이야기를 나눌 수 있는 유일한 사람들이었어요"라고 그녀는 말했다. "아케미의 딸은 49일째 되는 날에 발견됐고 고하루는 그 후 오래 지나서야 발견됐죠. 그래서 그들은 내가 느끼는 바를 이해했지요. 내게 일상적으로 말을 건넸고, 나를 평범한 사람처럼 대해주었어요. 하지만 다른 가족들과 함께 있을 때면 그들이 나를 바라보고 나에 대해 생각하는 방식을 항상 의식하게 됐죠. 사람들이 나를 그들 모두 가운데서도 가장 비극적인 사람처럼 보는 것은 내 감정을 더욱 악화시켰어요."

미호는 쓰나미가 일어났을 때 43세였고 요시아키는 49세였다. 둘 다 형제나 자매가 없었다. 각자가 그들의 가문에서 유일한 상속자였다. 다른 아이를 가질 전망은 요원해 보였다. 그들은 조상신 종교 특유의 감정, 즉 사망한 아이들로 인해 고아가 돼버린 듯한 느낌 때문에 힘들었다. 돌봐줄 사람 없이 늙고 병드는 것에 대한 실질적인 두려움이 있었다. 또한 사후에도 지속돼야 할 보살핌과 공경은 어떻게 할지에 대한 영적인 염려가 있었다. 그들뿐 아니라 그들과 그들의 부모, 조부모, 과거의 세대를 위해 기도해줄 자손이 없어졌기 때문이었다. "우리 중 한 사람이 죽으면 남은 사람은 누가 돌봐줄까요?" 미호가 물었다. "누가 우리를 묻어줄까요? 가장 가까운 친척은 사촌들이거나 심지어 그보다 더 먼 친척들입니다. 우리는 미래에 대해 그러한 걱정을 느꼈습니다. 그런 생각을 하면 숨이 막혔습니다."

병원 접수담당자였던 미호는 일을 그만두었다. 하나를 찾는 일이 삶의 중심이 되었다. 그녀는 굴착 작업을 하는 나오미와 마사루를 돕기 위해 매일 학교에 갔다. 그녀는 최소한 2년 동안은 하나를 찾기로 결심했다. 마음의 중심에서는 환상을 품지 않았다. 여러 달이 지나자 온전한 시체를 찾으려는 희망을 버렸다. 불완전한 것이라도 가령 뼛조각, 살 한 점, 머리카락 한 가닥이라도 찾으면 충분했을 것이다. 그렇지만 혹시라도 몰라서, 그저 수색에서 간과한 곳에서 기적적으로 살아 있는 채로 우연히 만날 수 있으니까, 미호는 차 안에 늘 하나의 옷을 풀세트로 갖추어놓았다.

그렇지만 2012년 말쯤 그녀는 학교 가는 것을 그만두었다. 재정적, 정서적 비용에 대해 신중하게 생각해본 후 그녀와 요시아키는 이시노마키에 있는 큰 병원에서 임신 촉진 치료를 받기로 결심했다. 의사는 11년 전 하나의 출산을 도운 바로 그 의사였으며 상황을 낙관했다. 미호가 건강 상태가 양호해서 40대 중반이기는 해도 신체적으로 다시 임신하지 못할 이유가 없다고 말했다. 그렇지만 그녀는 더 이상 매일 흙더미 위에 서 있을 수 없을 것이었다. 새로운 아이를 갖는 일로 인해 잃어버린 아이를 찾는 일이 어려워졌기 때문이었다. 그리고 거의 동시에 새로운 소식이 들려왔다. 계속해서 실종된 아이들을 찾을 것이라 항상 약속했던 히라츠카 나오미가 그 일을 단념한다는 것이었다.

흙더미를 뒤지는 일의 실질적인 어려움이 매달 커져가고 있었다. 유해 조각을 찾을 가능성조차 줄어들고 있었다. 그렇지만 이러한 상황에도 나오미는 자신에게 달린 문제라면 계속해서 수색할 것이라고 주장했다. 그러나 결국 결정은 그녀가 내리지 않았고, 남편이나 시아버지가 내리지도 않았다. 결정을 내린 것은 죽은 딸 고하루였다.

나오미는 고하루의 목소리를 다른 세계에서 전달하는 데 능했던 영매 수미와 다시 가까워졌다. 두 사람은 몇 주에 한 번씩 만났고 종종 전화했고 문자와 이메일을 주고받았다. 수미를 통해 고하루는 제단에 사탕과 과자를 제물로 올려놓아달라고 했고, 생존한 다른 형제자매에게 더 큰 관심을 가지라고 요구했다. 나오미는 고등학교 교사 일을 떠나 여전히 육아휴직 중이었다. 업무로 복귀할지 일을 그만둘지 결정해야 할 순간이 찾아왔다. 중요한 결정을 앞두고 심사숙고하던 그때 고하루가 자신의 감정을 강렬하게 전달했다.

"수미는 고하루가 내가 직장으로 복귀하기를 바라고 있다고 말했어요. 고하루는 항상 어른이 되면 선생님이 되고 싶다고 말했어요. 고하루는 자신이 할 수 없는 일을 내가 하기를 바랐어요. 수미는 내게 '엄마의 재능을 사용하는 방법은 집 안에 머무르면서 실종 아동들을 찾는 것이 아니고 집 밖에서 어떤 활동적인 일을 하는 것이에요.'라고 말했습니다."

그래서 2013년 4월에 나오미는 이시노마키에 있는 가난서중학교 교단으로 복귀했다. 재난이 일어난 지 2년이 지났고 그녀가 마지막으로 일한 지 3년이 지난 후였다. 그녀가 경험한 고통스러운 느낌은 가르치는 일의 중압감이 아니라, 가르치는 학생들에게서 생겨났다. "내가 맡은 반은 중학교 3학년이었어요. 다른 말로 하자면, 고하루와 같은 학년이었어요." 나오미는 책상에서 고개를 들 때마다 딸이 생존해서 12세를 지났다면 같은 나이가 되었을 아이들의 얼굴을 보게 되었다.

그녀는 하나의 질문에 직면했다. 학교 세계 안에서 고하루가 죽었다는 사실을 어떻게 말할까? 많은 사람들은 물론 무슨 일이 일어났는지 알았고, 몰랐던 사람들도 인터넷에서 나오미의 이름을 검색해보면 그녀가 여러 해에 걸쳐 했던 인터뷰를 불러올 수 있었다. 그녀는 자녀의 죽음으로 자신이 규정되기를 원치 않았지만, 동시에 그 일을 회피하기를 원하지도 않았다. 때때로 그 주제가 우회적으로 튀어나왔다. 한 여학생이 나오미에게 자녀가 몇 명인지 물었던 경우처럼 말이다. 답은 둘일까, 셋일까? 나오미도 헷갈렸다. 어느 것도 정확하지 않다고 느꼈다. "그들은 착한 아이들이었고 나를 신뢰했어요." 그녀는 말했다. "아이들이 나를 동정하는 것을 바라지 않았습니다. 하지만 또한 아이들이 내가 그들을 신뢰하지 않는다고 생각하기를 원치 않았습니다. 나는 아이들이 그 일에 대해 말해주기를 원하는 걸 알았지만 그럴 수 없었습니다. 한마디로 내가 울지 않을 것이라고 확신할 수 없었지요."

그녀는 학기의 마지막 주가 될 때까지 그 문제를 남겨뒀다. 그녀는 아이를 잃은 어머니들이 발간한 오카와 초등학교에 관한 책 36권을 가지고 가서 학생들에게 한 권씩 나눠 주었다. 그리고 그들에게 고하루의 이야기와 고하루에게 무슨 일이 일어났는지 들려주었다. 마지막에 그녀는 학생들에게 질문을 하라고 했다. 그 열다섯 살 학생들은 침묵 가운데 망연자실하게 앉아 있었다. "그렇지만 나는 그들이 알기를 원했어요." 나오미는 말했다. "나는 때때로 듣는 그런 말, 즉 생존한 아이들이 '죽은 아이들을 위해서 그들의 인생을 살아야 한다'는 말을 믿지 않습니다. 수많은 사람이 살아남은 것에 대해 죄책감을 지니고 있습니다. 우리는 아이들이 그런 식으로 자라기를 원치 않아요. 나는 아이들에게 너희 자신을 위한 인생을 살아야 한다고 말했습니다. 아무도 다른 사람을 위해 삶을 산다고 느껴서는 안 됩니다."

일하고 두 어린 자녀들을 돌보느라 나오미는 다른 일을 위한 에너지가 거의 남아 있지 않았다. 마음의 평화를 위해서는 그것이 최선이었다. "가르치는 일은 내게는 일종의 치유책이었습니다. 솔직히 더 많이 일할수록 고하루에 대해 덜 생각하게 됐습니다. 나는 그게 좋은 일이라고 스스로를 설득했죠."

고하루도 그렇다고 확인해줬다. 아니 이것은 영매인 수미를 통해 전달된 메시지였다. 영매와 더 많은 시간을 보낼수록 나오미는 그녀의 위로하는 말, 딸이 다른 세계로 들어갔다는 설명에 더 많이 고마워했고 의존하게 되었다. 한번은 나오미가 대학을 다녔던 햇빛이 찬란한 휴양섬 오키나와에서 겨울 휴가를 보낼 계획을 세웠다. 수미는 자신도 함께 가겠다고 말했다. "그녀는 항상 오키나와에 가고 싶었다고 말했어요." 나오미는 내게 말했다. "또한 고하루도 그녀가 전쟁*에서 죽은 사람들의 영혼을 위로해주기 위해 그곳에 가기를 원한다고 말했어요." 열두 살짜리 소녀에게서 나온, 놀라운 제안처럼 보였다. 그렇지만 영매는 이것은 다른 세상에 있는 인간의 영혼이 진보한 모습이라고 설명했다. 고하루는 인간으로서의 삶이 끝난 직후에는 사랑스러운 소녀의 모습과 유머감각 같은 개인적 특성을 계속 지녔다. 하지만 이제 고하루는 인간적 성격의 찌꺼기가 정화된 계몽된 영혼, 일본인들이 말하는 이른바 *호토케사마*, 즉 영혼이 죽음으로 가는 순례길의 마지막 단계로 진화하고 있었다.[57]

"그 아이가 요즘 영매를 통해 내게 말하는 내용은 초등학교 6학년에게서 기대할 수 있는 것은 아닙니다." 나오미는 내게 말했다. "그것들은 단지 개인적인 문제가 아니라 보다 일반적인 문제입니다. 그녀는 왠지 더 진짜 같아지고 있습니다. 신이나 부처에 점점 가까워지고 있죠. 그녀는 더 이상 아이가 아닙니다."

영매 수미의 설명은 여기서 더 멀리 나아갔다. 나오미에게 말하길, 고하루의 죽음과 뒤따라 발생하는 일들은 비극이기는커녕 미리 예정됐다고 했다. "이건 설명하기 어렵고 이해하기도 어렵습니다. 그렇지만 남편과 나는 세상일이 미리 결정돼 있다고 생각하게 되었습니다."

영매는 나오미에게 죽음은 태어날 때 이미 정해져 있다고 설명했다. 그보다 더 들어가자면, 각각의 영혼은 죽음의 때와 방법을 선택한다. 다른 말로 하면 고하루—그리고 암묵적으로 쓰나미에서 사망한 다른 사람들—는 그날 죽을 것을 선택한 것이다. "영매에 따르

---

* 일본군과 미군, 일본인 민간인 25만 명이 태평양전쟁에서 가장 희생자가 많았던 오키나와 전투에서 사망했다.

면 그것은 운명입니다." 나오미가 내게 말했다. "영매는 아이 때 죽은 사람들이 노년에 죽은 사람들보다 더 높은 단계로 올라간다고 말합니다. 그리고 그렇게 아는 것이 내게 위로가 됩니다."

생존한 자녀 둘과 파괴되지 않은 집과 함께 재난에서 살아남은 나오미는 딸을 찾아 땅에 묻고 직장으로 돌아와 죽음과 화해했다. 미호는 자녀가 없는 중년의 나이에 철제 막사에서 홀로 떨어져 살면서 그렇게 할 수 없었다. 그리고 어떤 시점이라 정확히 말하기는 어렵지만, 두 사람 사이의 친밀한 우정은 틀어지고 불신하는 관계가 되었다.

두 사람은 그것에 대해 말하기를 꺼렸다. 그렇지만 우정을 저버린 것은 미호였던 것처럼 보였다. 3월의 기일이 가까워오는 매년 봄에 미호는 심하게 우울해지고 사람들과 어울리지 않았다. 나오미는 그 마음을 존중해서 일정한 거리를 유지하려고 노력했다. "다시 일을 시작한 후에 나는 매우 바빴습니다." 나오미는 말했다. "그렇지만 우리는 때때로 말하곤 했습니다. 일 년 동안 모든 것이 정상적으로 보였습니다. 그렇지만 그때 그녀와 연락하는 게 어려워지기 시작했지요. 어느 날 미리 알리지 않고 그녀가 살고 있는 곳 근처에 나타났지요. 거기에서 그녀가 나를 전혀 보고 싶어 하지 않는다는 인상을 받았습니다."

나오미는 미호가 냉담한 이유를 몰라 어리둥절했다. 그녀는 그 이유가 실종된 아이들을 찾는 작업 때문이라고 생각지 않았다. 미호 자신도 그만두고 철수하고 있었기 때문이었다. 그것은 더 이해하기 어렵고 불화를 일으키고 위험한 어떤 것, 바로 학교에서 일어난 사건의 진상을 추적하는 일 때문이었다.

　처음에 나오미와 미호의 연대감은 공통된 고립감, 즉 세상에 저항해 홀로 선 듯한 공감대에 의해 강화됐다. 그들은 교육청의 거만한 관료들을 경멸했다. 또한 '후쿠지 그룹'과, 그들이 보기에 시토 사요미같이 공격적이고 독선적인 사람들에 대한 멸시도 공유했다. 아이들을 찾는 일은 육체적이고 감정적인 에너지의 모든 비축분을 소모시켰다. 그렇지만 임신 촉진 치료로 학교에 가는 일을 중단한 동안 미호는 이전에 결코 깊이 생각해보지 않았던 문제들을 생각할 여유를 찾았다. 바로 교사들이 아이들의 죽음을 허용한 방식이었다.

　"우리는 하나를 찾을 수 없었어요." 미호는 말했다. "그래서 우리는 진실을 찾아야만 했습니다. 우리는 이 일을 어느 누구도 책임지지 않는 그러한 일들 중 하나로 내버려둘 수 없었습니다. 그것을 받아들일 수 없었죠. 시간이 가면 갈수록 나는 이런 느낌을 더 강하게 받습니다."

　나오미는 자신의 모순된 상황 때문에 가슴이 미어졌다. "아이들 중 74명이 죽었습니다." 그녀는 말했다. "그리고 어느 누구도 책임을 지지 않고 있었습니다. 그 격분의 감정은 물론 우리 모두 가지고 있습니다. 누군가는 일어난 일에 대해 책임을 져야 합니다." 하지만 그렇게 할 수 있는 유일한 사람들은 학교의 교사들과 교육청 위원들, 즉 나오미와 남편의 동료와 직속 상사들이었다.

　나오미의 남편 신이치로는 전도유망하고 야망 있는 교사로서, 죽은 동료들을 비난하는 활동을 하고 상사들을 공격함으로써 자신의 경력을 희생할 생각은 전혀 없었다. "잠시 동안 나는 소송을 하고 싶다고 생각했습니다"라고 나오미는 말했다. "그렇지만 남편은 결코 동의하지 않았습니다."

센다이의 한 변호사가 소송 가능성에 대해 많이 알고 싶어 하는 사별한 부모들을 위해 회의를 열었다. 미호는 거기에 참석했다가 나오미를 만나고는 놀랐다. 두 사람 사이의 분위기가 냉랭했다. 미호에게 있어서 예전 친구의 참석은 진실하지 않은 것이었다. 히라츠카 부부가 다른 교사들을 대상으로 하는 소송에 참여하지 않을 것은 명백했다. 그녀는 그들이 그 소송절차를 감시하고 돌아가서 명확하지 않은 누군가에게 보고하려고 온 게 아닌지 반쯤 의심했다.

그해 말에 신이치로 히라츠카는 이시노마키에 있는 큰 학교의 교감으로 승진했다. 미호의 임신 촉진 치료는 실패했다. 의사는 정신적인 스트레스와 괴로움이 새로운 생명을 만들어내는 데 필요한 호르몬 생산을 방해하고 있다고 추측했다.

거칠고 가파른 길

미호와 요시아키 부부는 이시노마키시 정부에 대한 소송의 핵심 인물이 되었다. 소송은 그렇게 뜻밖에, 가능한 마지막 순간에 제기됐다. 소송에 익숙한 서구의 사람에게는 소송이 그렇게 오래 걸린 것은 놀라운 일이었다. 만약 비슷한 비극이 유럽이나 미국에서 일어났다면—아이들 수십 명이 희생됐고 당국의 위기 대처 역량에 대한 날카로운 질문들이 있었다면— 처음부터 변호사들이 벌떼처럼 달려들었을 것이다. 그렇지만 일본에서는 소송을 취하는 것에 대한 본능적인 반감, 소송을 하는 사람들은 심각한 불문율을 위반하는 사람들이라는 공감대가 있었다.

소송은 *가만*의 실패, 즉 촌락 사회의 불문율 위반으로 보여진다고 생각됐다. 소송을 제기한 사람들, 특히 정부에 소송을 제기한 사람들에게는 불쾌한 결과—사회적 반감, 소외, 심지어 부당한 괴롭힘—가 있을 것이라고 예상됐다. 사람들은 이것 때문에 압박을 받으면 얼이 빠지고 말이 잘 안 나오게 되었다. 그들은 특별한 예를 제시하고자 했다. 등 뒤에서 누가 험담하는 듯한 느낌이 계속되는 것, 자신이 잘못한 것이 없다는 것을 알고 있음에도 마음에 찾아드는 모호한 죄책감 같은 것이다. 그리고 국민을 꼼짝 못하게 엮어놓은, 포근하고 따뜻하고 마비시키는 복종의 거미줄—이곳에서는 불명확하면서 감싸 안듯 뒤엉켜 있어 압박받는 것이 보호받는다는 느낌과 구분되지 않았고, 강압의 메커니즘이 효과적으로 내면화되어 굳이 외부에서 적용될 필요가 없었다— 밖으로 나아갈 때의 불편한 기분이 있었다.

그러한 내부의 비웃는 목소리를 무시하려면 비범한 개성이 필요하다. 서구와 비교해서, 일본 법원이 부과하는 손해배상금은 적었다. 오카와 부모들이 승소할지라도 아이들의 생명에 대한 청구 금액인 1억 엔의 반이라도 받을 수 있으면 운이 좋은 것이다. 요시오카 가즈히로는 오카와 부모를 대리하는 변호사였는데 그조차도 평범한 사람들이 법원에 호소하는 것을 꺼리는 것에 공감했다.

"명백하거나 솔직한 핍박은 아닙니다." 그는 말했다. "하지만 사람들은 자신이 아주 은밀한 방법으로 비난받는다고 느낍니다. 만약 친척이 지방당국에서 일하면 그 친척은 욕을 먹을지도 모릅니다. 학교에서 아들이나 딸들은 소송을 제기한 사람들의 자녀라 언급될지도 모릅니다. 온라인 악플도 있습니다. 그것을 명백히 하거나 분명하게 정의하는 것은 종종 어려운 일이었습니다. 그렇지만 그러한 사람들은 결국 사회에서 거부되고 있다는 느낌을 갖게 됩니다. 그래서 사람들은 소송을 제기하기보다 따뜻한 이불 안에 머무르며 분노와 슬픔을 견딥니다."

일본의 사법제도는 일본의 민주주의처럼 표면적으로는 나무랄 데 없어 보였다. 판사들은 독립적이며 뇌물과 협박은 거의 알려지지 않았다. 그렇지만 그 핵심에서 사법제도는 현상 유지와 그것을 지지하는 민간단체와 공공단체들에 유리한 편향성을 보여왔다. 요시오카가 내게 말하길, 판사들은 '가자미'—대양의 바닥에 사는 이 납작한 물고기는 눈이 몸의 윗부분에 있어서 항상 걱정스럽게 위쪽만 쳐다보고 있다—로 조롱하듯이 불린다고 했다. 평결을 한 방향 또는 다른 방향으로 내리게 하는 분명한 음모나 상부에서 내려오는 직접적인 지시도 없지만, 단지 세상이 어떻게 돌아가는지, 자기 이익이 어디에 있는지에 대해 동물의 본능처럼 자연스럽게 이해하는 능력만이 있었다. "만일 기관이나 대기업, 은행, 지방정부에 소송을 제기하면, 일본에서는 그 기관이 거의 항상 승소합니다." 요시오카는 말했다.

오카와 부모들 중 첫 번째로 사요미와 다카히로 부부가 요시오카 변호사와 만나 이야기를 나눈 것은 재난이 일어난 지 8개월 후였다. 그는 두 가지 조언을 해주었다. 첫째는 가능한 한 대규모의 원고를 모아 언론의 주의를 끌고 그들 자신을 집단적 존재로 만드는 것이었다. 둘째는 시간을 기다렸다가 시 당국에 있는 상대들이 자신도 모르게 그들에게 제공하고 있는 법적 자원, 즉 분노의 '설명회'를 이용하는 것이었다. "일단 여러분이 소송을 제기하면 그 일과 관련된 누구도 더 말하지 않을 것입니다. 그들은 그 문제가 법정에 계류 중이라고 말할 것이고 그것을 아무것도 말하지 않을 핑계로 삼을 것입니다. 그들을 법원으로 소환한다 해도 증인석에 겨우 한두 시간 세울 수 있을 뿐입니다. 하지만 그러한 설명회는 서너 시간 동안 계속됐고, 열 번 정도 있었습니다." 요시오카는 말했다. 소송으로 치닫기보다는 경계 태세가 풀려 있을 때 시의 공무원들을 밖으로 끌어내서 언론이 그 모든 것을 보도하도록 하고 조용히 무기가 될 정보를 최대한 많이 쌓아가는 것이 더 나았다.

소송에 참여한 가족은 주부, 소목장이, 건설업자, 공장 노동자들이었다. 아무도 법의학 조사에 대한 전문 지식이 없었다. "많은 이들이 시골 바깥의 이 평범한 사람들이 반대심문을 하고 날카로운 질문을 던질 수 없을 것이라고 생각했을 것입니다." 요시오카가 말했다. "그들은 놀라게 될 것입니다. 이 사람들은 일련의 조사를 잘 따라가며 상대방을 꼼짝 못하게 만들 수 있는 매우 영리한 사람들입니다."

요시오카는 설명회를 위해 가족들에게 예행연습을 시키려 하지 않았다. "나는 가능한 한 적게 개입했습니다"라고 그는 말했다. "그리고 가족들은 때때로 거칠어졌지요. 사람들은 흥분해서 '멍청이' '내 자식을 살려내!'라고 소리쳤습니다. 이러한 종류의 말들은 법적인 면에서 아무런 도움이 되지 않습니다. 하지만 그들과 대면해 슬픔의 말들을 듣고 죽은 아이들의 부모가 자신의 마음을 내보이는 것을 보는 사람들, 나는 그들이 그렇게 말하는 것이 기뻤습니다. 왜냐하면 그로 인해 공무원들이 어쩔 수 없이 응답하게 되었기 때문입니다."

"저 또한 이 소송이 정말로 무엇에 관한 것인지 생각해보려고 노력했습니다. 보통은 단순합니다. 만약 변호사가 이기면 그는 자기 일을 다한 것이지요. 하지만 이 가족들은 사랑하는 자녀들, 잃어버린 자녀들을 위해서 싸우고 있었습니다. 그들이 승소할지라도 고통이 끝나는 것은 아닙니다. 그것은 승리에 관한 일이 아니었습니다. 그것은 자녀들이 살아 있었던 마지막 순간에 어떤 일이 왜 일어났는지 알아내는 것에 관한 일이었습니다."

일본 법정에는 어떤 일도 빨리 일어나지 않는다. 공동 피고인 이시노마키시와 미야기현에 대한 소송에서 증언을 할 증인들은 2016년 4월에야 출석했다. 지난 2년 사이에 여섯 번의 심리가 있었다. 양쪽의 변호사들이 법률문제를 놓고 토론했고 논쟁점을 좁혔다. 원고 측 주장은 이시노마키시가 오카와 초등학교의 교사들을 통해 돌보던 학생들을 보호하지 못한 과실이 유죄라는 것이었다. 과실, 가시바 교장이 그렇게 집요하게 저항했던 단어인 *가시츠*가 있다는 것이었다. 그 소송은 두 가지 질문에 집중됐다. 교사들이 쓰나미가 오는 것을 예견할 수 있었는가? 만약 그렇다면 교사들이 쓰나미로부터 아이들을 구할 수 있었는가?

시 당국은 이 두 질문에 대해 모두 아니라고 주장했다. 학교는 해안에서 3.8킬로미터 떨어져 있었다. 기억하는 한 가장 강력한 지진인 1960년 칠레 지진으로 발생한 쓰나미도 이렇게 먼 내륙까지 해를 끼치지 못했다. 학교 건물과 주변 마을로 가려져 교사들은 바다를 보기 어려웠다. 바닷가 소나무 숲을 덮친 파도의 광경이 그들에게 보이지 않았다. 이시자카 교감은 물이 강둑을 넘어온다는 사실을 알자마자 학생들에게 대피하라고 지시했다. 그렇지만 그때는 비극적이지만 불가피하게도 너무 늦었다.

요시오카는 이 변론을 반박했다. 학교는 바다에서 충분히 먼 거리만큼 떨어져 있었는지 모르지만 쓰나미가 강둑을 넘었고 그것은 겨우 90여 미터만 떨어져 있었다. 가마야 마을은 해수면과 거의 같은 해발이어서 과거에 전통적으로 기타카미강의 범람을 많이 겪었다. 이시자카는 몇 개의 대피로 선택권이 있었다. 적어도 학교 뒤에서 언덕까지 올라가는 세 개의 다른 경로, 혹은 기다리고 있던 학교 버스를 통해 학생 모두를 그가 선택한 지점—강가의 교통섬—보다 높고 안전한 곳으로 옮길 수 있었다. 그리고 교사들이 쓰나미를 실제로 예측했다고 믿을 만한 다수의 이유가 존재했다. "그들이 쓰나미를 예견할 수 있었다는 것을 증명할 때 우리는 승소할 수 있습니다." 요시오카가 내게 말했다.

가시바 데루유키 전 교장이 증언을 한 2016년 4월 8일 센다이 지방법원의 방청석은 꽉 들어찼다. 너무 많은 사람이 들어가려고 줄 서서 기다리는 바람에 추첨으로 좌석을 배정해야 했다. 낯익은 얼굴들이 모두 거기에 있었다. 시토 부부, 고노 부부, 스즈키 부부와 어린 생존자 데츠야의 아버지인 다다노 히데아키가 변호사 뒤에 앉았다. 교육청에서 온 관료들이 있었고 처음부터 사건을 취재해오던 지방 언론인들이 있었다. 하지만 법정은 설명회에서는 찾아볼 수 없는 긴장과 격식의 모습을 띠고 있었다. 검은 법복을 입은 판사 세 명이 들어와 출석이 전해지고 법정의 모든 사람이 기립했다. 가시바 전 교장이 증인석에서 큰 목소리로 선서했다.

"저는 양심의 명령에 따라 가감 없이 진실만 말할 것을 맹세합니다." 짙은 회색 정장을 입은 작고 통통한 교장이 말했다.

가시바는 그에게 소송 사건의 기초 내용을 차례차례 알려준 시 변호사 한 사람에게 첫 질문을 받았다. 그는 학교의 비상사태 매뉴얼에 대해 말했다. 화재나 지진이 났을 때 취해야 할 행동을 명확히 정리해놓은 것이다. 학교는 그러한 만일의 사태를 대비해 정기적인 훈련을 시행했다. 그리고 쓰나미 참사 이틀 전이었던 2011년 3월 9일에 강력하긴 했지만 강도가 덜한 지진이 그 지역에서 발생했을 때 그 효과가 증명됐다. 가시바는 그날 학교에 있었고 학생들은 조용하고 신속하게 대피했으며 교사들은 확신을 가지고 지정된 의무를 이행했다. 오카와 초등학교는 한 가지 단순한 이유 때문에 굳이 쓰나미 훈련을 하지 않았다. 아무도 그러한 일이 일어날 것이라고 예상할 이유가 없었다. 그리고 원고 측에서 무엇을 주장하든 언덕으로 가는 길은 대피로로서는 완전히 비현실적이었다. 가시바가 직접 그 길을 올라갔고, 가파르고 위험하고 덤불과 대나무가 무성하게 자라 있는 것을 발견했다.

그러나 이 소송 건의 문제가 바로 여기 있었다. 만약 쓰나미가 진짜 상상할 수 없는 일이었다면, 즉 학교에 있는 교사들의 마음에 떠오르지도 못할 것이었다면, 도대체 왜 소행성 충돌이나 좀비 대재앙 같은 것으로부터 탈출할 필요성을 생각해야 했단 말인가?

가시바에 대한 요시오카의 반대 심문은 이 모순에서 오래 머물렀다. 그는 3월 9일에 발생한 전조 지진에 대해 상세히 설명해달라고 교장을 압박했다. 쓰나미 경보는 그날에도 발령됐다. 하지만 0.5미터밖에 안 되는 파도라서 보통 사람이 보기에는 거의 인지되지 않았고 피해를 유발할 정도는 아니었다. 그렇지만 학생들이 운동장에서 기다리고 있을 때 학교 서열 3위 엔도 준지는 양심적으로 강으로 내려가 물을 유심히 살피고 잘못된 것이 아무것도 없음을 확인했다.

가시바는 그날 엔도와 교감인 이시자카와 나눈 대화에 대해 질문을 받았다. 대화의 세부 내용은 교장 스스로 누설했고, 이것이 '설명회'에서 나온 폭로 가운데 가장 엄청난 것 중 하나였다. 학생들이 안전하게 교실로 돌아온 후 세 사람은 비상대피와 거기에서 배워야 할 교훈에 대해서 몇 분 동안 이야기를 나누었다. "우리는 만약 오카와 초등학교에 쓰나미가 밀려오면 무엇을 해야 할지 토론했습니다." 가시바가 법정에서 말했다. "그런 상황에서 대나무 숲 뒤로 올라가면 대피할 수 있을까요? 그곳은 거칠고 가파르기 때문에 우리는 그렇게 할 수 없었습니다. 저희는 결론에 도달하지 못했습니다."

학교 뒤 언덕에서 찍힌 그의 사진 몇 장을 그에게 보여주었다. 태양이 이글대고 방학이 시작되는 여름날이었다. 그 사진들은 반짝거리는 강과 그 너머 논과 함께, 다채로운 색상의 지붕들 사이에 자리 잡은 붉은 지붕의 학교를 보여주었다. 분명히 언덕으로 올라가는 길에서 찍힌 것이었다. 가시바가 주장하길, 그 비탈길은 학생들이 오르기에—자신들의 목숨을 구하기 위해서도— 너무 위험스럽다고 했다.

"이 사진들을 보세요." 요시오카가 증인에게 말했다. "사진 1과 2는 2009년 7월 21일에 증인에 의해 찍힌 것입니다."

"기억합니다"라고 가시바가 말했다.

"당신은 거기에 어떻게 올라갔나요?" 요시오카가 그에게 물었다.

"작은 오두막 뒤로 해서 대나무 숲을 통과해서 올라갔다고 생각합니다."

"당신이 걸어간 그 길은 학생들 또한 올라갈 수 있었죠, 아닌가요?"

"나는 그게 매우 위험했을 것이라고 생각합니다."

"당신이 이 사진을 찍었을 때 체격이 어떻게 되었나요?"

교장은 잠시 말을 멈추었다. "몸무게는 70킬로그램입니다"라고 말했다. "키는 155센티미터입니다."

증인석에 서 있는 키 작고 뚱뚱한 남자의 시각적 이미지와 함께 이 정보를 법정에서 등록하느라 약간의 시간이 흘렀다.

"그러한 키와 몸무게였다면 당신보다 학생이 올라가는 게 더 쉽지 않았을까요?" 변호사가 물었다.

학교가 사실 그 재난을 예측했다는 냉혹한 증거는 비상대피 매뉴얼 자체에 있었다.

이전 버전의 매뉴얼은 쓰나미가 오카와 초등학교와는 관련이 없다는 전제하에 쓰나미에 대한 모든 정보가 포함되지 않은 기본 템플릿을 채택했다. 하지만 2007년 초에 이 내용이 다시 수록됐다. 그 일을 수행한 교사는 이시자카 도시야 교감이었다.

'지진 발생 시에'라고 표시된 부분은 '지진(쓰나미) 발생 시에'라고 다시 고쳐졌다. 취해야 할 행동 리스트에 '정보 수집' 지시문은 '(또한 쓰나미 관련) 정보 수집'으로 바뀌었다. 이시자카 교감은 지진 대피 시 교사들이 체크해야 할 과업 목록에 쓰나미가 일어난 것을 확인하면 학생들을 2차 대피 장소로 인도하라는 새로운 지시문을 추가했다. 2차 대피 장소가 추가됐지만 기본 템플릿에서 변화되지 않은 똑같은 문구였다. '쓰나미 발생 시: 학교 가까운 공터 또는 공원 등등.'

증인석에서 가시바가 불편함을 느끼는 모습은 비상사태 매뉴얼을 이야기하는 중에 최고조에 달했다. 처음에 그는 왜 수정작업이 이뤄졌는지 기억해낼 수 없었다. 요시오카가 그것을 그에게 상기시켜줬다. 교육청이 교장 회의를 소집해서 업무 절차를 재검토하라고 지시했었다. 변경해야 하는 이유는 불가피한 것으로 보였다. 전에 있던 매뉴얼에는 쓰나미에 대한 언급이 없었다. 쓰나미에 대한 대비책을 만들도록 변경됐다. 왜? 쓰나미의 위험이 있었기 때문이었다. 질문을 할 때마다 변호사는 가시바에 대한 압박을 더 조이는 것처럼 보였다. 대답을 할 때마다 그는 변호사의 손아귀에서 꿈틀거렸다. 요시오카는 분노하며 위증죄라는 범죄가 있음을 그에게 상기시켰다.

"무엇 때문에 이 개정 작업을 했나요?" 변호사가 물었다.

"이시자카 교감이 추가했습니다." 가시바가 말했다. "그래서 나는 모릅니다."

"학교에서 당신이 책임을 맡고 있는 기간 동안 매뉴얼 추가 작업은 세 번 있었습니다."

"내 생각에 아마도 쓰나미에 대한 인식이 점점 증가하고 있었습니다."

"그래서 당신은 교장 회의에서 돌아와서 이시자카 교감에게 무슨 일을 해야 할지 지시했습니다."

"나는 결코 쓰나미가 학교를 덮치리라 예상하지 못했습니다. 그래서 나는 우리가 그 단어를 넣기만 하면 괜찮을 거라 생각했습니다."

"하지만 쓰나미가 결코 오지 않을 거라 생각하면서 왜 이런 단어를 굳이 넣었나요?"

"우리는 쓰나미라는 단어를 넣으라고 지시를 받았습니다. 그래서 그렇게 했습니다."

"그렇지만 왜 당신은 그 단어를 넣는 것을 지원했나요?"

"내 생각에 그게 괜찮을 것 같아서였습니다."

법정 분위기가 긴장되고 심각해졌다. 다양한 시점마다 가족들이 앉아 있는 자리에서 울음을 참으며 흐느끼는 소리가 나왔다. 그러나 자녀들이 단어 사용 외에 쓰나미로부터 다른 보호를 받지 못했다는 이야기를 교장으로부터 듣자마자 부모들은 비통하고 못 믿겠다는 듯한 쓴웃음을 터뜨렸다.

내 기억에 빈틈이 있을지도 모릅니다

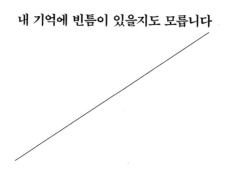

다다노 데츠야는 가끔은 어른이 되면 경찰관이 되고 싶었다. 가끔은 소방수가 되고 싶었다. 유도와 수영을 좋아했지만 엄마는 숙제를 하라고 자주 잔소리했다. 다시 말해 그는 보통의 놀기 좋아하는 열한 살 소년이었다. 하지만 내가 만난 모든 사람 중에서 오타와 초등학교를 가장 사랑하고 학교에 매료된 사람은 데츠야였다. 열정에 가까운 열의였다.

모든 사람들은 그 학교의 일상성과 평범함을 강조했다. 그렇게 수준이 낮았기 때문에 이번 비극의 규모가 늘어났다는 듯이 말이다. 하지만 데츠야의 눈에 그곳은 경이로운 곳이었다. 자신이 사랑하고 존경했던 학생들과 선생님들 때문만이 아니라 학교의 물리적인 특이성 때문이기도 했다. 대부분의 일본 학교들은 평평한 지붕의 정육면체이고 크기만 다를 뿐이다. 오카와 초등학교는 야심 차고 상상력 많은 건축가의 작품이었다. 메인 빌딩은 각진 사각형이 아니라 곡선형 수직 모양으로 만들어졌고, 그곳으로부터 두 번째 날개가 뻗어 나와 열두 면의 파빌리온으로 이어졌다. 데츠야는 아이들이 외발자전거*를 탔던 안쪽 뜰과, 살이 오른 장식용 잉어에게 곤충을 던졌던 연못에 대해 말했다. 학교 앞을 따라서는 벚꽃 나무가 심어졌는데 매년 4월이면 핑크색 벚꽃 바다를 연출했다. 한쪽 외부 벽면 위에 아이들은 세계의 어린이들이 각 나라의 전통 의상을 입은 그림을 그렸다. 데츠야는 2층 교실에서 바라봤던 논과 강, 건물 부속물의 움직임에 대해 말했다. "날씨가 좋으면 지붕은 빨간색이었어요. 그러나 비가 오면 색깔이 이렇게 자주와 파란색을 섞은 어두운 파란색으로 변했어요. 그리고 건물 전체가 환상적으로 보였어요."

2011년 3월 11일 전에 데츠야는 가마야 바로 뒤에 있는 야치나카에서 가족과 함께 살았다. 아버지 히데아키는 이시노마키의 제지소에서 일했다. 그는 시의 중심에서 쓰나미를 피해 산으로 도망쳤다. 파도가 줄어들자 그는 자전거를 빌려 오카와의 피난민들이 모여 있는 내륙 지대의 커다란 스포츠센터로 페달을 밟았다. 거기서 히데아키는 학교와 마을의 운명을 알게 됐다. 하지만 그곳에서 그는 울고 있는 부모들 중에서 거의 유일하게 아들 데츠야를 발견했다. 아들은 긁히고 부딪쳤고 오른쪽 눈은 다쳐서 안대를 하고 있었지만, 살아 있었다.

히데아키는 지방 자원봉사 소방대장이었다. 자연재해 시 전문

---

* 외발자전거는 죽마와 함께 일본 초등학교의 특징이다. 균형감각을 좋게 하기 위한 것이다.

소방대원들을 도와 활동을 개시했다. 동정적 이유에서 학교 아이들의 아버지들은 의무가 면제됐지만 어쨌든 그는 대원들을 이끌고 진흙 속에서 시체들을 발굴했다. 그의 아내 시로에는 재난 5일 후에 발견됐고 그의 아버지는 8일 후에, 그리고 아홉 살 난 딸 미나는 그 다음 날 발견됐다.

아버지와 아들은 스포츠센터에서 나와 히데아키의 여동생 집으로 갔다. 후에 그들은 이시노마키 외곽에 집을 마련했다. 가끔씩 과거에 살았던 옛집 터로 갔다. 가족의 집에서 남은 것이라고는 가마야의 모든 집처럼 콘크리트 토대의 윤곽뿐이었다. 병원 클리닉, 아니 파도를 견뎌낸 겉면마저도 빠르게 불도저로 밀어냈다. 오로지 학교만이 남아서 이곳에 한때 마을이 있었다는 것을 알려줬다. 갈라지고, 창문이 없고, 곳곳이 비바람에 노출됐으나 여전히 알아볼 수 있었다.

학교의 폐허 위에 특이한 행사가 이뤄졌다. 초기에 군인과 복구팀은 건물을 감싸고 있던 나무, 차, 그리고 깨진 유리 등의 쓰레기를 치웠지만 작업은 거기서 끝나지 않았다. 밀려오는 파도가 휘몰아쳐서 더러워진 학교 내부 인테리어와 내용물들이 마치 아이들과 선생님들의 귀환을 기다리는 것처럼 조심스레 걸러져서 복구됐다. 철제 다리의 작은 책상들이 한 줄로 세워졌다. 재봉틀, 주판, 녹음기, 3시 37분에 멈춘 벽시계 같은 잡다한 비품들이 쌓여갔다. 각 교실 밖에는 한때 코트를 걸어놨던, 아이들 이름이 아직도 붙어 있는 고리가 줄지어 있었다.

데츠야는 학교 방문을 낙으로 삼았다. 너무나 많은 것이 너무도 빨리 변해서 그의 과거의 삶—그리고 엄마, 여동생, 할아버지, 학교 친구들의 삶—은 꿈이 계속되지 않듯 때때로 그의 마음속에서 깜박깜박했다. 학교의 존재는 그와 그들이 살았었다는 것을 그에게 확인시켜줬다. 버려진 교실들을 돌아다니는 동안 데츠야는 여동생 미나가 삐뚤빼뚤하게 손으로 쓴 이름이 적힌 사전을 찾아냈다.

그리고 어느 날 아버지가 그에게 시 정부가 곧 잔존한 건물들을 어떻게 할 것인지 결정을 내릴 것이라고 알려줬다. 의견 일치를 본 바에 따르면 남아 있는 구조물들이 철거되고, 부지는 평평하게 하고, 오카와 초등학교의 모든 흔적이 지구에서 지워질 것이었다.

동북 해안가를 따라 쓰나미에서 살아남은 사람들은 쓰나미가 남겨놓은 것을 어떻게 처리할지 고민하고 있었다. 그것들은 계속 쌓이고 치워져온 부서진 집과 상가 건물 같은 일반적 잔해가 아니라, 상징적인 잔해들[58], 그러니까 특히 격렬하고 생생한 비극의 장소들, 파도의 힘으로 던져진 어울리지 않는 것들이었다. 미나미-산리쿠에 재난대비센터가 있었다. 그곳에서 엔도 미키라는 이름의 젊은 여성은 자신과 42명의 동료들이 물에 빠질 때까지 충실하게 대피경보를 방송하며 자리를 지켰다. *교토쿠-마루 18호*라는 60미터 넓이의 고깃배는 게센누마항의 주택가에 놓였고, 190톤의 쌍동선 *하마유리*는 오츠치의 한 호텔 지붕 위에 정박했다. 그리고 7만 그루의 해안가 숲에서 유일하게 살아남은 리쿠젠-타카타의 '기적의 소나무'가 있었는데, 소생시키기 위한 엄청난 노력의 대상이 되었다. 일본에서는 죽음과 재난과 관련된 잔해를 보존하는 선례가 있었다.

히로시마시의 원자폭탄 돔은 과거에는 공공회관이었으나 이제 그 앙상한 뼈대는 전 세계 순례의 장소이자 핵전쟁 공포에 대한 세계적 상징이 되었다.

이러한 유적들을 보존하려는 캠페인은 논란의 여지가 많았고 분란을 초래했다. 어떤 사람들에게 쓰나미 잔해는 생존과 희망의 상징이었고, 바다의 힘에 대해 미래 세대에게 주는 경고였다. 그러나 다른 많은 사람들에게는 그토록 잊고자 하는 공포를 상기시켜주는 것이었다. 몇몇 사람들은 외부 방문객을 끌어들일 만한 것이 적어진 마을에서 관광 명소로서의 가치에 대해 지적했다. 다른 사람들에게 이는 잔해들이 제거돼야 하는 정확한 이유였다. "많은 사람들은 평온하고 평화롭고 조용한 환경에서 죽은 사람들의 영혼을 위해 기도하고 싶어 합니다." 히라츠카 나오미가 내게 말했다. "그들은 동정의 눈을 원치 않습니다. 몇몇 아이들의 시신은 학교 안에서 발견됐습니다. 바로 그런 장소지요. 거기에 버스들이 주차하고 관광객이 패키지 투어를 하는 것을 원치 않을 것입니다."

그러한 논쟁은 돈과 비합리성—몇몇 사람들이 지켜본 바에 따르면 아직도 많은 사람이 상주할 집이 부족한 와중에 잔해들을 보존하는 데 자원을 투입해야 하는—이 달린 문제였다. 또한 그들은 정신적 트라우마를 극복하는 최고의 방법으로서 상호 반대되는 견해를 피력하는 것 같았다. 다시 말해 그것을 직면하고 말하고 받아들이냐 시야에서 사라지게 하느냐였다.

시간이 흘러감에 따라 보존을 지지하는 사람들은 몇몇 싸움에서 졌다. *교토쿠-마루*와 *하마유리*의 선체는 멀리 보내져 폐기됐다.

미나미-산리쿠 재난대비센터의 철제 프레임 잔해는 철거됐다. 땅 속의 염분은 서서히 기적의 소나무 뿌리를 죽였다.* 오카와 학교에 서 사망한 아이들의 가족을 대상으로 한 설문 결과, 그들의 60퍼센 트는 그 나무를 완전히 죽이기를 원했다. "네가 아무 말 하지 않으 면, 그것은 분명히 사라질 거다"라고 다다노 히데아키가 데츠야에 게 말했다. "네가 말하고 싶다면 말할 시간은 지금이다."

파도에 휩쓸린 78명의 아이들 중에서 단 4명만 살아서 나왔다. 그중 3명은 세간의 관심에서 보호하려는 가족의 노력으로 시야에 서 사라졌다. 데츠야의 아버지 히데아키는 종종 그들 중 한 명을 만 나곤 했다. 그는 그 소년의 고통스러운 억압적 분위기—마치 죽음 에서 살아온 사실에 대해 말하지 못하고 심지어 생각하지도 못하 게 지시받은 듯한—에 놀랐다. 데츠야만이 자신의 경험에 대해 공 개적으로 말하길 선택했다. 기자들에게 그는 일종의 선물이었다. 쓰 나미의 아이로서 희생자이자 생존자였다. 아직 소년 같은 태도였지 만 명쾌하고 말을 잘하고, 언뜻 보기에는 그가 목격한 일로 아주 심 하게 상처 입은 것 같지는 않았다. 오카와 초등학교는 다른 학교에 서 다시 세워졌고 데츠야는 다른 생존자들과 함께 그 학교에 다녔 다. 그 아이들 대부분은 지진과 쓰나미 사이의 51분 동안 부모나 조 부모가 데려갔던 아이들이었다. 그는 쓰나미에 갇힌 경험과, 무슨

---

* 소나무가 죽은 뒤, 리쿠젠-타카타 당국은 1억5천 엔(약 11억4000만 원)을 써서 나무 를 잘라 속을 판 다음에 다시 가짜 가지와 솔잎으로 조립했다.

일이 왜 일어났는지에 관해 답해지지 않았던 질문에 대해 기꺼이 말했다. 그의 아버지는 아들의 정신 상태에 대해 조심스러워했지만 이러한 참여를 격려했다. 오카와 초등학교 학생의 정신건강 케어에 관한 체계적 지원은 없었다. 히데아키로서는, 데츠야가 공감적인 기자와 대화하는 것이 일종의 테라피에 해당했다. "주변에 다른 사람이 있으면 훨씬 더 쉽습니다." 히데아키는 내게 말했다. "우리 가족 모두가 함께 가던 식당이 있었습니다. TV 프로듀서와 거기에 가서 무엇을 촬영할지 이야기하는 것은 재미있었습니다. 거기에 데츠야와 둘만 가면, 우리가 기억했던 모든 것 때문에 너무 슬펐죠."

히데아키는 유가족 커뮤니티의 말하지는 않지만 못마땅해하는 분위기를 알았고, 그것을 매우 잘 이해했다. "나는 생존자의 아버지입니다. 그러나 또한 학교에서 사망한 아이의 아버지이기도 합니다. 많은 사람들—자녀를 둘이나 셋 잃은 사람들—은 텔레비전을 켜서 살아남은 아이들의 얼굴을 보고 싶어 하지 않습니다." 그러나 데츠야보다 더 자신의 의견을 표현할 권리를 가진 사람이 누가 있을까?

그는 학교 건물의 운명과 그것이 보존돼야 한다는 자신의 믿음에 대해 기자들에게 말하기 시작했다. 그는 센다이의 공공 행사에서 이 주제에 대해 연설했다. 아버지와 함께 그는 도쿄행 탄환 열차를 타고 유명 대학 두 곳에서 연설했다. 몇몇 어린이들도 데츠야를 지지해 말하기 시작했다. 사토 가츠라와 시토 사요미의 살아남은 딸들과 엄마가 제시간에 데리러 왔던 우키츠 아마네, 그리고 그곳에서 어린 동생들을 잃은 예전의 학생들이었다. 그들은 자신의 형제자매가 그곳에서 죽었다. 여섯 명의 아이들 그룹은 매주 만나 전술을 상의했고 결의를 다졌다. "히로시마의 원자폭탄 돔은 사람들이 행동을 했기 때문에 보존됐어요."[59] 아마네는 말했다. "누군가 일어서기 전까지는 아무것도 변하지 않아요."

2014년 초에 데츠야는 도쿄의 메이지 대학에서 열린 심포지엄에서 발표했다.[60] 그것은 엄숙하고 겁나는 경험으로 그가 한 연설 중 가장 큰 행사였다. "나는 엄마와 여동생을 쓰나미에서 잃었습니다"라고 그는 청중에게 말했다. 강하고 점점 키가 커지고 있는 소년이지만 아직 아이의 여린 속살을 지녔다. "그리고 나를 돌봐줬던 할아버지도요. 슬픔은 즉시 찾아오지 않았습니다. 그러나 지금 마침내 나는 슬픔과 고통을 느낍니다."

그는 쓰레기 혹은 잔해라는 뜻의 *가레키*라는 단어에 대해 말했고, 쓰나미 폐기물에 대해 언급하곤 했다. 대부분의 사람들에게 그것은 아무 생각 없이 사용하는, 중립적이고 의미 없는 용어였다. 하지만 데츠야는 그 단어를 듣는 것이 고통스러웠다. "우리의 소유물들이 이제는 *가레키*라고 불립니다. 재난 전까지 그것들은 우리 삶의 일부였죠. 지금도 그것들은 우리의 기억을 담고 있습니다. 나는 그들 모두가 '쓰레기'라고 불리는 걸 듣고 싶지 않습니다." 그리고 이제, 그가 그렇게 행복하게 다녔고, 친구들과 여동생이 죽은 학교 또한 *가레키*로 취급되고 있었다. "학교가 철거된다면 미래의 사람들은 이곳에서 무슨 일이 있었는지 알지 못할 것입니다. 나는 그 건물이 파괴되는 것을 원치 않습니다."

쓰나미가 일어난 후 초기 시절만 해도 데츠야는 울거나 감정을 가누지 못하는 징후를 거의 보이지 않았는데, 이는 아버지에게 걱정의 대상이었다. 하지만 대학 청중에게 이러한 말을 전한 후 그는 의자에 폭삭 주저앉았다. 히데아키는 그를 단상에서 내려오게 한 뒤 조용한 방으로 데려가야 했다. 무엇이 문제인지 묻자 그는 머리를 테이블 위에 얹었다. "나는 사람들이 어떻게 죽었는지, 그리고 그들이 어떻게 느꼈을지 생각하기 시작했어요." 그는 말했다. "그것을 생각하니 마음이 무거워졌어요."

학교에 관한 최종 결정은 이시노마키 시장에게 있었다. 2016년 2월 그는 학교의 미래에 관한 문제를 토론하기 위한 공청회를 소집했다. 여기에 데츠야는 직접 참석하지 않았지만 학교가 보존돼야 한다고 호소하는 비디오 메시지를 녹화했다. 히라츠카 나오미의 남편인 신이치로는 학교가 철거돼야 한다고 열렬히 주장하던 사람 중 한 명이었다. 고통스럽고 메울 수 없는 큰 차이가 양측을 나눴다. 어떠한 결정이 내려지든, 결과는 고통일 것이었다. 몇몇 사람에게 학교의 잔해는 사랑스러운 자녀들의 죽음을 상징했다. 다른 사람에게는 그들이 살아 있던 마지막 흔적이었다.

다음 달에 시장은 결정을 내렸다. 학교는 보존될 것이고, 기념공원이 그 주위에 건설될 것이었다. 하지만 나무숲이 조성되어, 사람들은 잔해를 직접 보지 않고도 지나갈 수 있을 것이다.

전 교장 가시바가 증언한 지 2주일 후, 두 번째 심리가 열려 더 많은 증인이 증언하고 조사받았다. 법정 출두라는 시련을 주지 않기 위해 가족들의 변호사인 요시오카는 살아남은 아이들은 한 명도 증인으로 신청하지 않기로 결정했다. 하지만 6학년 소녀 아마네의 엄마인 우키츠 미와에는 증언을 했다. 그녀는 휴가여서 지진이 있었던 날 집에 있었다. 그녀는 라디오에서 쓰나미 경보를 듣자마자 어떻게 학교까지 3.2킬로미터를 운전해 갔는지를 이야기했다. 그녀는 딸의 담임인 사사키 다카시에게 곧장 갔다. 그는 반 학생들과 운동장에 서 있었다. "나는 그에게 자동차 라디오에서 쓰나미 높이가 높아지고 있다고 들었으니 빨리 산으로 도망치라고 말했어요." 그녀는 말했다. "나는 그의 왼팔을 잡고 오른팔로 산을 가리키며 '쓰나미가 오고 있어요. 산으로 도망쳐요. 사람들이 6미터 높이래요'라고 말했습니다. 나는 흥분했고 큰 소리로 외쳤습니다. 그는 전혀 개의치 않았고, 나더러 진정하라고 말했습니다. 내 오른쪽 어깨를 치며 '진정하세요, 어머님'이라고 말했습니다."

사사키는 미와에에게 아마네를 집으로 데려가라고 했다. 그 소녀는 걷잡을 수 없이 울고 있었고, 그것이 다른 아이들을 혼란스럽게 하고 있었다. 아이의 엄마는 여기에 놀랐다. 아마네는 울먹이거나 민감한 아이가 아니었기 때문이었다. 아마네가 나중에 설명한 바에 따르면 두 명의 반 친구인 사토 유키와 고노 다이스케가 선생님과 다투고 있는 것을 들었다.

선생님, 산으로 가요.

우리는 산에 올라가야 해요, 선생님.

여기에 있으면 땅이 갈라져 우리를 삼킬지도 몰라요.

여기에 있으면 우리는 죽을 거예요!

그리고 소녀는 며칠 전 꾼 꿈을 생각하고 있었다. 모든 친구들이 혼란스러운 회오리 물결에 갇히는 꿈이었다. 악몽을 떠올리니 그녀는 걷잡을 수 없이 두려워졌다.

법정으로 간 열아홉 가족은 서로 다른 이유로, 그리고 다양한 수준의 적극성과 망설임을 갖고 그렇게 했다. 몇몇 사람들에게 몇 년간의 슬픔과 고난 후에 금전적 보상 가능성은 가뭄 뒤의 비 같았다. 다른 사람들에게는 죽은 자녀의 목숨에 가치를 매긴다는 생각이 참을 수 없이 불쾌했다. 그러나 내가 만난 모든 사람은 한 가지에는 동의했다. 가장 중요한 것은 돈이 아니라, 학교에서 무슨 일이 일어났는가에 대한 진실을 밝히는 것이었다. 이러한 선언은 한동안 나를 어리둥절하게 만들기 시작했다. 왜냐하면 가족들은 수년간의 조사 후에 이미 많은 것을 알아냈기 때문이다.

학교 건물로부터의 신속한 대피, 운동장에서의 긴 지체, 사사키의 즉흥적인 확신, 이시자카의 우유부단함, 그리고 쓰나미 입안으로의 무시무시한 도망, 이 모든 것이 서류와 목격자의 진술에 잘 드러나 있었다. 교육청이 책임 추궁의 문제에서 슬쩍 피하거나 방향을 틀지도 모르지만 무슨 일이 일어났고 누가 잘못했는지는 분명했다. 도대체 무슨 더 이상의 진실이 밝혀질 게 남았다는 말인가? 내가 이 질문을 시토 사요미에게 하자 그녀는 한 단어로 답했다. "엔도요."

첫 번째 설명회에 단 한 번 나타난 후에 엔도 준지는 숨어버렸다. 그와 함께 많은 학부모들 눈에서 진실이 함께 사라졌다. 이것이 법원으로 간 요지였다. 은신 중인 엔도를 끌어내, 모호한 진실에 대해 목소리를 내게끔 증인석에 서게 하는 것이다. "그것은 아주 단순합니다." 요시오카는 말했다. "학교에 있었던, 생존하는 유일한 성인 목격자가 있습니다. 가족들은 그 마지막 순간들에 자녀들에게 정확히 무슨 일이 일어났는지, 어떻게 아이들이 쓰나미에 쓸려갔는지, 그리고 어떻게 죽었는지를 알고 싶어 합니다."

엔도는 법원에 출두하기에 심리적으로 적합하지 않다고 계속 주장했다. 판사들은 하려고 한다면 출두를 명할 권한이 있었고, 요시오카는 그렇게 해달라고 요청했다. 한편 그는 의뢰인들의 기대사항을 잘 관리하려고 했다. 소송에서 이기기 위해서는 그가 지적했듯 교사들이 쓰나미를 예견했음을 증명해야 했다. 그리고 엔도는 이를 달성하는 데 유용할지도 모르지만, 똑같은 내용을 증명하기 위한 다른 방법들이 있었다. 그가 증인으로 출두한다면, 시 변호사의 코치를 받아 그의 증언은 모호하고 진실을 오도하게 될 것이었다. 학부모들은 이해했다고 끄덕이며 동의했다. 하지만 변호사는 이 한 사람을 만나 이야기를 듣고자 얼마나 많은 것을 투자했는지를 알고 있었다.

나는 시토 사요미에게 그녀가 아직 모르거나 짐작하지 못하는 무엇을 엔도로부터 알고자 하는지를 물었다.

"그때 일어났던 모든 일이요." 그녀가 답했다.

"어떤 것 같은 것이요?" 내가 물었다.

"하늘이 어떠했는지 같은 것이요. 바람이 어떻게 불었는지. 어떤 분위기였는지. 아이들은 어떤 기분이었는지요. 교사들이 아이들의 생명을 구하려고 열심히 노력했는가? 아이들은 추워했는가? 집으로 가고 싶어 했는가? 우리 아이는 어떠했는가? 누가 그 애에게 마지막으로 말했는가? 그 애가 도망치고 있을 때 누가 그 애 옆에 있었는가? 그 애는 누구의 손을 잡고 있었는가? 이 모든 것을 안다 해도 지사토는 돌아오지 않을 겁니다. 하지만 그때 일어난 모든 것, 그것이 내가 알고 싶은 것이에요."

센다이 지방법원의 최종 심리는 2016년 8월 21일이었다. 그 후에 변호사들은 최종 서면 진술을 했다. 이시노마키시가 준비한 서류는 23페이지 길이였다. 두 번째 피고인 미야기현 정부 측 변호사는 9페이지만 제출했다. 요시오카는 도표, 그래프, 통계, 법적 쟁점으로 빽빽한 400페이지 책을 제출했다. 그는 차분하고 침착한 남자였지만 그 후에는 승리감에 이르는 성격과 비슷해진 것 같았다. "동료와 그것에 대해 이야기하고 있었는데, 우리가 패소할 이유를 단 하나도 생각할 수 없었죠." 그는 내게 말했다. "단 하나도 없었죠. 그것은 아주 드문 일입니다." 처음 소송 제기에서부터 마지막 진술까지 그 소송은 2년 3개월이 걸렸다. 일본 사법부의 기준으로 볼 때 요시오카는 그것이 매우 빠른 것이라고 말했다.

하지만 수석판사는 엔도 준지를 증인으로 소환하는 것을 금하는 명령을 내렸다. 그는 자신의 논지를 제시할 의무가 없어졌다. 하지만 요시오카는 이를 좋은 징후라고 여겼다. 원고가 다른 방법으로 성공적인 변론을 했다는 의미였다. 판사는 자신들을 설득시키기 위해 또 다른 증인이 필요 없었다. 그리고 어쨌든 그들은 정신병 진단을 받은 남자를 이용하기를 꺼려했을 것이다.

"그가 살아 있는 한 언젠가는 다시 우리의 삶과 만날 것이라고 믿습니다." 사요미는 말했다. "법원에서는 아닐지도 모릅니다. 하지만 우리는 그를 만나 그가 해야 할 말을 들을 기회가 있을 겁니다. 삶이 무너진 사람은 엔도만이 아닙니다. 그만이 정신적으로 고통받고 있는 것이 아닙니다. 우리의 삶이 변했다는 뜻만은 아닙니다. 우리 머리 안을 이야기하는 겁니다. 그날 이후로 모든 사람은 머리 안에 문제가 생겼지요."

5

모두 저 멀리 가다

영혼의 위로

　사제이자 퇴마사인 가네타 다이오 승려는 내게 쓰나미가 있었던 밤, 그러니까 북일본 전역의 사람들이 강렬하게 기억하고 있는 순간에 대해 이야기했다. 그의 절은 내륙에 있어 파도의 영향을 받지 않았지만 지진으로 도호쿠 전역에 걸쳐 전력과 전깃불이 두절됐다. 인간의 발전이 이뤄졌던 지난 한 세기 동안에 처음으로 온 땅이 역사적 첫 암흑의 상태에 놓였다. 창문 불빛이 위를 비추지 못해 밤하늘이 어두워졌다. 교통신호등이 없어 운전자들은 불빛 없는 도로를 다니지 않았다. 별자리 별들과 은하수의 푸른 강은 선진국 사람들은 절대로 경험할 수 없을 만큼 선명했다. "밤이 내리기 전에 눈이 왔습니다." 가네타가 말했다. "현대적 삶의 모든 더러움이 눈에 의해 땅으로 씻겼습니다. 완전한 어둠이었지요. 그리고 차들이 없었기 때문에 아주 조용했어요. 우리가 보기 힘든 진정한 밤하늘이었지요. 별들이 가득한 하늘요. 그것을 본 모든 사람은 그 하늘에 대해 이야기합니다."

가네타는 개인적으로 안전했지만, 전기가 나간 탓에 무슨 일이 일어났는지 전혀 알지 못했다. 하지만 그는 세상이 변화했음을 인지했다. 전례 없는 지진의 진도와 해저 진앙지에 대해 충분히 알았고 쓰나미가 이어지겠다는 것을 알았다. 절에서 가장 가까운 해안가 지역은 시즈가와만으로 48킬로미터 떨어져 있었다. 그의 마음은 만의 파도와 물에 젖은 시체들 이미지로 가득 찼다. "진도 9.2의 지진이었죠"라고 그는 말했다. "그렇게 강력한 것이 일어나면 지구는 지축이 움직입니다. 도호쿠 지역의 많은 사람이 강렬한 감정으로 가득 차서 그날 밤 하늘 위를 바라보고 있었습니다. 그리고 별들을 바라보며 나는 우리 주위와 위에 있는 무한한 공간인 우주를 인식하게 됐습니다. 마치 우주를 조사하고 있는 것같이 느껴졌어요. 나는 지진을 그 거대한 빈 공간 안에서 일어났던 일로 인식했습니다. 그리고 이것이 전체의 부분임을 이해하기 시작했습니다. 뭔가 엄청난 일이 일어났습니다. 그러나 그것이 무엇이든지 간에 그것은 완전히 자연적이었습니다. 그것은 우주 메커니즘의 일부로서 일어났습니다."

"내 마음에는 냉혹한 눈, 아름다운 햇빛, 별이 빛나는 하늘, 그리고 해변가 위로 떠도는 수없는 그 모든 죽은 시체들이 새겨졌습니다. 아마도 이것이 가식적으로 들릴 겁니다. 그러나 삶이 파괴된 사람들에게 도움을 제공하는 일을 시작하며 나는 사람들의 마음과 그들의 고통, 고뇌를 돌봐야 했습니다. 하지만 나는 또한 우주적 관점에서 그러한 슬픔을 이해해야 했습니다."

그는 그 당시에 경계가 사라지는 해리의 감정을 경험했다. 그것은 불교적 개념인 *지타 후니*—문자적으로 '분리되지 않은 나와 타자'— 즉, 다른 시대와 다른 장소에서 모든 종교의 신비주의자들이 추구해온 연합의 재연이었다. "우주는 결국에는 그 안에 모든 것을 감쌉니다." 가네타가 말했다. "삶, 죽음, 고뇌, 분노, 슬픔, 기쁨을요. 산 자와 죽은 자 사이의 경계가 없지요. 산 자의 자아들 사이에도 경계가 없습니다. 그 순간 그곳에 있었던 모든 사람의 생각과 감정이 하나로 합쳐졌습니다. 그것이 그 당시 제가 도달한 이해였습니다. 그것은 공감을 가능하게 해줬습니다. 기독교적 의미 같은 사랑이지요."

그것은 독특하고 회복될 수 없는 순간이었다. 대재앙이 발생했다. 그러나 그것은 너무도 새롭고, 사실 아직도 펼쳐지고 있었기 때문에 아무도 넓이와 높이를 가늠할 수 없었다. 기타카미강에서 고노 데루오는 뗏목에 꼭 붙어 있었다. 오카와 초등학교 어머니들은 다음 날 아이들을 보게 될 거라고 믿으며 라디오 방송을 듣고 있었다. 별 아래에 서서 가네타는 일어난 일의 규모와 공포를 깨달았지만 상상으로만 이해했을 뿐이었다. 그의 상상력 속에서 재난은 심오한 영적 진리의 모습을 띠었다. 그가 그러한 명료함을 다시 얻기까지는 오랜 시간이 걸릴 것이었다.

내가 도호쿠에서 접촉한 사람들 중에서 가네타 다이오보다 강한 인상을 남긴 사람은 없었다. 나를 가장 흥미롭게 한 것은 그의 불교 신앙이 아니었다. 그가 승려라는 사실은 종종 그의 본질에 부수적인 것이고, 성격의 흥미로운 부분일 뿐이었다. 그는 타고난 이야기꾼이었고, 명철함과 지적 성실성, 그리고 풍부한 공감의 사람이었다. 그리고 그는 내가 스스로 추구해왔던 상상력의 재능을 지녔다. 비극을 그 모든 잔인함과 공포에 있어서 직접 피부로 느끼지만, 동시에 침착함과 통찰력을 갖고 초연한 위치에서 이해하고 바라보는 모순적 능력이었다. 가네타는 내가 항상 탄환 열차로, 도쿄로, 10층의 내 데스크로 돌아갔던 것과 달리 재난으로부터 뒤돌아가지 않았다. 그는 사랑하는 사람을 하나도 잃지 않았음에도 죽은 사람들의 시체를 처리해야 하는 일에 몰두했다. 그는 대재앙이 자신의 삶을 바꾸도록 허용했지만 그것의 희생자가 되지는 않았다. 그는 의심과 혼란, 그리고 자신의 신체적, 정신적 연약함을 받아들일 만큼 강했다. 이러한 특성들이 그로 하여금 살아남은 사람을 위로하게 하고 죽은 자들과 소통하고 그들에게 명령하게끔 했다. 하지만 두 세계 사이에 걸쳐 있는 사람들에게는 정신적 대가가 따랐다. 가네타의 경우, 그것은 그를 거의 무너뜨렸다.

장례식을 마쳤을 때, 그리고 달라붙은 귀신을 오노에게서 쫓아낸 직후에, 가네타는 쓰나미가 남겨놓은 것을 직면하게 됐고, 자신이 도움이 될 방법을 찾았다. 불교에서는 사후 49일을 고인의 영이 사후세계에 들어가는 순간으로 기념한다. 그는 신도와 불교의 동료 승려들과 개신교 목사들을 모아서 거의 완전히 소멸된 마을인 시즈가와 시로 가는 행진 의례를 거행했다.

그들은 아침에 내륙에 있는 절에서 출발했다. 신도 사제들은 사치스러운 검은 옻칠 모자를 썼다. 불교 승려들은 붉은 승복에 빡빡 깎은 머리였다. 목사는 뻣뻣이 세운 칼라에 은 십자가를 걸었다.

그들이 걸어간 풍경은 파괴되고 부패로 오염됐다. 불도저가 쓰레기 사이로 길을 치웠고, 엄청난 콘크리트, 철, 나무, 타일 더미로 쌓았다. 그 더미들은 제대로 수색되지 않았다. 발굴되지 않았고 보이지 않지만 그 안에 시체들이 있었고, 이는 지나가는 모든 사람에게는 분명했다. "죽은 시체와 진흙의 이상한 냄새가 났습니다." 가네타가 말했다. "너무나 많은 쓰레기가 있었죠. 사람들의 삶의 기념품이 아직도 땅 위에 나뒹굴고 있었어요. 우리는 사진을 밟지 않기 위해서 발을 딛는 곳을 조심해야 했습니다."

선명한 옷을 입은 남자들의 행진은 잔해들을 지났고 '영혼의 위로'라는 뜻의 글자들이 쓰인 플래카드를 위로 높이 들고 있었다. 그들은 네 시간을 걸었다. 그들이 지나갈 때 기계들이 쓰레기에 작업을 하고 있었다. 안전모를 쓴 일꾼들이 쓰레기를 쑤셨고, 캐터필러 트럭으로 그들을 우악스럽게 치웠다. 이들 종교인은 타인의 이목을 느끼기 시작했다. 도움을 주는 게 아니라 청소 작업의 방해꾼으로 오히려 환영받지 못하는 것 아닌가 고민하기 시작했다. 하지만 멍하니 서 있거나 과거 자기 집의 쓰레기를 만지는 평범한 사람들도 있었다. "그들은 사랑하는 사람들의 시신을 찾고 있었습니다." 가네타는 말했다. "우리가 행진해 지나가는 것을 보고 그들은 돌아서 머리 숙여 인사했습니다. 그들은 사랑하는 사람들을 찾기 위해 필사적으로 기도하고 있었어요. 우리의 마음은 무척 무거웠습니다. 이보다 고통을 더 많이 의식했던 적은 거의 없는 것 같습니다."

가네타와 그의 그룹은 행진해 갈 때, 경전을 읽고 찬송가를 부르려 했다. 하지만 여기서, 엉망진창과 악취 속에서 목소리가 나오지 않았다. "기독교 목사는 찬송가를 부르려고 노력했습니다. 하지만 성서 속 찬송가 중 어느 것도 적당해 보이지 않았습니다. 나는 경전을 하나도 읽을 수 없었습니다. 그저 비명과 외침으로만 나왔지요." 사제들은 비싼 옷을 입고 경전을 중얼거리며 쓰레기 속에서 쓸데없이 길을 막고 걸었을 뿐이었다. "그리고 우리가 바다에 도착했습니다. 바다를 보았을 때, 우리는 바다를 대면할 수 없었습니다. 우리는 보고 있는 것을 해석할 수 없는 것 같았어요."

그는 말했다. "종교적 의례와 언어에 대해 우리가 배운 모든 것에도 불구하고, 그중 어느 것도 우리가 주변에서 본 것을 대면하는 데 효과적이지 않았음을 깨달았습니다. 우리가 지금 살고 있는 이러한 파괴는 종교의 원칙이나 이론에 의해 만들어질 수 없습니다. 사제인 우리조차도 사람들이 '우리는 신을 보지 못했습니다. 여기에 부처는 없어요'라고 말하며 표현하고 있는 두려움을 느꼈죠. 나는 그때 종교적 언어는 우리 자신을 보호하기 위해 입었던 군복이었고, 앞으로 나아가는 유일한 길을 그것을 벗어버리는 것임을 깨달았습니다."

몽쿠는 일본어 '불평'과 영어 'monk'를 상징했다. 하지만 카페드 몽쿠는 가네타가 쓰나미 생존자를 위해 조직한 모바일 이벤트로 다과와 우애, 그리고 은근슬쩍 카운슬링을 제공했다. 그 이름에는 세 번째 이유가 있었다. "나는 재즈를 좋아합니다." 그가 말했다. "그리고 무엇보다 텔로니어스 몽크를 좋아합니다. 아주 뛰어나고 독특한 음악인 비밥이죠. 느슨한 구절법, 그 불협화음의 소리들. 내게는 그것이 재난 후 사람들의 마음이 어떠할지를 반영하는 것 같습니다. 사람들 마음과 가슴의 박자를요. 행사를 위한 완벽한 음악이었습니다." 카페 드 몽쿠에서 가네타는 승려복을 벗고 재난의 희생자를 돕고자 노력했다. 재즈 팬은 불교 신자 못지않게 유용했다.

임시 주택은 내륙 마을의 외곽 빈터에 줄지어 배치됐다. 가네타는 사제들과 봉사자 그룹과 함께 도착해 커뮤니티 회의실에서 준비했을 것이다. 그들은 티와 커피를 끓이고 케이크와 비스킷을 준비했다. 철제 막사의 주민들은 도착하기 시작했을 것이고, 그들 대부분은 노인이었을 것이다. 심플한 인디고 튜닉을 입고 있는, 키가 크고 미소를 띠며 안경 쓴 가네타가 일어서서 방 안 사람들에게 인사했을 것이다. 그는 모든 사람을 환영하고 봉사자들을 소개하고 짓궂은 농담을 했을 것이다. "여기 스즈키 씨가 원하시면 어깨 마사지를 해줄 것입니다." 그는 말했다. "마사지요! 한번 받아보셔야 합니다. 그의 마사지는 너무도 나른해서 여러분을 실제로 다른 세상으로 보내버릴 겁니다. 하지만 걱정하지 마십시오. 여기 사제들이 많이 있으니까요."

뜨거운 음료가 부어지고, 음식 그릇이 돌려질 것이다. 식기류들이 다양한 색의 줄과 유리구슬과 함께 준비되었을 것이다. 나이든 사람들은 낮은 테이블에서 바닥에 앉았고 불교 묵주를 뀔 것이다. 사제들은 *이하이*를 잃어버린 사람들을 위해 *이하이* 위패를 새기고 축사했다. 많은 농담과 웃음이 있었지만, 종종 가네타는 한 사람 내지는 또 다른 사람과 같이 떨어져 앉아 개인적이고 눈물겨운 대화를 하고 있는 것이 목격되었다. 텔로니어스 몽크가 연주되고 있을 것이었다.

　일본의 모든 사람은 위안을 찾고 있었다. 시간이 더 지나갈수록, 위안을 찾기가 더 힘들었다. 생존을 위한 투쟁과 대피센터에서 힘든 몇 주를 보낸 후, 집을 잃은 사람들은 친척 집으로, 임대 숙소로, 음산한 임시 주택으로 전국 각지에 흩어졌다. 하지만 극심한 위기의 시기가 어떤 면에서는 쉬운 부분이었다. 생존자들이 비좁지만 그래도 활기찬 공동체 피난처를 나와 상대적으로 프라이버시가 존중되는 철제 컨테이너로 옮겨 갔을 때, 슬픔과 상실은 두 번째 파도처럼 높아졌다.

　"쓰나미 직후에 사람들은 다음 한 시간을 살아내는 것을 걱정했습니다." 카페 드 몽쿠에서 만난 개신교 목사인 가와카미 나오야는 말했다. "이어 그들은 대피소에 왔고 하루를 보내는 걸 걱정했지요. 사건들이 안정됐고, 그들은 음식과 잘 곳을 제공받았습니다. 그리고 그들은 다음 2주일을 불안해했습니다. 임시 주택이 제공되고 어떤 면에서 생활이 안정되었습니다. 이제 그들은 굶어 죽거나 얼어 죽지 않을 것이었습니다. 하지만 실질적인 문제가 해결되자 그들이 느끼는 불안은 훨씬 더 강해졌습니다. 그것은 미래를 향해 무한대로 앞으로 뻗어나갔습니다. 그들에게 어떤 물질을 주는 것으로는 더 이상 진정되지 않았습니다. 물질은 결코 충분하지 않을 것입니다."

　대피 센터 속에서 재미있는 비좁음을 겪은 후에 철제 박스 속 생활은 외롭고 재미없었다. 하지만 수년이 지나면서 그곳도 안락하게 되었다. 꽃과 장식용 꽃양배추가 심어졌다. 이웃들은 친구가 됐다. 그러나 곧이어 영구주택을 구할 수 있게 되었고, 새로운 공동체는 축소되고 붕괴되기 시작했다. 추첨으로 집들이 제공됐다. 당첨된 사람들은 특별히 만들어진 새 아파트로 이사했다. 당첨되지 않은 사람은 최소한 다음번 배당까지 뒤에 남겨졌다. "어떤 사람들은 당첨되지 않았고 계속 그러했습니다." 사제 중 한 명이 내게 말했다. "그들은 버려진 느낌을 강하게 받았습니다. 때때로 일어나보니 이웃인 당첨자들이 한마디 말도 없이 사라진 것을 발견하기도 했습니다. 그들은 너무 당황해서 가면서 작별인사도 못했습니다."

가와카미 목사는 말했다. "처음에 그들은 자신의 불안을, 그리고 그것이 어떻게 해결될 수 있는지 말할 수 있었습니다. '내 아이를 위해 주먹밥이 필요해요.' '소지품을 넣을 판지상자가 필요합니다.' 사람들은 이제 그것들을 갖게 됐습니다. 하지만 그들은 여전히 불안을 지니고 있으며, 남아 있는 불안은 너무도 커서 말할 수가 없습니다. 그것은 분노로, 관계의 결렬로, 개인 간에, 그리고 그룹 간에 표출됐습니다. 분노, 불화, 이해 부족이 있습니다. 그토록 많은 사람들이 요즘은 유령을 보고 있습니다. 그것은 트라우마 때문입니다. 사람들은 유령들을 본 것에 대해 말합니다. 하지만 그들이 진짜로 말하고 있는 것은 집으로 돌아가는 문제입니다."

일본 열도가 존재했던 동안 일본인들은 쓰나미로 죽어왔다. 그리고 모든 쓰나미는 귀신을 낳았다. 그들 중 하나는《도노 이야기》라고 불리는 유명한 도호쿠 옛날 설화 책에 기록됐다. 1896년의 산리쿠 쓰나미에서 함께 살아남은 두 아들과 함께 가족의 집터 위 판

잣집에 살았던 후쿠지라는 이름의 남자 이야기[61]였다. 어느 달빛 비치는 여름밤, 그는 일어나 해변에서 변을 보았다. "오늘 밤, 안개가 낮게 머물렀다"라고 그 책은 기록했다. 그리고 그는 두 사람—한 남자와 한 여자—이 안개 속에서 자신을 향해 다가오고 있는 것을 봤다. 그 여자는 아내였다. 남자는 다른 마을 사람이었는데, 여자의 가족이 후쿠지를 남편감으로 선택하기 전까지 아내와 사랑하던 남자였다.

꿈에서처럼 후쿠지는 그 커플을 따라갔고 아내의 이름을 불렀다. 그녀는 웃으며 그에게 돌아서서 '나는 이제 이 남자와 결혼했어요'라고 말했다. 반쯤 혹은 완전히 잠든 후쿠지는 이해하려고 애썼다. '하지만 당신은 아이들을 사랑하지 않소?'라고 그는 말했다. 창백한 얼굴이 더 창백해지더니 여인은 울기 시작했다. 상황 파악을 하지 못한 후쿠지는 가엾게도 발을 내려다봤다. 아내와 그녀의 연인은 소리 없이 사라졌다. 그는 그들을 따라가기 시작했고 이어 아내와 남자 모두 쓰나미로 죽었다는 걸 기억해냈다. "그는 날이 샐 때까지 길 위에 서서 생각하다가 아침에 집으로 돌아왔다"로 이야기는 끝난다. 그는 그 후로 오랫동안 아팠다고 전해진다.

히지카타 마사시보다 도호쿠 문학 및 설화를 더 잘 아는 사람은 없었다. 그는 재난 후에 귀신의 출몰이 있을 것임을 즉각적으로 알았다. "우리는 후쿠지의 이야기를 기억했습니다." 그는 말했다. "그리고 우리는 그 같은 새로운 이야기가 많이 생길 것이라고 말했습니다. 개인적으로 나는 유령의 존재를 믿지 않습니다. 하지만 그것이 핵심이 아닙니다. 사람들이 자신이 귀신을 봤다고 한다면, 그

걸로 좋습니다. 우리는 그대로 둬야 합니다."

히지카타는 일본의 최북단 섬인 홋카이도에서 태어났지만, 대학생 때 센다이에 왔고 제2의 고향에 대해 성공적 이민자로서의 열정을 지녔다. 그는 도호쿠를 주제로 한 책과 저널만을 다루는 작은 출판사를 운영했다. 귀신들의 정치학, 그리고 도호쿠 사람들에게 의미하는 기회와 리스크를 내게 설명해준 사람이 히지카타였다.

"우리는 많은 사람이 이 같은 경험을 하고 있다는 것을 알게 됐습니다. 하지만 그들을 이용하는 사람들이 있었습니다. 그들에게 이런저런 것을 팔려고 하면서 '이게 위안이 될 것입니다'라고 말했죠." 그는 재난에 아들을 잃은 여자를 만났는데, 귀신 들린 느낌에 괴로워하고 있었다. 병원에 갔더니 의사는 그녀에게 항우울제를 처방해줬다. 절에 갔더니 사제는 부적을 팔며 경전을 읽으라고 했다. "하지만 그녀가 원한 것은 아들을 다시 보는 것이었습니다. 그 여자분과 같은 사람이 너무도 많았죠. 그들이 귀신인지는 상관하지 않았습니다. 그들은 귀신이라도 만나고 싶어 했죠."

"그 모든 것을 참작하여 우리는 무엇인가를 해야 한다고 생각했습니다. 물론 트라우마를 경험하고 있는 사람들도 있으니 정신건강으로 고통받고 있다면 병원 치료를 해야 합니다. 다른 사람들은 종교의 힘에 의지할 것입니다. 그것은 그들의 선택입니다. 우리의 일은 그들이 초자연적 현상을 목격하고 있다는 사실을 인정할 수 있는 장소를 만드는 것입니다. 우리는 문학의 힘을 통해 사람들을 돕는 대안을 제공하고 있습니다."

귀신은 피할 수 없는 것일 뿐 아니라, 기념해야 하는 도호쿠의 풍부한 문화의 일부였다. 히지카타는 중세 시대에 번성했던 문학 형태를 재생시켰다. 이상한 이야기인 *가이단* 혹은 이상한 이야기 파티인 *가이단-카이*는 인기 있는 여름철 취미여서, 귀신 이야기의 으스스한 냉기는 산업화 이전 시대에 일종의 에어컨 역할을 했다. 히지타카의 *가이단-카이*는 현대적인 커뮤니티 센터와 공공 홀에서 열렸다. 작가 한 명의 낭송으로 시작되었다. 이어 청중은 자신들의 경험을 나눴다. 학생, 주부, 직장인, 은퇴자들이었다. 그는 *가이단* 쓰기 공모전을 개최했고, 그중 가장 뛰어난 작품 선집을 출간했다. 수상자 중에는 히지카타의 사무실에서 어느 날 오후에 만난 적 있는 수토 아야네도 있었다.

그녀는 두꺼운 검은색 안경과 늘어뜨린 앞머리를 한, 차분하고 단정한 젊은 여성이었다. 센다이의 장애인 요양시설에서 일하고 있었다. 그녀가 자라난 게센누마 어항은 쓰나미의 피해를 가장 많이 받은 마을 중 하나였다. 아야네의 고향 집은 파도가 닿을 거리 밖에 있어서 어머니, 여동생, 할머니는 아무런 이상이 없었다. 그러나 해양 기술자인 아버지는 마을 항구 프런트에서 일했고, 그날 저녁 집에 돌아오지 않았다.

"나는 항상 아버지에 대해 생각했습니다." 아야네가 말했다. "무슨 일이 발생한 것은 분명했습니다. 하지만 아버지가 그저 부상 입었을 거라고, 그분은 어디선가 병원에 누워 있을 것이라고 혼잣말을 했어요. 최악의 경우에 대비해야 한다는 걸 알았지만 전혀 준비되어 있지 못했죠."

아야네는 지진으로 엉망이 된 아파트를 치우고, 끊임없이 아버지에 대해 생각하면서 센다이에서 고통스러운 나날을 보냈다. 재난 2주 후에, 그의 시신이 발견됐다.

아버지의 관이 들어오기 바로 직전에 그녀는 가족들의 집에 되돌아갔다. 친구들과 온 가족이 모였는데 대부분 캐주얼하게 입고 있었다. 모든 검은색 정장이 떠내려가고 없었다. "아버지는 대부분의 사람들처럼 익사하지 않았습니다." 아야네는 말했다. "큰 쓰레기 더미에 가슴을 맞아 돌아가셨습니다. 관에서 유리창을 통해 그분의 얼굴을 볼 수 있었습니다. 2주가 지났고, 시신이 부패했을까 봐 걱정됐습니다. 나는 창을 통해 봤습니다. 아버지는 두어 군데 상처가 있었고 창백해 보였습니다. 하지만 여전히 아버지의 얼굴이었죠."

그녀는 마지막으로 아버지의 얼굴을 만지고 싶었다. 하지만 관과 창문이 봉인되어 닫혀 있었다. 그 위에 하얀 꽃이 놓여 있었다. 장의사가 관의 나무에 올려놓은 한 송이였다. 거기에 이상한 점은 없었다. 하지만 아야네에게 그것은 특이한 일이었다.

열흘 전, 희망과 절망의 정점에서 그녀는 뜨거운 온천수에 푹 담그기 위해 커다란 공중목욕탕에 갔다. 목욕을 하고 나와 라커에서 부츠를 찾아 신으려는데 발끝에 뭔가가 느껴졌다. "차가운 느낌이었어요"라고 그녀는 기억했다. "양말 위로도 그것이 얼마나 차가운지 느낄 수 있었습니다. 그리고 부드럽고 솜털같이 느껴졌습니다." 그녀는 손을 안으로 넣어 방금 자른 것같이 신선하고 흠 없는 하얀색 꽃을 꺼냈다.

그러한 물건이 잠가둔 라커 안에 있는 부츠 속으로 어떻게 들어갈 수 있었는지는 약간의 미스터리이다. 마음속에서 그러한 생각은 이내 희미해졌다. 똑같은 꽃이 다시 나타나 아버지 관 앞에 있는 순간까지. "처음에 나는 이것이 나쁜 소식의 전조일지도 모른다고 느꼈어요. 아빠는 더 이상 살아 계시지 않을지도 모르고, 이것이 죽음의 징후일 수도 있었죠. 하지만 나는 후에 그것에 대해, 꽃의 차가움에 대해, 하얀 색깔에 대해, 발끝에 닿은 그 부드러운 느낌에 대해 생각했습니다. 그리고 나는 그것을 아버지의 터치라고 생각했습니다. 그것은 아버지가 관에 계실 때는 경험할 수 없는 것이었죠."

아야네는 꽃은 그저 꽃이란 걸 알고 있었다. 그녀는 귀신을 믿지 않았고, 돌아가신 아버지가 그녀에게 사인으로 그것을 보냈다고도 믿지 않았다. 그러한 커뮤니케이션이 가능했다면, 사랑하는 부모가 그렇게 모호한 용어로 표현하겠는가? "우연의 일치였다고 생각합니다. 그리고 나는 그것을 잘 이용했습니다. 사람들이 귀신을 볼 때, 그들은 이야기를 말하고 있는 거지요. 사람들은 이야기가 계속되거나 결말을 맺게 되므로 귀신에 관한 꿈을 꿉니다. 그리고 그것이 자신에게 위안을 준다면, 그것은 좋은 일이지요."

히지타카의 잡지에 *가이단*을 발표하면서 그것은 훨씬 더 큰 의미를 띠었다. "수천 명의 죽음이 있었고 그들 각각은 다 달랐습니다. 그들 대부분은 전혀 이야기되지 않았습니다. 아버지의 이름은 수토 즈토무였습니다. 아버지에 관해 글을 쓰면서 나는 아버지의 죽음을 다른 사람과 나눴습니다. 아마도 나는 어떤 면에서 아버지를 구했고, 아마도 저 자신을 구했습니다."

쓰나미 피해자로 다뤄지고 먹여지고 보호되면서 불안과 우울,

자살이라는 눈에 보이지 않는 2차 재난을 막기 위한 진짜 싸움이 시작됐다. 재난 1년 후 실시된 조사에 따르면 생존자 10명 중 4명은 불면증을 호소했고, 5명 중 1명은 우울증으로 고생했다. 알코올 중독, 고혈압 같은 스트레스 관련 증상의 증가가 있었다. 정확한 데이터 취합이 어려워 위기를 측정하는 것도 난관이었다. 예를 들어 리쿠젠-타카타 마을에서는 설문조사를 실시했을 사회복지사 대부분이 익사했다.

카페 드 몽쿠는 형식에 있어서 무척 단순하고 필수적인 비상조치처럼 여겨졌다. 카페가 쓰나미 피난민에게 긍정적이었다는 것은 그들의 얼굴에 잘 나타났다. 도호쿠 전 지역으로부터 와달라는 요청이 들어왔다. 가네타와 사제들은 일주일에 한 번 이상씩 차와 비스킷을 준비했다. 하지만 그는 또한 절을 운영하는 데 바빴고, 마을의 승려로서 해야 할 일상적인 의무—장례식, 추도식, 병자 및 외로운 사람 방문, 평소의 행정업무—가 있었다. 그를 알았던 모든 사람에게는 그가 너무 많은 일을 맡고 있는 것이 분명했다. 조심스레, 이어 훨씬 더 긴급하게 친구들과 가족들이 쉬라고 경고했다. 하지만 위로자, 주최자, 리더로서 그의 존재는 너무도 많은 사람에게 없어서는 안 되게 됐다. 그들의 필요로부터 그를 해방시킬 방법이 없어 보였다. 2013년 말 생긴 신체적 쇠약을 그는 피할 수 없었고 그것은 압도적이었다.

아픈 물집이 피부에 생겼다. 너무 피곤해서 침대에서 거의 나올 수 없는 지경이었다. 여러 주 동안 텔레비전 앞에 앉아 기타 치는 것을 빼고 아무것도 하지 않았다. "무엇을 봤는지 기억나지 않습니다." 가네타는 말했다. "인사불성이 되어봤습니다. 재즈조차도 듣지 않았죠. 그저 기타 코드를 연주했었을 겁니다. 내가 좋아했던 소리, 그리고 다시 다른 소리를요. 그렇게 하다가 잠이 들곤 했을 겁니다." 우울증에서 한 발자국 떨어져 있는 정도였다. "모든 것을 그만두어야 했습니다. 안 그랬다가는 안 좋았을 겁니다."

그것은 3년간의 육체적, 심리적, 영적 위기의 정점이었다. 하지만 두 가지 일이 도화선으로 작용했다. 하나는 가네타가 재난의 경험에 관해 전국에서 했던 일련의 연설이었다. 시토 사요미의 남편인 다카히로처럼 그는 외부 세계에 그곳 상황의 고통과 복잡성에 대해 이야기하려는 희망으로 재난 지역 밖으로 돌아다녔다. 다카히로처럼 그도 자신을 표현하거나 이해받는 데 실패했다는 고통스러운 감정을 갖고 떠났다.

두 번째 경험은 앞으로 다카하시 루미코라고 부를 젊은 여성에 의해 이뤄졌다. 그녀는 어느 날 저녁 앞뒤 말이 맞지 않는 고통스러운 상태에서 가네타에게 전화했다. 그녀는 자살에 대해 말했다. 자신 안으로 들어온 어떤 것들에 대해 그녀는 소리 지르고 있었다. 그녀는 죽은 자들의 귀신에 씌었고, 사제에게 도와달라고 간청했다.

구하라, 바다에 빠지지 말라

센다이 지방법원은 2016년 10월 26일 평결을 내렸다. 나는 그 날 아침 도쿄에서 초고속 열차를 탔다. 따스하고 청명한 초가을 날이었다. 쓰나미 발생 이후 5년 반이 지났고, 언제 그러한 사고가 있었는지 눈에 보이는 흔적은 없었다. 도호쿠의 마을과 도시들은 재건을 위해 그 지방으로 투입되고 있는 돈에 콧노래를 부르고 있었다. 10만 명이 여전히 철제 가옥에 살고 있었지만 이 보기 싫은 장소들은 어쩌다 찾아오는 사람의 눈에 띄지 않게 콕 처박혀 있었다. 쓰나미에 파괴된 마을 중 어느 마을도 재건되지 않았지만[62] 쓰레기는 완전히 치워졌다. 거칠고 더부룩한 풀이 해안가의 좁고 긴 땅에 무성하게 자랐고 거기서 삐져나온 폐허는 계속되는 고통과 절망의 장소라기보다는 방치된 고고학 발굴 현장처럼 보였다.

법원 건물은 역에서 택시로 금방 가는 거리에 있었다. 나는 줄을 서서 일반인 개방 좌석 추첨으로 자리를 얻었다. 공판이 시작되기까지 한 시간이 남았다. 나는 법정 밖 정문 앞에 서 있었고, 그곳에는 기자들과 사진기자들이 빈둥빈둥 서성거리고 있었다. 햇살 속으로 천천히 들어온 한 행렬이 도착했을 때 기자들 사이에 활기가 돌기 시작했다. 소송의 원고인 오카와 학생들의 부모들이 보도를 따라 세 줄로 걸어오고 있었다. 히라츠카 나오미를 제외하고 내가 잘 알게 된 모든 부모가 있었다. 그들은 검은색 옷을 입었다. 몇몇은 아들딸들의 액자 사진을 들고 있었다. 앞쪽의 세 사람은 넓은 배너를 잡고 있었다. 배너 가장자리에는 소송에서 호명된 23명 학생들의 얼굴 사진이 보였다. 집에서의 모습, 학교에서의 모습, 밖에서 노는 모습, 웃는 모습, 미소 짓는 모습, 또는 엄숙한 모습이 담긴 사진이었다. 배너 중앙에는 서예 붓으로 정성스럽게, 일본어로 된 한 문장이 쓰여 있었다. *우리는 선생님들이 하라고 하신 대로 했어요.*

그것은 매우 품위 있는 광경이었다. 그 일행은 법정에 들어가 작은 무리로 나뉘었다. 원고, 피고, 변호사, 언론인, 방청객들이 소송 절차가 진행되기를 기다렸다. 눈에 띄는 불안이나 긴장감은 없었으며 오랜 동지와 지인들이 뭉치는 기쁨이 있었다. 그렇지만 출석한 모든 사람은 패소의 가능성을 인지하고 있었다. 요시오카 변호사는 최선을 다해서 소송에 임했지만 어떤 사실들이 변할 수 없는 상태로 남아 있었다. 원고들은 개인으로 이루어진 작은 모임이었지만 피고들은 시와 현 당국이었으며 일본 법정은 보수적이었다. 시토 다카히로는 말했다. "오늘 평결이 무엇이든 간에 우리가 지금까지 해온 경험의 총합을 더하게 될 것입니다. 부모로서 이 일을 하는 것이 우리의 책임이었습니다. 이것이 아이들을 세상에 나오게 한 일이 가지는 의미의 일부입니다. 물론 평결이 우리에게 불리하게 나올 것이 염려스럽습니다. 그렇지만 만약 그렇다 해도 학교가 그 학생들의 생명을 보호하지 않아도 된다는 것을 의미하지는 않을 것입니다. 그리고 그것이 결코 논거가 되어서는 안 됩니다." 그는 부모들이 변호사와의 회의를 마치고 막 왔다고 말했다. 변호사는 그들에게 선고를 내리는 것은 순간의 문제일 뿐이라고 말했다. 평결이 어떤 방향으로 내려질지는 처음 몇 초 안에 명백해질 것이었다.

법정 문이 열리고 모든 사람이 자리를 잡았다. 다섯 명의 피고측 변호사가 오른쪽에 앉았고 왼쪽에 검은색 옷차림의 부모들이 앉았다. 나는 일반석에서 그들을 둘러보았다. 나는 지난 몇 년간 그들과 치열하고 때때로 참기 힘든 세부 내용들로 가득 찬 대화를 하면서 얼마나 오랜 시간을 보내왔던가? 슬픔은 악취처럼 코에 붙어서 아침에 일어났을 때 처음 떠오르는 것이었고 밤에 잠자리에 들때 가장 마지막까지 마음에 남아 있는 것이었다. 그들은 아이들 삶의 각 단계, 즉 유년기, 유아기, 심지어는 임신했던 시절까지 이야기했다. 그들은 학교를 회상했고 아이가 중심이 되었던 가족 공동체를 회상했다. 그들은 재난과 이후의 전개, 뒤따른 현실 자각의 정신적 타격, 상실과 생존의 숨 막히는 순간에 대해 묘사했다. 소설의 줄거리 구성처럼 이러한 회상은 미스터리에 대한 믿음에서 최고조에 달했다. 실종되고 제거되고 고의로 숨겨진 것들—다른 말로 하자면 슬픔의 고통을 악화시킬 뿐만 아니라 그것을 이해할 수 없는 일로 치부해버리는 음모— 안에서 절정에 이르렀다. 그것은 내면을 향한 무기력한 분노, 그리고 특정 개인을 향한 대답 없는 질문들 안에서 표현됐다. 왜 이 사람은 자신의 일을 하지 않았는가? 왜 이 사람은 거짓말을 했는가? 왜 그 사람은 우리에게 말하려 하지 않는가?

정말로 은폐가 있었다. 그렇지만 한심하게도 의도치 않았고, 제대로 잘 하지도 못한 종류의 은폐였다. 거대한 계획도 없었고 주모자도 없었다. 그것을 음모라고 칭하자니, 가시바 및 이시노마키 교육청의 범인들에게 그들이 결코 지니지 못했던 품위와 교활함을 부여하는 꼴이 된다. 일단의 보통 사람들이 더럽게 실패했었다. 그들은 실패를 부인하기 위해 그다지 열심히 노력하지 않았다. 단지 감당할 수 있는 한도 내에서 그것을 수용했을 뿐이었다. 그들은 개인적인 측면이나 조직적인 측면에서 완고했고 서툴렀고 볼품없었다. 그렇지만 가시바가 무릎을 꿇고 자신의 과실을 고백했더라도, 그리고 엔도 준지가 앞으로 나와 다시 한번 자신의 이야기를 울며 말했더라도 중요한 일은 크게 바뀌지 않을 것이다.[63]

오카와 학교의 진짜 수수께끼는 우리 모두 접하고 있는 것이었다. 어떤 마음도 그것을 아우를 수 없다. 의식은 두려움으로 움츠러든다. 음모라는 생각은 결코 이해할 수 없는 것을 이해하기 위해 우리가 붙인 것이었다. 바로 죽음이라는 맹렬한 사실 말이다.

생명의 소멸, 완전하고 사랑스러운 자녀의 영원한 소멸.

있을 수 없는 일이야! 그 영혼이 비명을 지른다. 그들은 무엇을 숨기고 있는가?

문이 스르르 열렸고 동시에 젊은 여성 판사 한 명과 중년 남성 판사 두 명, 이렇게 세 명이 검은 법복을 입고 앉았다. 중앙에 앉은 판사가 빠르고 조용하고 억양 없이 말하기 시작했다. 그가 사용한 일본어는 문어적 표현의 법률용어여서 내가 이해할 수 없었다. 그래서 나는 듣고 있는 부모들의 얼굴에 대신 초점을 맞추었다. 거기서 확실히 즉각적으로 그들의 분노와 환희를 통해 판결을 읽을 수 있을 것이었다. 그 얼굴들은 오로지 판사를 주시했다. 그들은 집중해서 얼굴을 찡그렸고 안색은 멍했고 무표정했다. 그리고 그때 갑자기 시작된 것처럼 갑자기 끝났고 법정 직원들이 기립해 열을 지어 나갔다.

검은색 옷을 입은 부모들도 일어났다. 그들은 아무 말도 눈빛도 교환하지 않았다. 그들은 심각해 보였고 심지어는 암울해 보였다. 마치 무척 안 좋은 소식을 들은 사람들처럼 보였다. 그러나 끝부분에서 마침내 나는 그 판결의 일부를 이해할 수 있다고 생각했다. 판사가 피고들에게 아주 큰 금액처럼 들리는 돈을 지불하라고 주문하는 것처럼 보이는 부분이었다.

복도로 걸어 나오니 기자들이 적은 내용을 비교하며 옹기종기 모여 있었다. 내가 잘못 이해한 것이 아니었다. 오카와 부모들이 승소했다. 그들은 1100만 유로 혹은 1340만 달러 이상의 지급 판정을 받았다. 그들의 아이들 모두는 여전히 죽었지만 말이다.

마지막 판결은 몇십 페이지에 달했다. 그것은 교사들이 취한 조치들을 상세하게 조사했고 오후 2시 46분 지진 발생 직후의 행동에서는 잘못을 찾지 못했다. 판사는 학생들을 학교에 데리고 있던 것은 부적절한 것이 아니었다고 말했다. 그들이 운동장에서 대기했던 첫 40분 동안, 심지어는 첫 라디오 경고 방송 후에도 교사들이 쓰나미가 닥칠 위험을 예견할 수 있었다고는 말할 수 없다. 그렇지만 오후 3시 30분에 시청에서 나온 승합차가 바닷물이 바닷가 소나무 숲을 넘어오고 있다는 경고를 미친 듯이 방송하며 지나갔다. 쓰나미가 마침내 도착하기 7분 전, 그 시점에 교사들은 오카와 초등학교로 거대한 쓰나미가 몰려오는 것을 알 수 있었다. 결국 선택한 대피 장소였던 다리 옆 교통섬은 부적절했다. 판결문은 교사들이 가로막는 것이 없는 뒤쪽 언덕 위로 학생들을 대피시켰어야 했다고 말했다.

　손해배상금은 청구 금액인 23억 엔보다 적은 14억3000만 엔(약 164억2500만 원)이었다. 하지만 그 금액은 법원에서 흔히 판결하는 지급 판정 금액 중에서도 가장 높은 편이었다. 소송비용을 계산하고 나면 원고들은 사망한 아이 한 명당 6,000만 엔(약 6억8900만 원) 정도를 받게 되었다. 일본 판사들은 타협을 하여 양쪽 모두 논쟁에서 어떤 것을 얻어내고 어느 쪽도 수모를 겪지 않게 하는 판결을 하는 데 전문가였다. 그리고 그 판결의 정당성을 부인하는 것은 불가능했다. 하지만 이것은 그러한 종류의 판결과는 다른 것이었다. 명백한 법적인 승리였고, 분명히 책임을 부여하는 것이었다. 그럼에도 불구하고 부모들에게 가장 중요했던 일에 영향을 미치는 데는 완전히 실패했다.

　판결은 쓰나미 전이나 후에 가시바 교장의 행위에 대해 아무 입장도 표하지 않았다. 혼란스러운 비상대피 매뉴얼에 대한 교사들의 책임을 면제해주었다. 교육청의 회피에 대해서도 침묵했고, 학생들과의 인터뷰를 적은 노트를 처분한 것에 대해서도 침묵했으며,

엔도 준지가 거짓말을 하고 자신을 제대로 변호하지 못했는데도 역시 침묵했다. 판결이 나고 잠시 후에 아버지 세 사람이 정성 들여서 붓으로 쓴 현수막을 가지고 카메라 앞으로 나왔다. '우리는 승리했습니다.' 그렇게 쓰여 있었다. '아이들의 목소리가 들렸습니다!' 그렇지만 승리의 기분은 조금도 찾아볼 수 없었다.[64] 그들은 그 후에 그것에 대해 이야기했고, 죽은 아이들의 가족들은 소송에서 패배하지 않았다는 것에 대한 안도감만을 표현했다.

"내 딸의 죽음에 관해서라면 우리는 이겼다고 생각합니다." 다다노 히데아키가 말했다. "그렇지만 내 아들 데츠야와 나, 우리는 계속 졌습니다. 그들은 그 일이 일어난 순간부터 거짓말과 회피로써 우리를 계속 이겨왔습니다. 이 판결은 그들이 위조와 증거 은닉을 통해 도망칠 수 있게 허용해줍니다. 그 같은 일은 결코 용서돼서는 안 됩니다. 나는 그 같은 일이 허용되는 세상을 원치 않습니다."

"12월은 낮이 가장 짧은 시기입니다." 가네타 승려가 말했다. "그리고 그때 한겨울이 오면 햇빛이 돌아오기 시작합니다. 그것은 나를 위한 순간이었죠. 낮이 더 길어지기 시작했을 때 나는 에너지를 회복했습니다. 3년 동안 스트레스가 내 안에 쌓였고, 마음이 답답했습니다. 겨우내 나는 그냥 내버려두었습니다."

아무것도 하지 않는 소중한 몇 개월 동안 가네타는 치유됐다. 위기가 지나고 그는 사찰의 삶으로 복귀했다. 그를 둘러싼 세상은 변함이 없었고 여전히 슬픔과 유령들의 그늘이 드리워져 있었다. 그렇지만 그는 재충전되었다. "오랫동안 나는 내가 알았던 모든 것이 현실성이 없다고 느꼈습니다. 그렇지만 현실이 자각되었고, 그것은 내 믿음의 부활이었습니다. 쓰러지기 직전에 있을 때 더 깊은 차원에서 내게로 되돌아왔습니다."

그는 재난의 첫날 밤에 별이 빛나는 하늘에서 언뜻 느꼈던 명료함을 다시 발견하기 시작했다. 그가 몸부림치며 붙잡았던 의문—그리고 생존자들이 가장 끈질기게 제기한 의문—은 모든 의문 중에 가장 오래된 것이었다. 죽음에 직면하여 삶은 어떤 의미가 있는가? 가네타는 말했다. "그것은 사람들이 알고 싶어 한 것이었습니다. 한 노부인이 '내 손자가 내 눈앞에서 쓸려 갔습니다. 나는 90세이고 아직 살아 있습니다. 내가 그것을 어떻게 해석해야 합니까? 대답해줄 수 있습니까, 스님?' 하고 물었습니다. 생존한 사람들은 자신들이 살아남은 의미를 이해하고 싶어 했습니다. 오랫동안 나는 그들에게 그것을 설명해줄 수 없었습니다."

가네타는 말했다. "무엇이 삶과 죽음을 결정했을까? 승려도 모르고 개신교 목사도 모릅니다. 로마의 교황조차도 모릅니다. 그래서 나는 말했습니다. '내가 말할 수 있는 한 가지는 당신이 살아 있고 나도 살아 있다는 것입니다. 이것이 확실한 것입니다. 우리가 살아 있을 때는 그것에 어떤 의미가 있음에 틀림없습니다. 그에 대해 생각해보고 계속 성찰해봅시다. 우리가 생각할 때 나는 당신들과 함께할 것입니다. 함께 머무를 것이고 함께 그것을 할 것입니다.' 아마도 구변이 좋은 것처럼 들릴 수도 있습니다. 그렇지만 그것이 내가 말할 수 있는 것이었습니다."

나는 오카와 초등학교 일에 대해 가네타에게 물었다. 그는 슬품과 고통의 전문가였으며 소시민과 약자들의 천성적인 동맹군이었다. 아이들의 죽음은 엄청난 재난 전체 중에 가장 큰 단일 비극이었고, 비극의 자의성과 공포의 정수였다. 그래서 처음에 그가 재난에 대해 그렇게 무심한 어조로 말하는 게 인상적이었다.

그는 학교에 종종 갔었고 거기에서 기도를 했으며 인근 임시 주택 마을에서 카페 드 몽쿠를 열었다. 그렇지만 주지승은 가네타와 그의 팀이 희생된 자녀를 둔 가족들에게 직접적으로 사역하는 것을 말렸다. 그래서 그는 개인적으로 그들을 알지 못했다. "물론 나는 거기서 죽은 74명의 아이들을 압니다." 그는 말했다. "그리고 널리 보도됐다는 것과 가족들이 소송을 제기한 것도 압니다. 그렇지만 저는 거기서 일어난 사건을 그 밖의 어느 장소와 구별하고 싶지는 않습니다. 이 땅 어디에서나 많은 사람이 죽어서 많은 사람이 비통해하지만 잘 알려지지 않거나 잊힌 장소들이 있습니다."

그에게 승려로서 오카와 학교의 부모들 같은 사람들에게 어떤 종류의 위로를 해줄 수 있느냐고 묻자 그는 잠시 침묵했다. "조심해야만 합니다." 그는 말했다. "자녀들을 잃은 사람들에게 이런 일을 할 때 매우 조심해야만 합니다. 몇 달이 걸리고 몇 년이 걸리고 일생 전체가 걸릴 수도 있는 문제입니다. 그 일은 누군가에게 절대 말하지 말아야 하는 것일 수도 있습니다. 그렇지만 아마도 우리가 결국 그들에게 말할 수 있는 것은 수용하라는 것입니다. 수용하는 일은 매우 어렵습니다. 모든 개개인에게 개별적으로 해당되는 문제입니다. 종교인은 수용하는 일에 오직 부분적인 역할만 할 수 있습니다. 그들은 주변에 있는 모든 사람의 지원이 필요합니다. 우리는 그들을 지켜보고 그들을 보살핍니다. 우리는 일할 때 우주에서 우리의 자리를 기억합니다. 우리는 그들과 함께 머무르고 함께 걷습니다. 그것이 우리가 할 수 있는 전부입니다."

우리는 가네타의 사찰 내 그의 암자에 머무르고 있었다. 그의 부인은 차를 따르고 있었다. 햇빛이 창문을 통과해 병풍 위에 부서졌다. 방에서는 향과 다다미 냄새가 났다. 일본 중심부의 절에서 느낄 수 있는 매일의 아름다운 순간이었다. 그러한 곳에서라면 조화의 사상에 찬성하며 인간적 생각의 낮은 이해 수준을 뛰어넘는 본질적 원칙의 존재를 인식하는 것이 자연스러웠다. 내가 가네타보다 더 존경하는 사람은 거의 없었다. 그렇지만 용기를 내서 나는 그의 말을 거부했다.

나는 일본인의 수용이 지긋지긋하다. 나는 *가만*에 물리도록 심한 넌더리가 난다. 아마 초인간적인 해탈의 어떤 단계에서라면 오카와 아이들의 죽음이 우주의 본성에 대한 통찰을 가능하게 만들지도 모른다. 그렇지만 그렇게 먼 곳의 훨씬 전이라면, 삶을 살고 숨을 쉬는 인간들의 세상에서는 그것은 또 다른 문제가 된다. 다시 말해 인간적, 제도적 실패, 소심함, 현실 안주, 우유부단의 표현일 뿐이었다. 우주와, 그 안에 있는 인간의 작은 위치에 대한 진리를 파악하는 것은 별개의 일이었다. 문제는 그렇게 오랫동안 이 나라를 숨 막히게 했던 수용주의 문화에 굴복하지 않고 어떻게 이것을 하느냐는 것이었다. 일본은 충분히 평정심과 자제력을 갖추었다. 일본에 지금 필요한 것은 시토 부부와 다다노 가족과 스즈키 부부같이 분노하고 가차 없이 비판하고 결단력 있는 사람들이었다. 체제에서 나와 싸우는 것을 두려워하지 않는 사람들이었다. 비록 그러한 도전이 죽음과의 이길 수 없는 투쟁으로 이어질지라도 말이다.

삶의 긍정과 삶의 불가피한 종말에 대한 수용이 어떻게 균형을 이루는가? 어떻게 하면 폭군 같은 죽음에 굴복하지 않으면서 죽음이 제자리를 유지하게 하고 죽음의 체제하에서 살아갈 수 있을까? 말하지 않은 이러한 생각에 대답이라도 하듯이 가네타는 부처에 대한 유명한 이야기를 들려주었다. 어느 날 부처에게 아기의 시체를 품에 안고 있는 어머니가 찾아왔다. 비탄에 빠져 자녀의 죽음을 받아들이기를 거부한 그녀는 그 유명한 스승에게 기적을 행하여 아기를 살려달라고 애걸하러 왔다. 부처는 그녀에게 '나가서 아들이나 딸, 남편이나 부인, 부모나 조부모가 아직 아무도 죽지 않은 집이 있는지 찾아보라'고 말했다. '거기에서 하얀 겨자씨를 가져와 그것으로 죽을 만들어서 아기에게 먹이라. 그러면 그 생명이 다시 살아나리라.'

여자는 이 마을 저 마을, 이 집 저 집 돌아다니며 사랑하는 이를 잃어본 적이 있는지 물어봤다. 그녀가 멈춘 어디에서든 비통한 이야기를 들었다. 세부 내용은 달라도 모두가 똑같았다. 사람들의 그런 이야기를 듣자 슬픔의 성격이 달라졌다. 감소하지는 않았지만, 시간이 지나면서 슬픔은 질식시키는 검은 덩어리에서 수정같이 맑게 빛나는 형태로 바뀌었다. 이 경험을 통해 그녀는 죽음을 삶의 반대가 아니라 삶을 가능하게 만드는 조건으로 인식할 수 있었다. 그녀는 자식을 묻고 부처에게 감사하기 위해 돌아왔다. "그녀가 돌아왔을 때 부처는 설명할 필요가 없었지요." 가네타가 말했다.

어린아이들의 죽음과 해변에서의 몰사에 대해 마무리되지 않아 미진한 부분을 깔끔하게 정리하는 것은 불가능하다. 다만 더 많이 이야기돼야 하고 다른 식으로 다시 이야기돼야 한다. 그리고 그들이 제공하는 다른 종류의 의미도 방사능 물질처럼 시험돼야 한다. 이야기들은 그것만으로 길을 보여준다. "이것은 위안입니다." 가네타가 말했다. "그리고 이해입니다. 우리는 사람들에게 받아들이라고 단순히 말하는 것으로 일하는 게 아닙니다. 도그마에 대해 그들에게 강의하는 것은 아무 의미가 없습니다. 우리는 스스로 답을 찾을 때까지 그들과 함께 지내며 함께 걷습니다. 우리는 그들의 얼어붙은 미래를 녹여주려고 노력합니다. 사람들은 자신이 재난과 고통이라는 환상의 나라에 비틀거리며 들어간 것처럼 느낍니다. 하지만 그곳은 환상의 장소가 아닙니다. 우리가 거주하는 우주이며 이 섬나라에서 우리가 살고 있는 유일한 삶입니다. 화산, 지진, 쓰나미, 그리고 태풍은 우리의 문화이며 들판에서 잘 익은 곡식만큼이나 일본의 일부분입니다. 지어진 지 100년이 넘은 모든 것이 쓰나미에 의해 파괴됐습니다. 그렇지만 시간이 지나면 다시 지어질 것입니다."

6년 동안 나는 도쿄와 재난 지역 사이를 오갔다. 스캐너 화면에서 발차기를 하는 작은 생명체였던 아들은 태어나고 자랐다. 그 누나 또한 성장해서 오래 지나지 않아 일본 초등학교에 입학했다. 그해 신입생 중 유일하게 금발머리에 파란 눈을 가진 소녀였다. 작은 오카와 마을과는 다른 규모로 바다에서 몇 킬로미터 떨어지고, 안심이 되게도 언덕 위에 자리 잡았으며 인구가 밀집된 도심의 큰 도쿄 학교였다. 그렇지만 제도적으로 그 두 학교는 동일했다. 둘 다 교장과 교감, 다양한 연령과 경험의 교사들, 시 교육청, 그리고 비상대피 매뉴얼이 있었다. 오카와에 있는 아이들처럼 내 딸도 동그란 모자를 쓰고 일본어로 된 이름표를 달고 독특한 네모 모양 책가방을 멨다. 학교 분위기는 따스하고 부드러웠고 직원들은 자신감과 전문성을 풍겼다. 그렇지만 시험하거나 훈련할 수 없는 어떤 상황들이 있다. 이 교사들이 극한상황에 몰렸을 때 어떻게 반응할지 궁금해하지 않을 수 없었다. 오카와 학생들의 모자와 이름표와 책가방이 진흙더미에서 나오는 이미지를 잊는 것 또한 불가능했다.

나는 동북쪽 지방에서 알게 된 사람들과 연락했다.

다다노 데츠야는 고등학교에서 잘 지냈고 유도팀의 주장이 되었다. 그는 죽은 반 친구들의 사진을 늘 지니고 다녔다. "이것을 가방 안에 지니면 그들이 나와 함께 수업을 듣는 것같이 느껴집니다"라고 그는 말했다.

그의 아버지 히데아키는 미술 교사인 사토 가츠라의 남편 도시로와 함께 학교의 투어 가이드를 했다. 도시로도 교사였고 이시노마키 교육청 직원이었다. 그의 부인처럼 그도 딸 미즈호의 죽음 이후 교직에서 떠났다. 이제 그는 성인 그룹과 전국의 학교에서 온 학생들을 학교 운동장으로 안내했다. 그는 이제는 마른 진흙땅이 된 운동장에서 아이들의 사진을 그들에게 보여줬다. 그리고 그들이 쉽게 갈 수 있는 산을 향하는 길을 가리켰다. 또 그들에게 미즈호가 코트를 걸었던 후크 아래에 여전히 있는 이름과, 학교 뒤편에 세워진 검은색 기념비를 보여줬다. 나도 참여한 그 투어에서 많은 참가자들은 눈물로 투어를 마쳤다. "이것이, 이것이 우리가 학교를 보존해야 하는 이유입니다." 히데아키는 내게 말했다.

히라츠카 나오미는 고하루가 다녔을 학교에서 계속 일했다. 중간 아이이자 고하루의 남동생인 아들은 자폐증이었다. 때때로 나오미는 교직을 포기하고 같은 성향의 아이들이 있는 가정을 돌보는 새로운 일을 할까도 생각했다. 스즈키 미호와 남편 요시아키는 마침내 새 집을 사서, 철제 막사에서 이사했다. 미호와 나오미 사이에 확실히 자리를 잡았던 슬픈 냉기는 계속됐지만 둘은 가끔 학교가 있던 장소에 갔다. 그곳에서 그 오랜 몇 주 동안 진흙더미를 수색하던 동료 나가누마 마사루는 여전히 일곱 살 아들 고토를 찾고 있었다. 나가누마는 시 당국을 상대로 한 소송에 참여하지 않았고 언론과의 인터뷰 요청을 모두 거절했다. 그렇지만 그의 투지는 지칠 줄 몰랐다. 아직도 사실상 매일, 홀로 또는 연로하신 아버지와 함께 전에 여러 번 작업했던 땅을 파헤치며 시간을 보냈다. 시간이 지나감에 따라, 아들의 어떤 흔적이라도 발견할 수 있는 가능성은 줄어들었고 마사루는 이 사실을 알았다.[65] "5년이든 10년이든 그에게는 아무것도 아닙니다." 나오미는 말했다. "마사루는 남은 생애 동안 계속 수색할 것입니다. 그는 자기가 죽을 수 없다고 말합니다. 죽음의 순간이 올 때라도 그는 죽을 수가 없습니다."

시토 사요미의 부모는 재난 이전에도 아팠었는데 손녀를 잃고 난 후 병세가 급격히 악화됐다. 그들은 2015년에 3개월 간격으로 사망했다. 그들의 위패와 초상화는 가족 사당에 있는 지사토 위패에 더해져 모셔졌다. 병약하고 오락가락하는 부모를 돌보는 부담으로 사요미의 고통과 슬픔은 더 심해졌다. 그녀는 우울증 치료를 받았다. 어느 날 그녀가 슈퍼마켓에 갔을 때 두 젊은 엄마들의 대화를 우연히 들었다. 그 이야기에서 그들이 내륙에 살았고 재난에서 아무 탈이 없었다는 게 명백했다. 사요미는 그들이 오카와 부모들에 대해 말하고 있다는 것을 알아챘다.

"만약 그 일이 *내게* 일어났으면…" 첫째 여자가 말했다. "나는 계속 살아갈 수 없을 거야."

"*알아*. 나도 그래." 둘째 여자가 말했다. "나는 분명히 자살했을 거야."

사요미는 말했다. "내가 죽고 지사토가 살 수 있게 해달라고 자주 기도했었습니다. 학교에 가서 아이를 집으로 데려왔어야 했다는 것을 알고 있었습니다. 아니면 거기에 머물러 지사토와 같이 죽었어야 했습니다. 그 대화를 들었을 때 그들이 '당신은 왜 살아 있는 거야?'라고 말하는 것처럼 느꼈습니다."

그녀는 쇼핑 바구니를 떨어뜨리고 차로 달려 돌아왔다. 그녀는 강 옆으로 난 직선 도로로 뛰어들어 바다로 향했다. 좁은 차로에서 달리기에는 너무나 과속인 상태에 이를 때까지 차에 가속도를 붙였다. 사요미는 강을 바라보고 있었다. 그녀는 방향을 바꿔 둑을 넘어 물로 들어가려면 운전대를 얼마나 조금만 더 움직이면 되는지 상상하고 있었다.

그녀의 큰아이인 아들 겐야가 그녀 옆에 앉아 있었다.

그녀가 고통과 수치 속에 질주할 때 자신뿐만 아니라 아들까지 죽이는 것이 무슨 의미가 있을까에 대한 깨달음이 왔다. 그녀는 갑자기 차를 세우고 뛰쳐나왔다. 그녀는 둑을 기어오르기 시작해서 물을 향했다. "나는 지사토가 죽은 마당에 내가 여전히 살아 있다는 것이 얼마나 이상하고 어리석은 일인지 마음속으로 생각하고 있었습니다." 그녀는 말했다. "어떻게 그럴 수가 있지? 왜 나는 여태 살아 있지? 나는 지사토가 물에 있는 것처럼 물에 들어가고 싶어져서 강 쪽으로 가고 있었습니다."

그녀는 겐야가 그녀의 팔을 상처 날 정도로 꽉 붙잡고 자기 곁에 있음을 자각하게 되었다. "엄마!" 그는 소리치기 시작했다. "엄마, 엄마. 엄마가 죽으면 남은 우리는 어떻게 되는 거야?"

어느 날 가네타 승려는 자신이 마지막으로 귀신을 쫓아낸 이야기를 해주었다. 그는 그 경험 때문에 마음의 평화를 빼앗겼다. 우리는 햇빛이 차단 막에 부딪쳐오는 방에 앉아 있었다. 다다미방에 작은 점토상 수십 개가 나란히 놓여 있었다. 그 점토상은 카페 드 몽쿠의 후원자들에게 나눠 주곤 했던 것들이었다. 산 자와 죽은 자를 위로하며 친절과 자비를 연상시키는 지장보살을 나타낸 것이었다.

이 방에서 가네타는 자살하고 싶은 절망에 미쳐서 그에게 전화했던 25세 여성 다카하시 루미코를 처음 만났던 이야기를 내게 해주었다. 그날 저녁 늦게 차 한 대가 절에 멈췄다. 루미코의 어머니와 자매, 약혼자, 그리고 탈진해서 축 처진 루미코가 있었다.

그녀는 센다이시 출신의 간호사였다. "매우 온화한 사람이었습니다." 가네타는 말했다. "유별나거나 특이한 점이 없었어요." 그녀나 그녀의 가족 중 누구도 쓰나미로 다치지 않았다. 그렇지만 그녀의 약혼자가 말하기를 몇 주 동안 그녀는 죽은 사람의 영혼에게 괴롭힘을 당했다. 그녀는 어떤 사람 또는 사물이 지하 깊은 곳에서부터 그녀에게 부딪치고 죽은 영들이 그녀 주위에 보이지 않게 쏟아져 나온다고 토로했다.

루미코는 스스로 테이블 위로 푹 쓰러졌다. 그녀는 가네타가 자신 안에 있는 존재에게 말을 걸었을 때 약간 움직였다. "나는 '너는 누구냐, 그리고 무엇을 원하느냐?'라고 물었습니다. 그것이 말을 했을 때 전혀 그녀의 소리 같지 않았습니다. 그것은 세 시간 동안 말했습니다."

그것은 젊은 여자의 영혼이었다. 어머니가 이혼 후 재혼했는데 자신이 새 가족들에게 사랑받지 못하고 원치 않는 존재가 되었다는 걸 알았다. 여자는 집에서 도망 나와 클럽과 바와 매춘이라는 밤의 세계에서 일자리를 얻었다. 점점 더 고립되고 우울해졌으며, 병적이고 교묘히 사람을 조종하는 남자의 손아귀에 빠졌다. 가족에게 알려지지 않은 채 아무도 슬퍼하는 사람 없이 그녀는 자살했다. 그때 이후로 그녀를 기억하는 향불이 하나도 켜지지 않았다.

가네타가 그 영혼에게 물었다. "나와 함께 갈까? 내가 그 향불이 있는 곳으로 너를 데려가기 원하느냐?" 그는 그녀를 절의 본당으로 인도해 경문을 낭송했고 성수를 뿌렸다. 기도가 행해졌을 때 루미코는 제정신이 들었다. 그녀와 가족들이 떠난 것은 새벽 1시 반이었다.

사흘 후 그녀가 돌아왔다. 그녀는 왼쪽 다리에 큰 고통을 호소했다. 그리고 다시 어떤 외부의 존재가 몰래 접근해서 괴롭히는 느낌이 든다고 했다. 그녀는 그 불청객을 내쫓으려고 애쓰느라 지쳤다. "그 압박감은 그녀에게 자살 충동이 들도록 하는 느낌이었습니다." 가네타가 말했다. "나는 그녀에게 '걱정하지 말고 그것이 들어오게 놔두세요'라고 말했어요." 루미코의 자세와 목소리가 곧 뻣뻣해지고 상태가 악화됐다. 가네타는 정신이 이상하고 위압적인 말투를 가진 무뚝뚝한 남자와 말하고 있는 자신을 발견했다. 그는 포탄에 왼쪽 다리를 심하게 다친 후 2차 세계대전에서 작전 중 사망한 일본 제국 해군의 선원이었다.

가네타가 그 늙은 참전용사에게 달래듯이 말하고 기도하고 독경을 하자 남자는 떠나가고 루미코는 평온을 되찾았다. 그렇지만 이 모든 것은 서막에 불과했다. "왔던 모든 사람과 그들이 말했던 이야기들은 물과 어떤 관련성이 있었습니다." 가네타가 말했다.

몇 주 동안 가네타 승려는 루미코에게서 25명의 영을 쫓아냈다. 그들은 일주일에 네다섯 번 비율로 왔다가 갔다. 그 전사한 해군 이후에 찾아온 모든 영은 쓰나미의 유령들이었다.

가네타에게 무자비한 일상의 날들이 지나갔다. 루미코의 전화가 이른 저녁에 오면 9시에는 그녀의 약혼자가 사찰 앞에 차를 세워 그녀를 차에서 데리고 나오곤 했다. 셋이나 되는 많은 영이 한 번에 나타나기도 했다. 가네타는 때때로 몇 시간 동안 돌아가며 그들 각각과 이야기했다. 그는 그들의 주변 사실을 밝히고 두려움을 진정시키고 정중하지만 단호하게 그들이 자신을 따라 빛으로 나올 것을 명령했다. 가네타의 부인이 루미코와 앉아 있고 때때로 다른 승려가 그 기도에 참여하기 위해 있었다. "매번 그녀는 기분이 더 좋아지고 센다이로 돌아가 업무에 복귀하곤 했습니다." 가네타는 내게 말했다. "그렇지만 며칠 후 그녀는 다시 압도당했습니다." 도시에 둘러싸여 살아 있는 사람들 사이에서, 그녀는 죽은 사람들, 즉 자신 안으로 침입해 들어오려고 시도하는 천 명의 끈질긴 영들을 의식하게 됐다.

첫 영들 중 하나는 중년 남자였는데 그는 루미코를 통해 자기 딸의 이름을 절망적으로 불렀다.

"가오리!" 그 목소리가 말했다. "가오리! 나는 가오리에게 가야 해. 어디에 있니, 가오리? 나는 그 학교에 가야 해. 쓰나미가 오고 있어."

그 남자의 딸은 지진이 발생했을 때 바닷가 학교에 있었다. 그는 일터에서 급하게 나와 딸을 데려가려고 해안 도로를 따라 운전했는데 그때 물이 그를 덮쳤다. 그는 심하게 소동을 벌였고 참을성이 없었으며 가네타를 수상쩍어했다.

그 목소리가 물었다. "나는 살았습니까?"

"아니오." 가네타가 말했다. "당신은 죽었습니다."

"그러면 얼마나 많은 사람이 죽었습니까?" 목소리가 물었다.

"2만 명이 죽었습니다."

"2만 명이요? 그렇게 많이?"

나중에 가네타는 그에게 어디에 있는지 물었다.

"저는 해저에 있습니다. 너무 추워요."

가네타가 말했다. "바다에서 빛의 세계로 올라오세요."

"그렇지만 빛이 너무 작아요." 그 사람이 대답했다. "나를 둘러 싼 몸들이 있어요. 그리고 나는 거기에 닿을 수 없어요. 도대체 당신 은 누구신가요? 나를 빛의 세계로 인도한 당신은 누구신가요?"

대화가 두 시간 동안 돌고 돌았다. 마침내 가네타는 말했다. "당신은 한 아버지입니다. 당신은 부모의 걱정을 이해하죠. 당신이 그 몸을 사용해온 이 소녀를 생각해보세요. 그녀는 딸을 걱정하는 아버지와 어머니가 있어요. 그것을 생각해보셨나요?"

한참을 멈춰 있다가 마침내 그 남자가 말했다. "당신 말이 맞아 요." 그리고 깊이 신음했다.

가네타는 경문을 낭송했다. 그가 때때로 멈출 때 그 목소리는 숨 막힌 듯한 소리를 냈다. 그렇지만 그 소리는 웅얼거림으로 희미 해지더니 마침내 그 남자는 나갔다.

매일같이, 여러 주 동안 영혼들은 남녀노소를 불문하고 계속해 서 왔다. 분노하거나 복수심에 불타는 대신 그들은 어둡고 추운 세 계에 갑자기 빠진 것에 혼란스러워했고 겁에 질려 어쩔 줄 몰랐다. 그들은 상세히 자신의 이야기를 했지만 성씨, 지명, 주소같이 어떤 개인을 입증할 만큼 충분히 구체적인 세부사항은 없었고 가네타도 그렇게 입증하고 싶은 욕구를 못 느꼈다. 한 사람이 쓰나미에서 살 아남았지만 두 딸이 죽었다는 것을 알고 나서는 자살했다. 물을 피 하려고 했던 젊은 여성이 있었지만 그녀는 임신해서 무거운 몸 때 문에 빨리 달릴 수 없었다. 심한 도호쿠 사투리를 썼던 노인이 있었다. 그는 쓸쓸한 양철 오두막에서 보살핌을 받지 못한 채 홀로 살고 있는 생존한 부인을 몹시 걱정했다. 그녀는 구두 상자에 하얀 줄을 지니고 있었는데 그것을 자세히 살펴보며 어루만지고 있었다. 그는 그녀가 그것을 무엇에 쓰려고 하는지 두려워했다.

가네타는 설득하고 회유하고 기도하고 독경했으며 결국 그 영들은 제각기 항복했다. 그렇지만 한 무리의 유령들이 해산하고 며칠 또는 몇 시간 후, 보다 많은 영들이 있어야 할 곳을 향해 넘어져 비틀거리며 갔다.

어느 날 밤 사찰에서 루미코가 알렸다. "나를 둘러싼 모두가 개들이에요. 소란스럽네요. 너무 시끄럽게 짖어대서 참을 수가 없어요." 그때 그녀가 말했다. "아니! 나는 싫어. 나는 개가 되는 게 싫다고." 마침내 그녀가 말했다. "그것에게 밥과 마실 물을 주세요. 내가 들여보낼게요."

"그녀는 그것이 어떤 끔찍한 일을 할 것이라고 생각한 것처럼 보였습니다." 가네타가 말했다. "그녀는 우리에게 자신을 잡아달라고 말했고 그 개가 그녀 안으로 들어갔을 때 엄청난 힘을 가졌습니다. 세 남자가 잡고 있었지만 충분히 강하지 못했습니다. 그녀는 그들을 떨쳐내버리고는 마루를 긁으며 깊게 으르렁거렸습니다." 나중에 불경 암송 후 평온한 자신으로 돌아온 루미코는 개의 이야기를 자세히 말했다. 그 개는 후쿠시마 다이이치 원자력발전소에 가까이 살았던 노부부의 반려견이었다. 방사능이 누출되기 시작했을 때 그 주인들은 공황 상태에 빠져 이웃과 함께 도망갔다. 그렇지만 개를 풀어주는 것을 잊어버려서, 그 개는 목마름과 굶주림으로 죽었다.

나중에 너무 많이 늦었을 때, 개의 영혼은 하얀 안전복을 입은 사람들이 들어와 자신의 쪼그라진 사체를 응시하는 것을 관찰했다.

시간이 지나 루미코는 영혼들을 제어할 수 있게 되어 그녀가 열거나 닫기를 선택할 수 있었던 한 그릇에 대해 말했다. 귀신을 쫓는 의식에 있었던 가네타의 한 친구[66]는 그녀를 습관적으로 토하는 만성 질환 환자에 비유했다. 처음에는 참을 수 없고 역겨운 것이 시간이 지나면서 익숙해지고 참을 만한 것이 돼버린 것이다. 마침내 그녀는 영혼들이 다가올 때 그들을 털어낼 수 있다고 보고했다. 그녀는 여전히 그들의 존재를 의식하고 있었다. 그렇지만 그들은 거리를 두고 있었고 더 이상 그녀를 떠밀고 들어오지 않고, 몰래 방 끝에 숨어 있었다. 저녁 전화와 늦은 밤 방문이 점점 뜸해졌다. 루미코와 그의 약혼자는 결혼해서 센다이에서 멀리 이사 갔다. 그리고 크게 한시름 놓을 수 있게도, 가네타에게 오는 그녀의 연락은 멈췄다.

귀신 쫓는 일에 너무 많은 노력이 들었다. 이것은 그의 친구들과 가족들이 가장 걱정했던 순간이었다. "나는 압도당했습니다." 그는 말했다. "그 몇 달 동안 저는 생존자들의 이야기를 듣는 데 익숙해졌습니다. 그렇지만 갑자기 죽은 사람들의 목소리도 들을 수 있게 되었습니다."

가장 견디기 어려웠던 것은 루미코가 아이들의 인격체에 사로잡혔을 때였다. "한 아이가 나타났을 때 아내가 그 아이의 손을 잡았습니다. 그녀는 '엄마다. 여기 엄마다. 괜찮아. 다 괜찮아. 함께 가자'라고 말했습니다." 가네타가 말했다. 첫 번째 아이는 아주 작은 이름 없는 소년이었다. 너무 어려서 듣는 것을 이해하지 못하거나 계속해서 엄마를 부르는 것 이상을 할 수 없었다. 두 번째 아이는 일고여덟 살 정도 되는 소녀였다. 소녀는 계속해서 "미안해, 미안해"라는 말을 반복했다. 소녀는 쓰나미가 몰려왔을 때 남동생과 함께 있었고 함께 달아나려고 노력했다. 그렇지만 물속에 둘 다 빠져서 동생의 손을 놓아버렸다. 지금 소녀는 엄마가 화를 낼까 봐 두려워하고 있었다. "검은 파도가 몰려오고 있어요, 엄마. 무서워, 엄마. 엄마, 미안해. 미안해."

　소녀의 목소리는 겁먹고 혼란스러웠다. 몸은 차가운 물에서 속수무책으로 떠내려가고 있었다. 빛을 향하여 위로 그녀를 인도하는 것은 오랜 분투였다. "소녀는 빛의 세계의 문에 마침내 도달할 때까지 내 아내의 손을 꽉 잡았습니다." 가네타가 회상했다. 그때 소녀는 말했다. "엄마, 나 혼자 계속 갈 수 있어. 엄마 손 놔도 돼."

　나중에 가네타 부인은 자신이 익사한 어린 소녀인 젊은 여성의 손을 놓았던 순간을 묘사하려고 애썼다. 가네타 자신도 그녀의 외로운 죽음을 불쌍히 여기며, 그리고 공포와 소멸에 관한 다른 2만 명의 이야기를 생각하며 울고 있었다. 그렇지만 그의 아내는 거대한 에너지가 방출되는 것만을 인지했다. 그것은 그녀가 출산의 경험을 기억하도록 만들었고, 새로 태어난 아이가 마침내 이 세계에 들어왔을 때 고통의 끝에서 힘이 방출되는 느낌을 기억하게끔 해줬다.

벽이 흔들리고,
바닥 전체가 떨린다
꽃잎 하나가 찰랑거리다 떨어진다.

방에서 혼자,
그것이 시작됐다가 사라졌다.
파문은 돌보다 더 오래간다.

비 냄새가 심장을 뒤흔든다.
콧구멍이 터진다. 숨을 쉰다.
우리는 기다린다
뭔가 시작되기를.

앤서니 스웨이트 Anthony Thwaite

감사의 말

이 책을 쓰는 데 나를 가장 많이 도와준 사람들의 이름은 책 속에 나와 있다. 내게 이야기를 해준 모든 분께 감사드린다. 그들은 때로는 몇 년 동안 반복적으로, 그리고 종종 압도적인 슬픔의 시기에도 그렇게 해주었다. 이름이 언급되지 않은 사람들 중에서 나는 아베 가즈요시, 가네타 유코, 구마가이 아키오, 미우라 아게미, 오타 미노루, 나카무라 츠지오와 마유미 부부, 그리고 사카시타 겐에게 감사드린다.

다양한 실용적, 이론적, 지적, 개인적 지원에 대해 루시 알렉산더, 리지스 아르노, 루시 버밍햄, 피터 블레이크리, 아즈비 브라운, 카일 클리브랜드, 제이미 콜맨, 마고와 빌 콜즈, 마틴 콜소프와 일본재단Japan Foundation, 커리 가족, 알리사 데스코테스-토요사키, 토비 이디, 맥스 에드워즈, 나타샤 페어웨더, 그리고 더 로저스, 콜리지 화이트, 일본외신기자 클럽, 댄 프랭클린과 펭귄 랜덤 하우스, 롭 길홀리, 맨디 그린필드, 하라 다카하시, 하타나카 구니, 레오 루이스, 로

이드 패리 가족, 저스틴 맥커리, 션 맥도널드와 파라, 스트라우스와 지루, 하미시 맥카스킬과 잉글리시 에이전시 재팬The English Agency Japan, 레비 맥래프린, 데이비드 맥닐, 나카노 고이치, 오이와케 온센의 직원들, 오노키 교코, 데이비드 피어스, 피터 팝햄, 로저 펄버스, 자리아 리치, 사와 준조, 시부야 슈지, 스즈키 이와유미, 제레미 수톤-히버트, 다카야마 부네이, 도누카 치카, 릭 월리스와 피오나 윌슨에게 감사드린다.

처음부터, 내가 근무하는 〈더타임스〉는 이 재앙에 대한 나의 보도를 열정적으로 지원했고, 감사하게도 글쓰기와 연구를 위한 휴가를 허락해주었다. 그곳의 과거와 현재 동료들, 특히 고故 리처드 비스턴, 제임스 하딩, 아누시카 힐리, 롤랜드 왓슨, 그리고 존 위더로에게 감사드린다. 이 책의 소개는 〈런던 리뷰 오브 북스London Review of Books〉에 처음 나왔다. 편집자 중에서 특히 대니얼 소어와 메리-케이 윌머즈에게 감사드린다.

쓰나미 피해자들을 돕는 자선단체들이 많이 있다. 모모카키 육영회The Momo-Kaki Orphans Fund는 부모를 잃은 어린이들을 돕는다. www.momokaki.org.

주

이 책은 실화로, 책에 소개되고 인용된 사람들의 설명과 나 자신의 관찰에 기초하고 있다. 다른 출처는 아래에 기록했다.

내가 참고한 여러 저자 중에서 누구보다 이케가미 마사키에게 신세를 지고 있다. 그의 공들인 보도가 없었다면 재난 발생 당시와 이후에 있었던 오카와 초등학교 사건들을 정리하는 일이 훨씬 더 어려웠을 것이다.

일본 엔화의 환율은 대략적인 것으로, 당시 우세한 환율에 근거한다. 2011년 3월 11일, 1파운드는 약 131엔 또는 1.50달러였다.

이번 재난 사상자와 관련해 가장 많이 인용되는 수치는 일본 경찰청이 발표한 것으로 사망자 수와 공식적인 실종자 수를 각각 집계하고 있다. 사망자는 사망진단서가 발급된 사람만 포함하고 있지만, 지금 시점에서는 실종자로 분류된 사람도 모두 사망한 것으로 추정할 수 있을 것이다. 2017년 3월 10일 현재, 사망자는 1만5893명, 실종자는 255명이며, 총 1만8446명이다. 자세한 사항은 http://www.npa.go.jp/archive/keibi/biki/higaijokyo_e.pdf를 참조하라.

소방방재청의 별도 집계 결과는 훨씬 높은 수치를 나타내 사망자는 1만9475명, 실종자는 2587명으로 총 2만2062명이다. 여기에는 재해와 관련된 원인으로 사망한 사람, 예를 들어 병원에서 급히 탈출한 후 건강이 나빠진 환자들이나 자살도 포함된다.

프롤로그 단단한 수증기

1   Kenneth Chang, "Quake Moves Japan Closer to U.S. and Alters Earth's Spin",(The New York Times, March 14, 2011).

2   Jeff Kingston (ed.), Natural Disaster and Nuclear Crisis in Japan (Abingdon: Routledge, 2012).

3   2011년 3월 11일 아침에 일본에는 54개의 원자로가 가동되고 있었다. 후쿠시마 다이이치에 있던 원자로 6개 중 4개는 쓰나미로 인해 사용이 불가능하게 됐다. 2012년 5월까지 나머지 모든 원자로가 대중의 반대로 폐쇄됐다. 그들을 재가동하려는 노력이 계속되고 있지만 정치적, 기술적 도전이 만만치 않다. 2017년 3월 현재 3개의 원자로만 가동 중이다.

4   Richard Lloyd Parry, "Suicide Cases Rise After Triple Disaster", The Times (London), June 17, 2011; and Richard Lloyd Parry, "Tepco Must Pay Damages over Woman's Suicide After Fukushima Leak", The Times (London) online, August 26, 2014, http://www.thetimes.co.uk/article/tepco-must-pay-damages-over-womans-suicide-after-fukushima-leak-vsm5tgbmh83.

5   Philip Gourevitch, *We Wish to Inform You That Tomorrow We Will Be Killed with Our Families* (New York: Picador, 1998), 7.

1 파도 아래의 학교

갔다 올게요

6   일본의 학교 시스템은 미국의 것을 따르고 있다. 아이들은 6세부터 12세까지 초등학교에 다니고, 12세부터 15세까지 중학교에, 15세부터 18세까지 고등학교에 다닌다.

7   강의 남쪽 제방 위쪽의 지역은 이시노마키시의 행정구역으로 공식적으로 가호쿠라고 불린다. 오카와는 그 지역의 옛 이름이지만, 이해의 편의를 위해 오카와 초등학교의 통학권에 대한 일반적 용어로 그 이름을 사용했다.

지고쿠

8   내가 직접 한 시토 사요미의 인터뷰와 다음을 인용했다. Chris Heath, "Graduation Day", GQ (U.S. edition), July 1, 2011.

2 수색 지역

풍부한 자연

9 지진과 쓰나미의 작용에 대한 이해하기 쉬운 설명을 위해서는 다음을 보라.
Bruce Parker, *The Power of the Sea* (New York: St. Martin's Press, 2010).

10 이 문장은 901년 일본 삼국사기의 번역문을 각색한 것이다. Jeff Kingston
(ed.), Tsunami: Japan's Post-Fukushima Future (Washington: Foreign
Policy, 2011), 10.

11 산리쿠 해역의 지진과 쓰나미에 대한 기록을 보려면 다음을 참고하라. K.
Minoura et al., "The 869 Jogan Tsunami Deposit and Recurrence Inter-
val of Large-Scale Tsunami on the Pacific Coast of Northeast Japan",
Journal of Natural Disaster Science 23, no. 2 (2001): 83-88; and Mas-
ayuki Nakao, "The Great Meiji Sanriku Tsunami", Failure Knowledge
Database, Hatamura Institute for the Ad- vancement of Technology,
2005, http://www.sozogaku.com/fkd/en/hfen /HA1000616.pdf, 2017
년 3월 접속.

12 Parker, *Power of the Sea*, 151-152.

13 일본의 하천에 사는 둑중개.

14 Masaki Ikegami, Ano toki, Okawa shogakko de nani ga okita noka
[What Happened That Day at Okawa Elementary School?] (Tokyo:
Seishisha, 2012), 25.

15 위의 책, 23.

노인과 젊은이

16 놀랍게도 시모카와라는 아마도 쓰나미에서 죽은 최고령자가 아니었다. 일본
후생노동성에 따르면 사망한 것으로 확인된 사람 중 25명이 100세 이상이었
다. 그들 중 3명은 남자였고 22명은 여자였다.

17 일본 후생노동성, "Jinko dotai tokei kara mita Higashi Nihon daishinsai
ni yoru shibo no jokyo ni tsuite" ["On Mortality Caused by the Great
East Japan Disaster Based on Demographic Statis- tics"] (Tokyo, 2011),
http://www.mhlw.go.jp/toukei/saikin/hw/jinkou /kakuteil1/dl/14_
x34.pdf, 2017년 3월 접속. 75세 이상이 사망자의 3분의 1을 차지했다. 40대
남성이 20대 남성보다 2배가량 더 사망한 것 같다.

18 Richard Lloyd Parry, "The Town Left Without Women", The Times
(London), January 12, 2005.

19 "Over 110 Schoolchildren Die or Go Missing in Tsunami After Being Picked Up by Parents", Mainichi Daily News, August 12, 2011.

20 나는 가시바 씨에게 여러 번 이야기하자고 요청했지만 답변을 듣지 못했다.

설명

21 Gakko KyoikuKa, Ishinomaki-shi kyoiku inkai jimukyoku, "Kaigi-roku", Okawa shougakko hogosha setsumeikai [School Education Section, Secretariat of Ishinomaki City Board of Education, "Proceedings of Meeting", in "Explanatory Meeting for the Parents of Okawa Elementary School"], 2011년 4월 9일.

22 사토 가츠라에게서 들은 정보이다.

23 문자적으로는 '아버지 너구리'이다. 속담에서 너구리는 믿을 수 없고 잘 속이는 것으로 알려졌다.

유령들

24 아래서 찾은 반야심경의 여러 번역문을 내가 각색한 것이다. http://www.dharmanet.org/HeartSutra.htm, 2017년 3월 접속.

25 Hara Takahashi, "The Ghosts of the Tsunami Dead and Kokoro no kea in Japan's Religious Landscape", Journal of Religion in Japan 5, no. 2-3 (2016): 176-198.

26 Robert J. Smith, Ancestor Worship in Contemporary Japan (Stanford University Press, 1974).

27 Herbert Ooms, review of Robert J. Smith's Ancestor Worship in Contemporary Japan, in Japanese Journal of Religious Studies 2, no. 4 (1975): 317-322.

어떻게 된 일인가

28 Tsuyoshi Haraguchi and Akira Iwamatsu, Higashi Nihon Daishinsai Tsunami Shosai Chizu/Detailed Maps of the Impacts of the 2011 Japan Tsunami (Bilingual, Tokyo, 2011).

3 오카와에서 무슨 일이 일어났는가

3월 11일 오카와 초등학교 사건에 관한 나의 설명은 여러 자료를 바탕으로 하고 있다. 여기에는 이케가미의 저서 *Okawa Elementary School*, 오이카와 도시노부와 다다노 데츠야와 히데아키의 저자 인터뷰, 다다노의 일본 텔레비전 인터뷰 내용, 히데아키의 개인 소장, 이시노마키시의 공식 문서, 오카와 초등학교 사고 진상 규명위원회의 최종 보고서, 시토 사요미와 다카히로 부부가 제공한 요약 문서, 요시오카 가즈히로가 센다이 지방법원에 제출한 서류가 포함돼 있다.

옛 세상의 마지막 시간

29. "Gakko mae ni basu taiki" ["Bus Was Waiting in Front of School"], Kahoku Shinpo [new's paper], 2011년 9월 8일.

30. *Children of the Tsunami*, BBC2 broadcast, 2012년 3월 1일.

31. Ishinomaki-shi kyoiku iinkai jimukyoku, "Okawa shogakko tsuika kikitori chosa kiroku", Okawa shogakko kyoshokuin no goizoku-sama he no 3.11 ni kansuru kikitori-chosa no setsumeikai no kaisai ni tsuite [Secretariat of Ishinomaki City Board of Education, "Records of additional hearings concerning Okawa Elementary School" in "Concerning the holding of an explanatory meeting for the bereaved families of Okawa Elementary School teachers on the hearing relating to 3.11"].

32. Ishinomaki-shi kyoiku inkai jimukyoku, "Heisei 22 nendo kyoiku keikaku Okawa shogakko (bassui)" [Secretariat of Ishinomaki City Board of Education, "Fiscal Year 2010 Education Plan Okawa Elementary School (Extracts)"], 81, 145-146.

33. *Children of the Tsunami*, BBC2 broadcast, 2012년 3월 1일.

34. *Children of the Tsunami*, BBC2 broadcast, 2012년 3월 1일.

35. Ikegami, *Okawa Elementary School*, 187-193.

삼도천

36. https://www.youtube.com/watch?v=DW0dqWR4S7M, 2017년 3월 접속.

4 보이지 않는 괴물

거미줄에

37. 다음 번 도쿄 지진에 대한 배경지식을 위해서는 다음 책을 참조하라. Peter Hadfield, *Sixty Seconds That Will Change the World* (London: Sidgwick & Jackson, 1991), Peter Popham, *Tokyo: The City at the End of the World*

(Tokyo: Kodansha, 1985).

38 지진학자들은 예측에 전념하기보다는 확률을 제공한다. 2012년 도쿄대 지진연구소에 따르면 2042년까지 도쿄에서 진도 7 이상의 지진이 일어날 가능성은 70퍼센트 정도이다. "Researchers Now Predict 70 Percent Chance of Major Tokyo Quake Within 30 Years", *Mainichi Shimbun*, 2012년 5월 25일.

39 Richard Lloyd Parry, "Quake Experts Shake Tokyo with Forecast of 13,000 Dead", *The Times* (London), 2004년 12월 15일.

40 Richard Lloyd Parry, "Japanese Make Plans to Survive Overdue Treble Quake", *The Times* (London), 2010년 9월 13일.

41 Richard Lloyd Parry, "Million Victims from Next Tsunami, Japan Disaster Experts Warn," *The Times* (London) online, 2012년 8월 31일, http://www.thetimes.co.uk/article/million-victims-from-nexttsunami-japan-disaster-experts-warn-gc3tx7vpw8s.

42 가호쿠 신보는 쓰나미가 아니라 지진으로 사망한 사람을 90명으로 추정했다. 정확히 얼마나 많은 사람이 무너진 집에서 사망했는지는 알 수 없다. 그 집은 이어 바닷물에 침수됐을 것이다. 하지만 전체 숫자는 비교적 적을 것이 분명하다. ["Great Disaster-There Were More Than 90 Victims from the Earthquake"], *Kahoku Shinpo*, 2013년 5월 17일.

43 Popham, *Tokyo*, 28.

44 Popham, *Tokyo*, 27, 28-29.

45 Italo Calvino, *Invisible Cities*, tr. William Weaver (London: Vintage, 1974 [1972]), 67.

진실이 무슨 소용인가

46 Ikegami, *Okawa Elementary School*, 91-92.

47 Ikegami, *Okawa Elementary School*, 89.

48 Ikegami, *Okawa Elementary School*, 211.

49 Ishinomaki-shi kyoiku iinkai jimukyoku, "2011-nen 6-gatsu 3-nichi zuke, Endo Junji kyoyu kara no Kashiba kocho ate FAX," Okawa shogakko kyoshokuin no goizokusama he no 3.11 ni kansuru kikitori-chosa no setsumeikai no kaisai ni tsuite [Sec retariat of Ishinomaki City Board of Education, "FAX from teacher Junji Endo to headmaster Kashiba dated June 3, 2011" in "Concerning the holding of an explanatory meeting for the bereaved families of Okawa Elementary School

teachers on the hearing relating to 3.11"].

50 Ikegami, *Okawa Elementary School*, 113-127.

51 Ishinomaki-shi kyoiku iinkai jimukyoku, "Kashiba kocho shazaibun", Okawa shogakko kyoshokuin no goizoku-sama he no 3.11 ni kansuru kikitori-chosa no setsumeikai no kaisai ni tsuite [Secretariat of Ishinomaki City Board of Education, "Letter of Apology by Headmaster Kashiba" in "Concerning the holding of an explanatory meeting for the bereaved families of Okawa Elementary School teachers on the hearing relating to 3.11"].

52 Okawa Elementary School Incident Verification Committee, Okawa shogakko jiko ken sho hokoku-sho [Okawa Elementary School Incident Verification Report] (Tokyo, 2014), http://www.mext.go.jp/b_menu/shingi/chukyo/chukyo5/012/gijiroku/__icsFiles/afieldfile/2014/08/07/1350542_01.pdf, 2017년 3월 접속. "Report on tsunami-hit school should be used as disaster-prevention textbook" *Mainichi Shimbun*, 2014년 2월 28일.

53 ["Bereaved Families Disappointed at the Final Report of the Okawa Elementary Verification Committee"], *Shukan Diamondo (Weekly Diamond)*, 2014년 1월 22일.

54 Ikegami, *Okawa Elementary School*, 112.

쓰나미는 물이 아니다

55 Naoto Kan, "Japan's Road to Recovery and Rebirth," International Herald Tribune, 2011년 4월 16일.

56 Ikegami, *Okawa Elementary School*, 20. 이 구절의 나머지 인용문은 내가 시토 부부와 가진 인터뷰이다.

숙명

57 더 알고 싶으면 다음 책을 참조하라. Smith, Ancestor Worship in Contemporary Japan, 50-56.

내 기억에 빈틈이 있을지도 모릅니다

58 Richard Lloyd Parry, "Tsunami Survivors Face Dilemma over Its Haunting Ruins", *The Times* (London), 2012년 8월 24일; Eugene Hoshiko, "Legacies of a Disaster Dot Japan's Tsunami Coast", Associated Press,

2016년 3월 10일; "Residents Divided over Preservation of Remains 5 Years After Disaster", *Kyodo News*, 2016년 3월 10일.

59.   "Alumni of Tsunami-Devastated Miyagi School Ask for Support to Preserve Build- ing", *Mainichi Shimbun*, 2014년 12월 5일.

60   다다노 히데아키의 개인 소장 녹음이다.

5 모두 저 멀리 가다

영혼의 위로

61   Kunio Yanagita, *The Legends of Tono*, tr Ronald A. Morse (Lanham: Rowman & Littlefield, 2008 [1910]), 58-59.

구하라, 바다에 빠지지 말라

62   토지 규제가 도입되면서 쓰나미로 침수된 지역에 주거용 건물 건설이 금지 됐다. 사업체는 그곳에서 계속 영업할 수 있었다. 하지만 주택들은 내륙이나 높은 지대로 이주됐다.

63   교육청의 행동이 용서돼야 한다고 말하는 것은 아니다. 이케가미 마사키의 신랄한 결론은 길게 인용할 만하다. "시 교육청이 처음부터 해야 했던 것은 관련된 당사자들의 말을 철저하고 신중하게 듣고, 모든 것을 확실히 문서화 해 기록하고, 조사 중 얻게 된 정보를 유족들에게 알려주고… 사실들을 하나 하나 확인하고, 진실을 조사하는 것이었다. 더 나아가 그들은 학교의 관리하 에 있던 아이들의 생명을 희생한 데 대해 진심으로 사과하고, 대응과 감독에 태만했던 관리들의 징계를 논의했어야 했다. 거기에 더해 역사상 최악의 사 고에서 얻은 교훈을 현 교육청이나 교육부 같은 관련자들에게 공개해서 일 본의 재난 관리에 대해 근본적으로 재고하는 기회로 삼아야 했다. 이러한 행 위들은 빠르게 진행돼야 했으며 가능한 한 최대한 유족들과 공유돼야 했다. 그토록 부주의하고 투명하지 못한 방식으로 행동함으로써 시 교육청은 문제 를 더욱 악화시켰다." (Ikegami, *Okawa Elementary School*, 83.)

64   이마저도 며칠 후 훨씬 더 약해졌다. 피고들은 고등법원에 상소할 것이라고 발표했다. 원고들 역시 판결받은 배상금이 부적절하다는 이유로 상고함으로 써 이에 대응했다. 선고는 2018년으로 예정돼 있다.

65   나가누마 마사루는 내게 이야기하는 것을 거절했다. 이 설명은 히라츠카 나 오미와 스즈키 미호와의 대화에 근거한 것이다.

66   종교학자인 다카하시 하라가 가네타의 설명을 제공했다.

구하라, 바다에 빠지지 말라

1판 1쇄 찍음 2019년 9월 11일
1판 1쇄 펴냄 2019년 9월 18일

지은이 리처드 로이드 패리
옮긴이 조영
펴낸이 안지미
편집 이윤주 김진형
디자인 안지미 이은주
제작처 공간

펴낸곳 (주)알마
출판등록 2006년 6월 22일 제2013-000266호
주소 03990 서울시 마포구 연남로 1길 8, 4~5층
전화 02.324.3800 판매 02.324.2844 편집
전송 02.324.1144

전자우편 alma@almabook.com
페이스북 /almabooks
트위터 @alma_books
인스타그램 @alma_books

ISBN 979-11-5992-264-0 03300

이 책의 내용을 이용하려면 반드시 저작권자와 알마 출판사의 동의를 받아야 합니다.

이 도서의 국립중앙도서관 출판예정도서목록CIP은 서지정보유통지원시스템 홈페이지
http://seoji.nl.go.kr와 국가자료공동목록시스템 http://www.nl.go.kr/kolisnet에서 이용하실 수
있습니다. CIP제어번호: 2019033133

알마는 아이쿱생협과 더불어 협동조합의 가치를 실천하는 출판사입니다.

종이 표지_비비칼라 185g/㎡ 본문_전주 그린라이트 80g/㎡